U0153152

史學方法
HISTORICAL METHOD

劉增泉 著

五南圖書出版公司 印行

序

　　史學這是一個非常大的主題，而且這個學科時間很短。讓我們試著透過以下三個標題探討史學並闡明其意義：首先是作為知識體系，其次是作為研究方法，第三是作為史觀。

　　史學作為知識體系，它是一門很大的學科，因為它涉及人類的整個生活及整個過去的時間，從歷史證據的開始一直到現在，它涉及整個空間的廣度，而歷史亦不區分不同的人，他們在較短或較長時期內比其他民族擁有更高的地位，但這個人則永遠生活在地球上。

　　此外，歷史涵蓋了人類的各種活動。由於它涉及人類的整個過去，因此它與生活本身一樣具有多面性。歷史涉及政府、戰爭、外交、人們謀生的努力、社會組織和活動，以及藝術、哲學和文學中人類精神的表達。所有這些都是歷史總主題的一部分。確實，為了方便起見，我們把一些單獨出來專門研究，比如哲學史最好由了解哲學基本問題的人來解釋，而藝術史和文學史則涉及藝術和文學欣賞的某些要素。然而，我們只能將其視為一種恭維。因此，我們不能忘記，從歷史學家的角度來看，這只是一個方便的問題，而這些事件是一個不可分割的整體的一部分。

　　史學作為一個如此龐大和多樣的主題，可以用不同的方式處理。有長書和短書，有特定民族、時期、制度或人類活動形式的歷史。歷史學家們對這個主題的處理方法也有很大不同。例如在英國歷史學家卡萊爾（Thomas Carlyle）的《英雄論》著作中，個人顯得非常重要，他的英雄們扭曲了視角，直到故事變成了一種美化的傳記。麥考利（Thomas Maesulay）的《英國史》書中，你會發現一些關於個人的東西，但更多的是關於他們所參與的政治運動，而在他的第三章中，有對1685年英國社會的生動描述。可以說是引入了社會史甚至……地方歷史的研究，其成功很大程度上歸功於在現場獲得的豐富的當地知識。因此，它是十七世紀下半葉英國的一幅精彩而生動的圖畫……。由於尊重人類早期歷史，以及歐洲

以外其他大陸人民的重要性，他的史觀得到了拓寬。他的大部分歷史著作都與古代史有關：從原始的混亂到我們這個時代的混亂。

在美國歷史學家羅賓遜（James Robinson）教授的《新歷史》著作中，你會發現對社會歷史和人類心靈（尤其是無意識心靈）發展的新興趣。然後，每個時代也寫著自己的歷史。這些都不是最終的，原因有兩個：首先，我們不斷了解過去。因此，埃及的歷史正在透過新材料的發現而在我們眼前被重塑，這些新材料有時是如此轟動：以至於登上了報紙的頭版。

所以，在現代末期，歐洲檔案館的新出版品正在闡明第一次世界大戰的前因。更重要的是新的觀點，因為每個時代都從自己現在的角度來看過去，即使資訊主體保持不變，也會為了自己的目的而改寫歷史。以美國內戰為例，那些參加過戰鬥的人對戰略和戰術感興趣，因此內戰的早期歷史純粹是軍事歷史；然後人們開始慢慢認識到內戰不僅僅是一系列的戰鬥或勇敢的問題，南方的封鎖和北方的工業發展至關重要。隨著第一次世界大戰的進行，還有其他因素出現在畫面中，例如彈藥、運輸、士氣以及所有幕後發生的事情，因此現在所寫的美國內戰歷史將與1914年之前所寫的有所不同。如法國大革命、宗教改革、文藝復興、羅馬帝國衰落的原因。所有的歷史都會不時地從新的角度被重寫。

歷史知識的數量和多樣性乍看之下似乎令人難以承受，但另一方面，正是這種多樣性使學生對這門學科產生了興趣。如果歷史和生活一樣是多面向的，那麼任何對現在的生活感興趣的人，都會對過去生活的某些階段做出反應。歷史回答了人類對祖先和前面世代的基本好奇心，同時也展示了人類社會各個階段的演變。就其本質而言，它是一個具有廣泛且非常人性化的主題。這是歷史存在的原因之一，但不是唯一的原因。

劉增泉

書於山匯觀海樓　2024年8月

CONTENTS
目　次

第一章
如何撰寫學術論文

　　寫一篇博士論文是一項複雜的工作，需要良好的組織、規劃和一致性，以便能夠讓讀者可以理解的方式構建自己的想法。撰寫學術論文就像一塊破碎的玻璃把它重新拼湊起來，成為一塊完整玻璃。人文社會科學的論文有一定的架構和方法，偏離它，就不算一篇完整的論文。

論文題目

　　論文題目最好與其論文指導教授相關，必須與所選學科相關。它必須足夠明確，以鼓勵讀者瀏覽結論，並對摘要感興趣，最終閱讀論文的全部內容。為你的論文找到一個好的題目通常是學生的首要任務，題目經過精心闡述，這有助於傳播所完成的工作。事實上，一篇措辭良好的論文題目反映了作品的本質，能夠引起讀者的興趣。了解如何撰寫一篇論文，其中還必須涉及到一個好的論文題目。

　　當我們知道論文題目傳達了其思想的大致輪廓並且表述得很好時，它可以引起讀者的興趣，而讀者反過來會對摘要感興趣，並且在論文內容中由一件事引出另一件事。論文，我們了解良好措辭的重要性。由於太短的題目可能會使相關資訊黯然失色，而過長的標題會導致混亂，因此充分注意論文標題的措辭以找到正確的中間立場是很重要的。尤其要仔細選擇要使用的詞語和術語。

　　帶有關鍵字的論文題目是相關的，因為它提供了研究主題的線索；這就是為什麼最好諮詢你的論文指導教授並考慮他的建議。研究論文中最常見的各種題目類型也很有趣。論文題目的制定可以通過多種方式進行。事實上，它可以以提問的形式，用不定式動詞或其他寫作風格。最重要的是

找到合適的詞語來描述上下文、問題和可能的方法。因此，可以包括兩個或三個關鍵字或相關詞彙。一個吸引人的題目肯定會引起讀者的興趣。

　　論文題目的類別包括描述性題目、有問題的論文題目和提供研究結論概述的肯定性題目。描述性題目，包括表示現象、研究或研究對象，在法律論文中廣泛使用。雖然有問題標題目反映了科學方法的嚴謹性，但在學術論文中非常常見；另一方面，肯定題目很少用於說明論文的題目，因為它首先說明了結論。

論文架構

　　有助於制定論文計畫的參考結構通常是學術文章的參考架構，它包括題目、前言、方法和結果的介紹以及討論，此外還有結論、摘要和參考書目、檔案文獻。如果你想知道如何寫論文，答案就在於寫作的成功與否，這在很大程度上取決於你如何設計論文計畫。該計畫的發展也取決於論文的類型。

　　他的思想結構必須符合一定的邏輯，以便讀者能夠理解內容。然而，強調這種連貫思維結構的有效方法是制定論文計畫。因此，它必須與主題保持一致，因為在論文中，主要目標是強調研究生進行高水平研究的能力，也就是說，正確建構問題與方法和途徑之間的連結。

　　這就是為什麼論文計畫的制定必須經過深思熟慮。由於想法是通過寫作產生的，所以最好提前完成，以便有足夠的時間進行可能的修改。此外，建議在進入下一步之前，徵求論文指導教授的意見，這在論文計畫的制定中非常重要。他能夠提出建設性的指導。儘管在大多數研究型論文中，通常採用科學方法，但論文計畫的結構可能因論文類型而異。因此，還應參考學生註冊的學校制定的論文寫作規則。論文架構最好分為六個部分，前言、第一章（或部分）、第二章（或部分）、第三章（或部分）、第四章（或部分）、結論。在法國前言和結論不包含在章數內。

論文簡介

論文前言是向讀者介紹論文主題的部分。它強調了學生研究工作的原因和動機。論文前言明確宣布了研究問題和可能的起始假設。因此，對於那些想知道如何有效地寫論文的人來說，答案很簡單：花時間寫前言。突出論文介紹中的相關資料，使研究工作能夠置於其背景中，了解研究的目標、獨創性和興趣，必須成為研究生關注的核心。這就是一般情況下，論文前言隱含地分為三個部分。

第一部分通常基於文獻綜述，其中列出了已經就這一主題開展的各種研究工作。這種背景有助於突出問題產生的原始思維，以及研究的各種影響，特別是研究生的學術興趣。第二部分介紹了根據研究目標提出不同假設和採用的方法。接下來是最後一部分，涉及總體計畫的介紹。這部分讓讀者了解研究生提出的想法和層次結構。

撰寫論文前言的成功，取決於如何建構他的想法。必須記住，前言必須能夠回答「為什麼」的問題。因此，作者需要說明論文的目的，包括研究工作、方法和計畫。良好介紹的關鍵在於正確定位主題，突出其興趣，並提出面臨問題。

因此，以清醒的頭腦寫前言是很重要的。這意味著應避免倉促工作。前言和結論是在論文內容實際完成的情況下編寫的。這樣，作者就掌握了撰寫論文所需的所有資料，例如文獻綜述的結果、調查的結果和研究工作的結果。

什麼方法？

準備學術論文是一項複雜的工作，包括相當繁重的寫作和研究工作，需要良好的組織、計畫和敏銳的批判性思維，以至於許多研究生很快就會感到不知所措。對於那些想知道如何有效地撰寫論文才能取得成功的人來說，答案很簡單：採用論文寫作方法，以便擁有所有必要的要素，同時也使論文的寫作順利進行。

　　一般來說，「方法論」一詞是指以進行研究爲目的的一套論證方法。因此，在論文發展的背景下，這方法論包括用於處理與撰寫論文相關的所有內容步驟。需要考慮的關鍵是作爲文獻綜述一部分的書目研究、提出問題，突出研究問題，論證的結構，以及寫作規則。一個好的「方法論」可以構建要遵循的步驟，使研究生能夠隨著時間的推移而發展，並達到研究工作和論文寫作的重要里程碑。

　　爲了避免忘記重要寫作項目的風險，首先要做的是評估學生的工作量，並制定論文發展中主要進度的清單。在論文寫作中，這些主要進程被確定爲主題選擇、研究問題的發展、方法選擇、實地調查或數據收集、結果解釋和寫作工作。

　　根據要寫的論文類型，學生可能需要根據對事實或實地考察的結果進行分析。在這種情況下，我們必須定義用於收集數據的方法。論文寫作的參考資料將仍然是寫作標準，其中規定了論文正式陳述的規則。

完成你的論文

　　要完成論文，必須有組織感，因爲論文寫作只是整個工作的一部分。最好的方法是制定一個時間表，確定重要任務，如文獻綜述、資料收集等。面對各種限制，如經費問題或時間不足，許多研究生很快就發現自己被大量工作壓得喘不過氣來，以至於放棄了論文。特別是因爲對某些人來說，開展研究工作已經意味著複雜性。

　　成功完成論文沒有現成的公式，尤其是每個學生的成長環境不同，所以最好的方法就是保持良好的心態。這包括學習管理壓力和設定目標：克服障礙完成論文寫作。

　　這聽起來很容易，但實際上，我們必須建立一個工作系統，使我們能夠向前邁進，例如制定一份主要進度清單，並爲每個進程設定目標。因此，我們能一步一步地到達終點：在截止日期前提交論文。

　　有時我們在一項進程上花費太多時間。隨著最後期限的臨近，拖延

的情況會越來越嚴重。因此，建議制定進度時間表，以便能夠盡快完成論文，或至少努力按時完成論文。

　　幾乎不可能，我們從初稿開始就做到無可挑剔。因此，你不應該糾纏於一個項目。最好的辦法是嘗試以適當的方式按時完成各個項目，這樣你就可以稍後再回來進行修改（例如在第一次閱讀後）。很少，一個人從第一次投擲就能夠完成完美的論文。儘管有各種限制，例如在文獻綜述期間選擇參考著作，但採取能夠發展相關內容的策略也是明智的。

論文摘要

　　對於那些想知道如何寫論文的人，要知道一篇好的論文摘要反映了論文內容的相關性。事實上，論文摘要，是一個簡短的文字，可以讓讀者對論文的內容有一個整體的概述。它非常簡要地描述了主題方向、潛在問題、方法以及結論的迴響。因此，論文摘要可以幫助讀者一目瞭然地了解論文的內容，從而激發他們對論文內容的興趣。

　　要寫一篇足夠吸引人和吸引讀者興趣的論文摘要，無論在形式或內容上都必須考慮到一定的寫作規則。論文摘要的主要作用是讓讀者第一眼就對其內容感興趣。因此，它必須包含主題的興趣、方法的選擇及其研究工作的潛在問題、主要結果和結論及其在研究領域的參與。

　　通常論文摘要，在不超過300字的文字中成功呈現大量相關資訊是一項壯舉。這就是為什麼有必要選擇構成句子的單詞，使其盡可能明確。重要的是，文字能夠真正表達論文的內容，也就是說，摘要的大綱必須與論文的內容一致。我們必須從中得出最重要的想法。你應該毫不猶豫地一點一點地研究摘要計畫。由於摘要的目的是激發讀者的興趣，因此鼓勵使用最相關的關鍵字。至於語法，每個句子都必須有想法，以使其閱讀更加流暢。

參考書目和頁注

作為文獻綜述的一部分，參考書目（指在論文撰寫過程中參考的著作）是碩、博士論文的基本方法。這種結構化的清單不僅可以引用作者，而不會招致剽竊的陷阱，而且有助於識別引用的來源或符合學術道德。如果你想知道如何寫論文，撰寫參考書目是必要的步驟之一。

作為論文寫作的一部分，人們需要查閱大量著作，進行文獻綜述，其目的是確定並列出有關該主題的已開展的研究工作。同樣，這篇文獻綜述也允許你引用來源來支持你的論點。

由於論文是個人著作，論文中所有內容都必須是個人努力的結果。因此，參考他人著作以支持其主張的論述是非常重要。在任何情況下，我們都不應該盜用他人的作品，並冒著被剽竊的風險。

簡而言之，撰寫論文參考書目可以讓你加強你的研究工作，並用其他作者已經提出的論點來支持你的觀點。在撰寫書目時，一個人表現出職業道德，承認其他作者的作品。透過撰寫參考書目，我們認可其他作者的著作來展示學術道德。

撰寫論文時引用參考書目有兩種方法：將參考文獻綜合到正文中，或在論文結尾將其分列。在法國博士論文的參考書目會放末尾，注釋則採取頁注。

1. 我們逐字記錄一個人的文字，無論是書面的還是口頭的。
2. 我們綜合了來自另一個檔案的影像、照片和數據。
3. 它是指受版權保護的檔案，無論是否已出版，無論是紙本或網上獲得。參考書目，包括作者姓名、書名、出版地、出版社、出版日期。
4. 注釋和參考書目要避免使用網路資料。
5. 參考相關著作參考書目或出處所引用的資料，再按圖索驥。
6. 外文參考書目順序，按英文字母首字排列。

頁注

　　無論是單篇的學術論文或碩、博士論文，最好是要用頁注，章注一般是用在專書的著作以方便讀者閱讀。參考書目是圖書著作，參考文獻乃檔案史料、二者需分清楚，不能搞混。

論文的感謝詞

　　由於碩、博士論文的完成是長期研究的成果，需要多個人的幫助和協作，因此在寫作和研究過程中合作的人表示感謝是很正常的。但要避免多愁善感的陷阱。換言之，論文的感謝詞，你可以選擇更專業的語氣，一定要重視致謝的闡述。

感謝對象是誰？

　　由於我們無法一一列出所有為完成論文做出貢獻的人的名字，因此我們必須僅提及參與論文順利進行的重要人物的姓名。因此，論文致謝可以寫給：

　　論文指導教授為學生提供的幫助和花費的時間；提供論文資料的人員，例如檔案館或圖書館工作人員；同意回答資料收集過程中的人；為改進論文內容提出意見的人。

以專業的語氣撰寫論文感謝詞

　　要採用專業的語氣，必須避免過於浮誇的語氣。詞彙也要恰當、清晰、簡潔，以免陷入感傷。事實上，論文寫作是在學術背景下完成的，建議使用適合具體情況的語氣。

　　此外，感謝頁和序言，放在論文的開頭，論文感謝頁不得超過一頁。大多數查看該檔案（論文）的人都會閱讀它。你還必須確保名字和姓氏按重要性順序排列。並提及每個人的職能。

論文的完成

　　顯然，論文的成功不僅僅取決於論文的撰寫或提交論文答辯。成功完成論文意味著考慮所選方法的相關性、研究工作的質量，還要依靠碩、博士生的堅韌和意志，提交一份值得未來教師研究員的檔案。因此，如果你想知道如何寫出優秀的論文，一定要知道論文成功的關鍵。

論文成功的好處

　　除了實現目標的滿足感之外，論文的成功還表明你有足夠的意志來克服碩、博士生日常生活中的限制和障礙。這也意味著你你能夠獨立的做研究，未來亦可指導學生。

　　作為史學研究的一部分，成功完成論文是獲得史學碩、博士學位和從事教學以及研究工作的保證。在博士論文的背景下，這意味著你可以加入教師研究人員隊伍，成為史學界的一部分。

論文成功的五個關鍵

　　以下是論文成功的五個重點：

題目的選擇—方法論的選擇

　　從事研究工作涉及你的分析能力。因此，最好選擇你能完全掌握的主題。獲得適合論文目標的方法，包括找到一個能夠成功進行研究工作的方法。

良好的組織—給自己一些寫作所需的時間

　　由於論文是一項長期且耗時的工作，因此必須組織良好，以便能夠按時完成每項進度，這對寫作至關重要。撰寫論文非常耗時，因此最好及時開始寫作（進研究所即刻和指導教授商討論文題目），以便有足夠的時間校對文字並進行可能的修改。

為論文答辯做準備

　　你需要花時間做好準備，以便能夠在口試委員面前正確地捍衛你的觀

點。這包括介紹自己研究工作並回答口試委員的問題，其目的是評估碩、博士生良好進行研究工作的能力，並從他們的研究中得出足夠相關的結果，爲史學知識的發展做出貢獻。

論文抄襲

鑑於所提供資料或檔案的複雜性，許多學生陷入了抄襲的陷阱。當我們挪用他人的研究成果或部分寫作時，就會發生這種情況。抄襲是要受到懲罰的，通過良好的組織和嚴謹可以避免。

論文頁數－論文的版面

論文頁數根據主題和要完成的論文類型而有所不同。以法國巴黎索邦大學爲例，碩士論文約130頁以上；博士論文要求450頁以上，頁數太少顯現不出論文分量；另一方面，隨著介紹性頁面、參考文獻和附錄的添加，論文很快就會變得厚重。碩、博士論文的版面必須符合博士論文寫作規則。我們必須注意文字的格式、樣式的選擇。因此，查閱論文寫作指南或參考前輩論文非常重要。

第二章
口述歷史

　　口述歷史是人們對自己經歷的證詞的系統性收集。口述歷史不是民間傳說、道聽塗說或謠言。歷史學家試圖驗證他們的發現，對其進行分析，並將其置於準確的歷史背景中。

什麼是口述歷史

　　歷史學家也關心如何保存他們的發現，以供後來的學者使用，在口述歷史計畫中，受訪者為訪談者回憶一個事件，訪談者記錄這些回憶並創建歷史紀錄。口述歷史取決於人類記憶和口語，收集的方式多種多樣，從手工筆記到精心製作的電子錄音和錄像。人的壽命為我們透過口述歷史收集的主題設定了界限，我們只能追溯人的這一生，所以我們的極限隨著時間的推移每一代人都在前進，這導致了歷史學家的焦慮綜合症，即恐慌地意識到無法挽回的訊息每時每刻都在從我們身邊溜走。口述歷史做得好，會給人一種成就感，收集口述歷史，我們有一種從過去退潮中捕捉和把握有價值的東西的感覺。

口述歷史研究序列

　　提出一個中心問題，規劃項目，考慮最終作品、預算、宣傳、評估、人員、設備和時間框架等因素，進行背景調查，訪談，處理採訪。評估研究和訪談，組織並展示結果，將資料存檔，你可以讓你的項目變得複雜，也可以讓它變得簡單。挑選，只使用實現專案目標所需的內容。

指導方針和建議—口述歷史提醒清單

　　確定你的研究目標，並確定口述歷史是否能幫助你實現這些目標，

你可能會發現你的目標發生了變化。但是，一定要集中注意力，使用非口頭來源進行初步研究，定義你的總體樣本。你將如何選擇要採訪的人？聯絡潛在的受訪者，解釋你的專案並尋求協助。組裝你的設備以滿足你的目的，研究並選擇你需要製作的錄音類型，然後選擇你的設備裝置。例如它需要廣播質量嗎？它長壽嗎？你能負擔得起什麼？

使用外部麥克風以獲得更好的音質，這也適用於視頻。事先測試你的設備，並理解它在各種條件下是如何運作的。在進行真正的訪談之前，練習使用你的設備，如果是卡式錄音帶，請使用60分鐘的螺旋式磁帶。編制一份主題或問題清單。

練習採訪，制定一份個人化的清單，列出訪談前，訪談中和訪談後，必須記住要做的事情。在訪談前一兩天核實你的預約，訪談當天，給自己額外的時間去那裡。在安靜的地方進行訪談和錄音，設定時，請聽一會兒，進行調整，例如停止滴答作響的時鐘上的鐘擺，關上喧鬧交通的門。

確保受訪者了解訪談的目的以及你打算如何使用訪談，這不是私人談話，每次錄音開始時都要說明你訪談的對象、內容、時間和地點。積極而專注地傾聽，一次講一個，允許沉默，給受訪者思考的時間，沉默對你有用，一次問一個問題，在繼續下一個問題之前，請徹底跟進你當前的問題。

通常，除非你在尋找具體的簡短答案「事實」，否則你會問一些足夠開放的問題，以獲得「訪談」的答案。從較少的探索性問題開始，稍後在訪談中提出更多探究性問題，用輕鬆的談話結束採訪。在緊張的訪談結束後，不要突然讓受訪者感到失望，在訪談過程中要對工作中的心理力量保持警覺和敏感。將訪談時間限制在一到兩個小時左右，取決於你和受訪者的疲勞程度。

不要依賴照片來安排訪談，不要指望照片來組織你的採訪，但你可以使用它們作為初始提示。隨身攜帶大信封，用於存放借來的並貼有標籤的物品，例如照片等。立即對所有錄音進行標記和編號。讓受訪者在離開前

簽署授權書，或在簽署授權書之前將筆錄發送給受訪者進行更正。

訪談結束後，現場記錄訪談狀況，寫一封感謝信。建立一個系統來標記和歸檔所有內容，立即影印借用的照片並歸還原件，處理所有照片，並在信封中用硬紙板保護它們。複印一份作爲臨時記錄，複製每盤訪談磁帶，將原件單獨存放，只使用副本。轉錄或索引錄音，爲錄音和轉錄本分配登錄號，複製所有作品，單獨存放。

分析採訪，核實事實，將你的結果與你的研究設計進行比較，你得到你需要的東西了嗎？訪談結果還提出了哪些問題？訪談結果顯示你的方法有哪些改進？如有必要，請返回進行另一次訪談。如果你決定，請給受訪者提供錄音或文字紀錄的副本，請求轉錄更正，做好長期儲存的準備。

我該如何提問？

請記住一個主題清單，而不是逐字逐句地提出具體問題，也不是特定的順序。然而，在你換到主題列表之前，你可能需要一個啟動問題列表，讓受訪者和你自己感到舒適。在「安定下來」階段之後，一定要規劃好你的第一個實質問題的主題和形式，問一個能給出長答案的問題，然後「繼續主題」。

先問一些簡單的問題，例如簡短的簡歷，在建立融洽的關係後，提出非常私人或情感要求很高的問題，像開始一樣結束，不是用重磅炸彈，而是用更輕鬆的問題溫和地結束。一次提出一個問題，讓沉默爲你效力。等待……做一個好的傾聽者，使用肢體語言（例如看著受訪者、點頭和微笑）來鼓勵並傳達「我感興趣」的訊息。

如有必要，請使用口頭鼓勵，例如「這是很棒的訊息！」或「多麼有趣！」但要小心，在受訪者說話的同時，不要加入諸如「嗯嗯」之類的口頭鼓勵說詞。

如果受訪者做出一般性陳述，並且你需要了解更多訊息，請詢問具體的例子。或者你可能會說：「我不明白，你能更詳細地解釋一下嗎？」詢

問受訪者使用的以及對訪談具有關鍵意義的詞語的定義和解釋。

　　如果必須的話，對一個重要問題進行多次重述和重新提問，以獲得受訪者所知道的全部資訊，否則把你的問題用短語表達出來，這樣就不會用簡單的「是」或「否」來回答。不要問「一九三〇年代你是某地的農民嗎？」而是問「一九三〇年代某地務農是什麼樣的？」盡可能提出需要長時間回答的「發展」問題，不僅要了解這個人做了什麼，還要了解他們對所做的事情的想法和感受，提出後續問題，然後再問其他問題。要靈活，留意並掌握受訪者介紹的有前景的話題，即使這些話題不在你的訪談指南上。

文書工作─訪談者的現場筆記

　　訪談者的訪談結束後不久，訪談者應該坐下來有條理地做筆記，以免時間讓細節變得乏味。這些筆記有點像是人類學家的田野筆記，訪談者的筆記講述了人物、事件、時間和地點。在哪裡，他們添加了任何有助於轉錄者或未來學者理解採訪的內容。如果專案是在學校環境中進行的，教師或學生需要建立一個表格來滿足其特定專案的需求和目標以及學生的能力。

生活史表格

　　生活史表格可以包含很少或很多內容，這取決於專案的目的。如果訪談是家族史專案或如果訪談要存檔以供將來使用，個人數據非常有用，特別建議使用。此表格需要包含幫助學者理解、使用和解釋訪談的資訊。除了受訪者的姓名、地址、電話號碼、出生日期和出生地外，表格還可能要求提供父母、兄弟姐妹、配偶和子女的姓名、出生日期和死亡日期。它可以要求提供居住地以及教育和工作經驗，也可以要求列出特殊技能和組織成員資格。

發布表格

　　釋放表格可能會變得充滿聽起來像法律的語言，但大多數口述歷史學

者都設法找到了一種他們感到舒適的表格。發布表格毫無疑問地向受訪者明確說明將如何使用採訪，從而最大限度地減少誤解的可能性。除了提供一些保護之外，授權書還提醒口述歷史學者，受訪者授予我們使用不屬於我們的東西的特權，可能有許多版本的發布。授權書通常包括受訪者的姓名和簽名、訪談者的姓名、日期、允許使用訪談的聲明、獲得許可的個人或機構的名稱以及訪談的目的。

　　建議學校與學校法律顧問一起制定清晰的發布表格，特別是如果訪談要存檔以供將來使用，訪談員還需要簽署授權書。如果項目是在學校，由於學生可能是未成年人，因此家長或監護人應該簽名。

追蹤你的進度

　　根據專案目標和歸檔計畫，文書工作可能會非常複雜，也可能會很簡單。追蹤每次訪談階段的簡單系統是為每位受訪者保留一份文件。所有文件和錄音副本都保存在那裡。文件前面列出了追蹤進度的一系列步驟，並在步驟完成時勾選。

口述歷史準確性的問題

　　專案開始後，我們需要評估並確保所收集資料的準確性。我們不得不面對一個問題：這段口述歷史的準確性如何？至少，我們必須意識到口述歷史的局限性，以免誤導自己相信口述歷史會自動產生對過去事件的準確再現。

　　因為口述歷史依賴於活著的人作為資料來源，所以我們有局限性；我們可以回到過去一輩子。因為口述歷史使用的是口頭資料，而不是書面資料，因此允許的證據有所擴大。即使沒有書面文獻，婦女、少數族裔和不知名人士等群體也能夠使用口述歷史，來記錄自己的歷史以及他們認為重要的人的歷史。歷史不再局限於權貴、名人、富人和有文化的人。現在，歷史可以為我們提供更具包容性的、並且希望能夠準確描述過去的圖景。

廉價的可攜式錄音機用於準確記錄口頭敘述，有助於實現歷史收集的便利化。有趣的是，雖然錄音機在一定程度上促進了口述歷史科技的傳播，但科技也對口述歷史的需求負有部分責任。例如人們不是寫信，而是旅行去見對方，或打電話，但這些電話卻消失在空氣中。現在，通過電腦發送電子郵件的書面紀錄可能會變得更加稀少。

傳統歷史學家受過依賴書面紀錄的訓練，對口述歷史的潛在問題和固有弱點感到恐懼。人類記憶的缺陷是什麼？人類將敘事結構強加給可能沒有緊密連繫的事件的傾向是什麼？說故事的人有什麼自私的動機呢？訪談者和受訪者之間的權力關係如何影響事件的報導內容和方式？口語和書面有什麼區別？當試圖將對話寫在紙上時，意義中會出現哪些不準確之處？

在使用書面紀錄時也會出現許多相同的問題。書面資料可能帶有個人或社會偏見。書面資料來源於社會背景。例如由於記者和編輯人員的意識形態傾向、消息來源的可用性、廣告商的利益以及需要向公眾推銷有趣的故事，與事件同時發生的報紙報導常常存在歷史不準確的問題。然而，這些報紙報導可以用作人們態度和解釋的歷史證據。即使是由專業歷史學家發表的旨在維護其專業最佳標準的歷史分析，但也未必能達到這一難以捉摸的目標，即對事件進行完整、完全客觀的描述。

膠捲和照片怎麼樣？攝影機能否保持客觀，讓我們準確地看到事件？即使是視覺媒體也只提供片段。此外，攝影師設備、社會背景和攝影師的意圖會影響拍攝哪些照片、印製哪些照片以及如何向觀眾呈現照片。

在口述歷史中，除了詢問所有關於準確性的常見問題外，還必須詢問有關將口述文字寫在紙上的問題。起初，人們傾向於認為目擊者的錄音訪談的轉錄將是對事件的非常準確的紀錄。身為歷史學家，我們必須檢驗這個假設。

我們都知道找到合適的詞語來表達我們的想法是多麼困難。在訪談中，有一個陌生人在聽，錄音機在運轉，受訪者的實際話語能在多大程度上接近他想要交流的想法？我們都知道記憶會捉弄我們，即使只是想回憶

一下上週發生的事情，可能都會有失誤。在回憶很久以前的事件時，敘述者的記憶與實際經歷的真實再現又有多接近？

　　當我們試圖寫下所說的內容時，我們的問題變得更加複雜。人們並不總是用完整的句子說話。他們重複自己的話並省略一些事情。他們繞圈子，按照時間順序講述同一個故事的片段。他們語無倫次，並使用錯誤的名字。他們說話時不使用標點符號。抄寫員如何在不改變敘述者意思的情況下，將口語內容以書面連貫的方式寫在紙上？

　　最後，文字紀錄中沒有聲音和肢體語言的變化。因此，讀者並不擁有訪談者原本擁有的所有資訊。此外，讀者和聽眾會添加自己的解釋來試圖理解這一點。此刻，有些人感到不知所措。但可以放心！只要你意識到其中的陷阱，你就會沒事的。循序漸進，發現問題，找出解決方法。在口述歷史計畫結束時，你將從內到外了解口述歷史學者面臨的挑戰，並且你將永遠以更廣闊的眼光看待任何類型的歷史文獻。如有疑問，請保持過程的一部分是享受，冒險的一部分是從錯誤中學習。

受訪者的問題

　　受訪者……害怕錄音設備。不相信他有任何有價值的東西可以告訴你，也不明白你為什麼想採訪他。他會常說不記得了。他有一系列自己編造的故事，並且習慣按照自己編造的故事講述。這位受訪者不會讓你偏離他的故事劇本。

　　不習慣公開講述她或他的故事，需要大量的哄騙和強化。這個人需要問題來熱身，也需要更多問題來繼續。與你談論你想到的話題感到不舒服。例如一位謙虛的女性可能不願意與男性談論生育經驗。

　　故事情節蜿蜒曲折，而不是按照你心中的開頭—中間—結束模式。這些記憶有一種線性時間以外的形式，你必須弄清楚如何讓敘述者以對講述者和聽眾都有意義的方式講述這些記憶。害怕提供私人或個人資訊，從而向你提供可以保護他或她的公共「面具」的資訊，更喜歡或習慣於與團隊

中的其他人構建和分享故事，而不是單獨講述故事。

訪談者……

　　太緊張了，無法冷靜清晰地思考接下來要說什麼。雜亂無章，並不是真的在聽受訪者想說什麼。對她或他想聽到的內容抱有期望，並且不接受其他詢問途徑，對受訪者來說似乎很關鍵。與受訪者來自不同的階級或種族，因此用社會經濟「外語」行事和說話。聲音……太微弱了，包含覆蓋或混淆聲音的噪音，同時有多個人發言，造成失真。

關於訪談的思考問題

　　我如何選擇受訪的人？我採訪的人適合我的研究嗎？我是如何準備訪談的？我準備得夠多嗎？我用了什麼設備？效果是否令人滿意？我該做出哪些改變？我問了哪些類型的問題？什麼樣的問題效果好或不太好？我在哪裡進行採訪？環境中的什麼因素影響了我的訪談？結果如何？

　　我的拍攝對象想說話嗎？我如何鼓勵我的受訪的人說話？我的拍攝對象戴著「墨鏡」？我的拍攝對象摘下「墨鏡」了嗎？我什麼時候告訴受訪的人，訪談的目的，以及如何使用訪談？我的訪談計畫對主題來說重要嗎？我的受訪人的記憶有多準確？我怎麼知道？有關係嗎？誰控制了採訪？訪談時我的感受如何？

我的訪談對象在受訪時感覺如何

　　返回進行另一次訪談有用且可能嗎？這些結果如何影響我最初的目標？我需要調整我的訪談設計嗎？當我轉錄時，我會準確地寫出所說的內容，還是會從一開始就開始進行簡單的編輯？我將如何決定要寫什麼和不寫什麼？如何確保轉錄準確？我如何確保轉錄報告受訪人想要說的內容？誰擁有訪談內容並有權決定如何使用已完成的訪談和轉錄？下次我會做同樣的事情嗎？我會採取什麼不同的做法？

第三章
史料與方法

　　在知識論和歷史中，史學方法是指歷史學家寫作過程、方法、規則和背景的一系列思考。它試圖詮釋歷史學家如何提出歷史解釋，如何定義被認為是道德的或至少是有效的方法。史學方法包括確定歷史事件的原因及其後果。為了理解歷史學家的實踐方法，有兩個關鍵概念是必不可少的。第一，史料來源，屬於歷史專業人士；第二，史學方法，是史材的所有方法步驟的關鍵。如果說史學是研究者在文獻中所構成的歷史痕跡，那麼史料與方法之間就有著密不可的關係。

　　歷史學家必須要有正確的研究、評論和詮釋史料來源。這項工作對應於保羅・利科（Paul Ricoeur）[1]專業歷史學家養成的三階段中的前兩個階段，即檔案轉化為證詞、詮釋和理解，最後通過撰稿成為一名歷史學家。從古至今，歷史不僅是一個時間發展的過程，而且是一個從單一史料來源走向可量化的史料來源的過程，是從目擊者證詞到檔案資料再回到口述歷史來源的過程。史料和方法不僅證明了歷史學家專業的性質，而且在撰述過程中回溯了歷史的寫作目標和知識論的演變。

　　實際上，歷史是建立在對特定問題進行批判性分析和詮釋來源的基礎上，並且有系統地對人類歷史或文化的各個方面進行研究和重建。歷史學研究是在多個分支學科中進行的，並得到歷史學輔助科學的支持。歷史是一門文化或人文科學，涉及人類和人文社會的歷史，而自然史則屬於單純的自然科學。今天，歷史研究，特別是與人類學問題相關，因此也被認為

---

[1] 保羅・利科是一位法國哲學家。他的作品圍繞著小說的意義、主觀性和啟發式功能的概念展開，尤其是在文學和歷史方面。

是人類學的一個特殊領域。

歷史科學具有批判性的特徵，即對其前提、方法、思想和結果必須是合理的可論證的或主體間可證實的，並且始終以驗證的方式進行史料核實工作，努力爭取一定的客觀性。其研究基礎是史料，它作為研究的一部分加以蒐集，然後根據研究對象進行評估，這裡的重點是檔案資料。此外，歷史科學也與考古學密切相關，考古學主要評估非檔案資料來源；另一方面，歷史科學也與政治學分不開。由於文獻學和詮釋學對歷史研究的重要性，因此它與文獻學研究也有一些連繫。

歷史學家關心的不是保存和傳播現有的人類歷史知識，而是新增它的歷史知識。然而，歷史不同於其他科學，它的對象「過去」已經不存在了。因而無法為歷史重建提供確鑿的證據。歷史文物和史料知識原則上是無限的，因為關於過去新的來源和觀點總是不斷出現。尤其觀點，可以確保不斷獲得新的見解，並由於問題的變化和氛圍的轉變而修正舊有的立場，此也適用於遙遠的時代。

歷史學家的重點是試圖重建合理的因果關係。無論是檔案的還是資料的來源，都是需要進行詮釋，而檔案亦不能代表自己。他必須遵守兩個多世紀以來所制定的方法論規則，以便區分合理和邏輯上允許的解釋與不允許的解釋。因此，歷史研究的目的是通過對過去的觀察成為的定律，從定律中認識過去的事物。

史學方法是歷史學家用來研究和撰寫過去歷史的技巧和指南的集合。歷史的二手資料、一手資料和考古等實物證據都可以借鑑，而他們的專業在於識別這些史料來源，評估它們的相對權威性，並適當地結合它們的證詞，以便對過去的事件和環境作出準確可靠的描述。

第一節　**史料研究和評論**

　　史料來源是指歷史學科，根據保羅・柯恩（Paul Kirn）[2]的定義「從過去的知識中得出的任何文字史料、文物或檔案（非文字史料）」[3]。換句話說，它們可以被稱爲「所有過去的遺跡，無論是物質的還是非物質的，無論是書面的還是非文字史料，都是前人，爲了留下他們自己和他們的行爲的記憶，或是各種人類活動的本能結果而故意製造出來的紀錄」[4]因此，每個史料來源都是歷史學家研究的對象。

　　歷史研究的第一步是審查「史料彙編」，即對某一特定主題的所有可用資料；蒐集史料通常不是由專業歷史學家單獨進行，而是基於其他專業人士的工作，如考古學家、系譜學家、古文字學家、古地理學家、錢幣學家等，對於研究工作來說，蒐集有條不紊的資料是至關重要的，進而以對事實進行合理評估。

　　事實上，歷史首先是一項調查。只讀古人留下的文字紀錄是不足以知道發生事件全部面貌，因爲它沒有反映整個歷史眞實情況；另一方面，它們可能是部分或全部虛假或歪曲史料。此外，史料的研究和評論不應僅限於檔案和文獻，這是太過於簡單也太局限了。

一、史料來源

　　史料來源是直接提供有關過去的信息，因此史料也是來自過去歷史的紀錄。它可分爲一手史料和二手史料，這取決於與調查事件的時間和距離[5]。史料有不同類型的來源。首先是歷史文物、檔案和口述歷史。其次，影像有時被歸類爲「視覺來源」。以數位方式出現的來源，如推特（tweets）等，都可歸到這個清單中。歷史文物包括所有考古資料；這些

---

[2]　保羅・柯恩是德國歷史學家，法蘭克福大學中世紀史教授。

[3]　Paul Kirn: Introduction to history, 5th edition. De Gruyter, Berlin, 1968, p. 29

[4]　Francesco Senator, Middle Ages: instructions for use, Bruno Mondadori, 2008, p. 51-53

[5]　Sergio Luzzatto, First lesson of the historical method, Rome, Bari, Laterza, 2010, p. 6

包括過去人類活動留下的所有遺跡，即所謂的物質文化。例如日常物品、手工藝品、房屋、墳墓、道路，手繪的圖像等，以及現代科技的影像（如照片和電影）。在考古學中，文物和紀念碑也提供了諸多材料。

一手史料應與二手史料區分開來。例如古代或中世紀的原始文獻，即從這些史料的研究和批評中得出的成果。在某些情況下，一手史料和二手史料之間的界限可能會變得模糊，哪些是一手史料，哪些是二手史料，這取決於研究的目的或研究者的意圖：一位歷史學家，將蒙森（Theodor Mommsens）[6]的《羅馬史》解讀為專門文獻（它並不代表現代歷史學說，但仍然是重要的二手史料）；因此，從這位歷史學家的角度來看，蒙森是一位同事；另一方面，如果一位科學史學家閱讀羅馬史是因為他研究了蒙森的著作和思想，那麼蒙森的《羅馬史》則作為其一手史料來源，蒙森從而成為被科學史家研究的對象。

二手史料有時對於調查遺失的一手史料的內容至關重要。二手史料彙編和摘要，如參考書目、目錄、辭典、百科全書、年鑑、教科書等，可以構成另一種史料來源，即所謂的第三方史料來源，其目的是提供一個不需要解釋的既定知識庫。

對於文物遺跡和傳統史料來源的分類，最初是由德國歷史學家德羅伊森（Johann Gustav Droysen）所創建，後來由伯恩海姆（Ernst Bernheim）[7]修改，其定義如下：「遺跡或遺物」是「直接從事件中遺留下來的東西」，不是為了傳遞一個自我記憶，而是為了不同的用途，沒有任何記憶的概念；「紀念碑」（Monuments）則是作者在其中有意告知其他人一些事情。傳統史料：例如兩個商人之間交易後產生的商業發票，沒有記憶特徵，但對歷史學家來說，它可以作為「傳統」（tradition）史料來源。「所有事件的遺跡：都是由人類精心製作和複製的」，其明確意圖是構成

---

[6] 蒙森是德國歷史學家，對古代史，特別是羅馬史有精湛的研究。

[7] 伯恩海姆是德國歷史學家，以其著作《史學方法》（1889年）而聞名。

一種記憶和來源[8]，依次以口述歷史和檔案等傳統史料做區別。

　　遺跡通常被認為比傳統史料更可靠，因為演講者、作家或歷史學家可能會弄錯或迷惑不解，儘管在上一個例子中，發票並不完全可靠，因為它可能是錯誤的，或出於欺詐目的而開具的；但遺跡本質上也是在事件發生後不久產生的，而傳統也可以指非常遙遠的過去。根據勃蘭特（Max von Brandt）[9]的說法，所有材料來源，例如建築物或遺骸，都應該歸類為「遺跡」[10]。

　　此外，史料來源的分類可能取決於特定歷史研究的具體目的：一封來自A的信通知B一個事件，因此，就事件而言，這封信是一種傳統文件；另一方面，同一封信是A在某一特定時間向B傳達其對某一特定事件的解釋的事實的遺物，也就是說，如果歷史學家對這件事感興趣，那麼這封信就是一種傳統文件；如果歷史學家對A和B之間的關係感興趣，那麼這封信就是一種遺物。

　　史料可分為敘述性史料與文學性史料，例如科學論文、報紙、編年史、個人資料、小說和傳記、外交文件等，都歸於這種性質；這些資料確立了法律地位或創造了新的法律地位（如憲章）的來源，以及最後是社會主計資料的來源，它是公共或私人行政部門、公司或協會的行政人員或管理層的書面紀錄。這些書面紀錄都是屬於史料來源的部分。

　　史料來源，並不限於敘述性來源，即直接報導所發生事件的來源（例如中世紀編年史或報紙文章）。歷史學家還得益於一個更大的資料庫：檔案。這些檔案包括所有檔案和文獻，其主要目的不是提供給歷史學家史料，有時候它僅僅是只是一份紀錄資料。諸如，人民繳納皇家稅和一定數

---

[8] Ahasver von Brandt, the historian's tool. An introduction to historical auxiliary sciences, Stoccarda, Kohlhammer, 1986. p. 52

[9] 勃蘭特是一位德國外交官，專門研究遠東的文化和歷史。

[10] Ahasver von Brandt, Tools of the Historian. An Introduction to the Historical Auxiliary Sciences, Stoccarda, Kohlhammer, 1986. p. 53

額的稅款都有列表，其在歷史意圖上並不是有意的。但可以讓我們了解舊制度下的財富等級。

在開始閱讀史料來源之前，歷史學家會考慮哪些史料可以回答他提出的歷史問題。這個問題將決定史料來源的價值。普羅斯特（Antoine Prost）[11]用一幅美麗的畫面概括了這一想法：「歷史學家不會隨意放網，看看他會不會釣到魚，以及會釣到哪些魚」[12]。現有史料來源的範圍不斷擴大。如果長期以來研究都是以史料為基礎，那麼歷史學家現在正在做所有事情。費弗爾（Lucien Febvre）[13]寫道：「歷史可能是以史料為基礎的。但如果沒有史料，就必須在沒有史料的情況下進行。歷史學家的聰明才智可以讓他用來製作他的蜂蜜，而不是平常的花朵。歷史學家的工作中最令人興奮的一部分，難道不是一直在努力讓沉默的事物說話嗎？」為了了解土地景觀和地質結構演變，布洛克（Marc Bloch）[14]還研究了十九世紀的法國地籍。同樣地，與傳統史料來源相比，考古學則提供了新的史料數據。

二、來源批判

來源批判是評估史料來源的過程，即檔案、個人、談話、指紋、照片、觀察或任何用於獲取資料的東西。就某一特定目的而言，其資料來源可能或多或少是有效的、可靠的或相關的。廣義上說，「來源批判」是一門跨學科的研究，研究如何對特定的資料進行評估。對原始文獻的批判有其必要。例如文藝復興時期的文獻學批判和後來對舊文獻的思考，以確定

---

[11]　普羅斯特，出生於1933年，法國歷史學家。

[12]　Antoine Prost, Douze leçons sur l'histoire, 1996

[13]　費弗爾是一位法國現代主義歷史學家，對該學科的發展產生了重大影響，特別是通過他與布洛克（Marc Bloch）共同創立的《年鑑學派》（École des Annales）。以及他於1947年創辦的高等教育實踐學院（後來成為EHESS）的第六部門。

[14]　布洛克是法國歷史學家，專研中世紀法國史，《年鑑學派》創始人之一。

它們的眞實性。這也可以揭示歷史上原始文獻可能存在的造假行爲。

通過比較一個來源與另一個來源，核實所作陳述的合理性，或通過科學調查，所提出的問題往往可以得到澄清；然而，有時，也無法明確回答這些問題，或只能使用新的調查方法（例如文蘭地圖）[15]。來源批判必須同樣適用於非文字史料來源（如硬幣、建築物、郵票），儘管通常它採用了不同的方法，而借助歷史科學的輔助，將能更深層探討各種史料來源。

歷史學家從來沒有認爲他得到的資料是沒有問題的。他必須對資料來源抱著批判態度。這種懷疑也是這個行業的一個特點。我們必須向毛里斯（Mauristes）[16]和博蘭主義（Bollandistes）[17]僧侶致敬，他們的工作是以其嚴謹性和批判性著稱，他們爲十七世紀的歷史批判奠定了基礎。法國實證史學派歷史學家朗格盧瓦（Charles-Victor Langlois）[18]和塞若博（Seignobos）採用了這些規則，然而，它們的錯誤主要在於檔案史料證詞。歷史教學作爲政治教育工具，塞若博認爲：「受過歷史教育的人知道，歷史可以通過意見改變，意見不會自行改變，個人無法改變它。但他知道，在同一個方向上共同努力的幾個人可以改變意見。這種知識賦予他權力感、責任感和活動規則，幫助歷史向他認爲最有利的方向轉變。教他最有效的方法，即與其他志同道合的人合作，共同努力改變歷史。」

在批判來源時，必須區分記錄或發現與解釋。觀察總是先於解釋，解釋不應僅僅以檔案爲基礎，因爲歷史的起源和歷史環境有助於解釋的意

---

[15] 「文蘭地圖」（Carte du Vinland）是一張世界地圖，它代表了已知的世界，包括十五世紀被認爲是末知的土地，特別是格陵蘭島、日本和一個被稱爲文蘭島的島嶼，讓人想起北美的大致輪廓。

[16] 聖莫爾會眾，通常被稱爲毛里斯，是一個由法國本篤會僧侶組成的會眾，成立於1618年，以其高水準的學術著稱。會眾及其成員的名字來源於聖莫爾（565年去世），聖本篤會是其引入法國。

[17] 博蘭主義是由博蘭於十七世紀創立的比利時學術協會，其主要目的是研究聖徒的生活和崇拜。博蘭主義成立於西班牙荷蘭時期的安特衛普，是比利時最古老的學術協會，自成立以來一直活躍在比利時。

[18] 朗格盧瓦是法國歷史學家。索邦大學教授，中世紀史專家。

義，內部批判和外部批判之間有著根本的區別。因此，他們區分了不同類
型的批判：

1. 外部批判涉及文件的材料特徵，如紙張、墨水、書寫和印章。因此，
   一封被稱為十二世紀的信件肯定是假的，因為當時人們寫在羊皮紙
   上。這種批判需要有古文字學、紋章、年代、外交和金石學方面的知
   識。外部史料來源批判涉及來源的文物形態：文物產生類型，它有助
   於確定來源地和時間、資料的選擇、檔案流向、詞語和風格的選擇，
   以及傳統脈絡的儲存地點、保存狀態等方面；最後，在這裡必須提到
   來源的完整性，作為外部批判的可能對象。外部來源批判的一個較早
   的術語是「真實性批判」，因為它提供了有關來源的指定發行人或製
   造商是否真實的信息[19]。伯恩海姆（Ernst Bernheim）在他的《歷史導
   論》中總結了外部來源的批判，分為四個問題：
   (1) 來源的外部資料是否與在聲稱或假定來源的時間和地點，已知是真
   　　實的，同其他來源的原有資料相符？
   (2) 來源的內容是否與我們從真實來源所知的內容一致？
   (3) 資料和內容是否反映了來源地的性質和整個發展環境？
   (4) 是否有任何人為的、偽造的痕跡，例如不可信和奇怪的發現和傳播
   　　方式[20]？

2. 內部批判是基於檔案的一致性。很明顯，1225年下旬的菲利‧奧古斯
   都憲章是偽造的，因為這位法國國王於1223年去世。內部來源批判涉
   及檔案資料的質量問題。關於作者、收件人、背景等的問題，應特別
   說明來源在地點和時間上與所報告事件的接近程度，因為更接近來源

---

[19] Klaus Arnold: The scientific handling of sources. In: Hans-Jürgen Goertz (Ed.): History. A basic course. 2nd Edition. Rowohlt, Reinbek bei Hamburg 2001, pp. 42-58

[20] Ernst Bernheim: Introduction to the science of history. Göschen Collection, Vol.270. Edition. De Gruyter, Berlin, Leipzig 1936, p. 140

是檔案資料的質量的標準。此外，還檢查來源內容的合理性，以確定這是否可行。

由於「來源的最終決定性標準……是其對歷史研究的認知價值」[21]，在評估來源時，「接近」發生的事情尤其重要。首先，「目擊者報告或照片總是優先於隨後的報告或檢查方案」。為此選擇了「一手史料」和「二手史料」的名稱。其次，一個來源的當事者的問題，「他的人，他的生活條件，他的意圖」對於來源的內在批判尤其重要。第三，作者對他報導的事件知道多少，他想報導多少[22]？

伯恩海姆對資料來源的批判如下[23]：

⑴偽造和誤解來源……

⑵來源地和時間……

⑶確定作者……

⑷來源分析……

⑸審查和編輯資料來源……

⑹可靠性檢查……

⑺確定事實……

⑻按主題、時間、地點排列的數據順序……。

綜合上述所言，史料來源的分析至關重要，錯誤的資料來源，將會導致對歷史的誤判，因此歷史學家要有能力明辨史料來源眞僞，否則一錯百錯，歷史的眞實性亦將更爲模糊不清。所謂「歷史改寫」，很大的部分在於史料來源和數據的不正確，當新的來源出現時，歷史就改寫了。

---

[21] Klaus Arnold: The scientific handling of sources. In: Hans-Jürgen Goertz (Ed.): History. A basic course. 2nd Edition. Rowohlt, Reinbek bei Hamburg 2001, p. 44

[22] Klaus Arnold: The scientific handling of sources. In: Hans-Jürgen Goertz (Ed.): History. A basic course. 2nd Edition. Rowohlt, Reinbek bei Hamburg 2001, p. 50

[23] Ernst Bernheim: Introduction to the science of history. De Gruyter, Berlin / Leipzig 1936, p. 4

3. 對出處的批評觸及了史料源頭的起源。歷史學家將對證詞的真實性和準確性得出結論。我們很清楚，史官的歷史往往誇大了國王的角色和才幹。因此對他說的話存有懷疑，同樣地，一個親身參與者所撰寫的關於一場戰鬥的敘述與五十年後出生的人的敘述不一樣。從一個不知道或不可能知道的人的檔案中尋找關於或事實的資訊是荒謬的。因此，當你看到一份檔案時，你首先要問，「它是從哪裡來的？作者是誰？日期是什麼時候？」一份檔案的作者、日期、來源地，出處。

簡而言之，如果檔案是完全不可知的，則檔案毫無用處。這一真理似乎是基本的，直到今天才得到充分認可。這是歷史學家的自然判斷力，那些習慣於在使用檔案之前詢問文件來源的人，他們會感到自豪。大多數現代文件都有其明確的出處：如今，書籍、報紙文章、官方文件甚至私人著作通常都帶有日期和簽名；相反地，許多舊檔案出處不明確、匿名且沒有日期[24]。批判出處的主要工具是對有關文件進行內部分析，以確定有關作者、時間和國家的所有線索。

4. 範圍批判涉及檔案的接收者。例如一名省長在向內政部長彙報時，會傾向於盡量減少影響他所在部門的麻煩，以免他的上級把他看成一個不稱職的人。批判的方法也是基於證詞的比較。當他們一致的時候，這是事實真相的標誌；另一方面，當一個證人被其他幾個人反駁時，這並不自動意味著他在撒謊或犯錯誤。這些其他證人可能基於相同的錯誤來源。一旦這些證據被仔細檢查過，歷史學家就把重點放在正確解釋文字的意義上。但仍然需要紮實的歷史知識。

一旦證詞通過這個有條不紊的檔案被篩選出來，歷史學家就試圖解釋文字的涵義。當法國無套褲漢（Sans-culottes）[25]要求小麥「徵稅」的

---

[24] Charles-Victor Langlois et Charles Seignobos, Introduction aux études historiques, Paris, Hachette et Cie, 1898. Chapitre III

[25] 「無套褲漢」是1789年法國大革命開始時，出於蔑視，給穿著條紋褲子而不是馬褲的群眾示威者起的名字，馬褲是貴族的著裝象徵。

請願時，則不應理解爲他們要求設立稅收，而是要求徵收小麥最高價格。對於業餘愛好者來說，某些詞的意思可能導致誤解。

三、新的方法，使史料來源說話

這些不同階段的批判表明，歷史學家的工作實際上是閱讀檔案，消除錯誤，找出錯誤和不準確之處，以便確實找出實際發生的情況。這是史學方法的捷徑。現在的研究人員知道如何利用檔案，甚至知道是僞造的檔案。有時，檔案的涵義比其實際內容更多。一個非常主觀和有針對性的證詞，將提供有關證人陳述的資訊。他的主觀和有針對性，歷史學家必須思考它的眞實性。因此，歷史學家並不總是急於確定事實。

歷史與其他學科的交流，也豐富了歷史學家的方法論。社會學、經濟學以及傳播統計學的使用都發揮了重要作用。例如拉布魯斯（Camille-Ernest Labrousse）在法國史學的發展中扮演著非常重要的角色。他專心研究經濟史，1933年出版的《十八世紀法國物價和收入變化概要》在這一領域實現了不可逆轉的科學變革，特別是通過對其研究方法的嚴格規定。它甚至可以作爲其他歷史分析領域（人口統計、社會文化現象等）的例子。杜帕基耶（Jacques Dupâquier）專門研究人口歷史和歷史人口統計學（出生率、死亡率、生產曲線）……這是他們工作的一次革命，因爲這些定量方法表明（定量歷史），與傳統史學看法相反，歷史事實並非一成不變，有時是建立在這些學科事實上。此外，語言學家是另一項貢獻，通過搜索其中包含的關鍵字，可以重讀演講稿和詞彙分析，語言學家進一步闡明了某些組織（共產主義者、共濟會等）的意識形態及其思想的發展。

因此，無論這份檔案是什麼，你都必須專注於它的全面分析。首先是關於它的檔案形態：源頭是什麼樣的？是什麼使你能夠查閱它，查閱它的地點和查閱它時的狀態？關於你的主題感興趣的「她說的話」，你也需要注意任何「她沒說」的事情。在你的主題中，缺乏史料來闡明「她說的話」，但有時可以教會你很多，甚至可能比豐富的檔案還要多。因爲，這

也意味著，不僅要把你已經確定的檔案一頭栽進去……或者，不要局限於它的史料。為了能夠有效地分析它們，無論是哪種類型檔案，都必須跟蹤和了解檔案的來源。

第二節　書寫歷史

　　這是一種撰述歷史的力量，很難將歷史學家的歷史寫作與某種權威區分開來；歷史可以從它的知識中得到保障，而歷史也發揮著重要作用，首先它被認為是「真理」的確立，其次歷史寫作站在史學權威的一邊，第三它有力量。三個要求缺一不可；讓人知道，讓人理解，讓人感受，這迫使我們徹底進入敘事體系。書寫歷史的開始可能會有一些驚喜；研究者從他的資料中排除的東西和他假設的選擇很少被公布。然而，排除的東西，它仍然是「被丟棄的」，這些來自研究的「被排除的資料」本身可能會受到質疑，甚至成為書寫的主題。

　　要被同行認可為「歷史學家」，就必須尊重一種傳統知識；相反地，我們必須打破這種知識，以促進它和帶來新的東西。因此，我們必須遵循同樣的原則，也就是說，我們所傳遞的東西是完全不同的；這種尊重傳統知識和打破這種知識也的確會存在著某種衝突和困難，因為歷史的操作，不管它是多麼新，只存在於一套公認的實踐定律中。換言之，沒有什麼東西是真正的創新。歷史的架構是圍繞在表象上；它要麼是一個新的事件，要麼是一個意想不到的詮釋維度，或者是從不同的角度「重塑」歷史。因此，借用的隱喻將圍繞這些非典型歷史元素展開，創造一個被認為是被忽視的現實東西，或者對傳統詮釋的另一種解釋。

一、歷史事實的連結

　　歷史學家從他的資料中得出事實。然後試圖總結那些與他有關的事物或與同一主題有關的人。每一個歷史事實都有一個或多個原因；歷史學家必須發現這些原因。儘管歷史的某些方面較少面對它，但這項任務有若干

困難；例如文化史或主題繪畫尤其需要更多的敘述，而不是尋找原因。在其他情況下，確定原因非常重要。然後歷史學家運用自己的判斷、想像力或經驗。這種方法，基本上是不科學的，需要小心求證。

首先，我們很難代替過去的人，因為他們生活在與我們不同的文化和社會環境中，也不像我們想像的那樣。對此，費弗爾（Febvre）建議歷史學家首先須提防「不合時宜心理」。在我們看來不合理的行為在過去似乎是合理的。因此，有必要對當時的人之心態作一充分的了解。其次要採取的預防措施是：找出所有複雜性的原因。因為從來沒有一個原因是單一的事件，它是一個多方面原因的事件。例如第一次世界大戰，其中一些是導火線（謀殺奧地利大公是一戰的導火線），其次，則是更廣泛的背景因素（二十世紀初民族主義的興起）。由於國際之間的強權外交，有些事件是決定性的，有些則是軼事。讓我們承認，沒有一個歷史學家可以聲稱他可以理解一個事件的所有歷史原因，並確定每個因素的重要性。第三，歷史不應陷入意識形態中。與當代事件相比，歷史學家發現自己處於一種特殊的境地，他知道會發生什麼。以一位法國學者為例，他回顧了法國（1940年）對德國的戰役。他知道最後法國必將失敗，在他的敘述中可能會強調法國軍隊的弱點，這將是一個有偏見的解讀。因為法國軍隊有其優勢。忽視它們將掩蓋一些歷史現實。

最後，布洛克（Marc Bloch）說，歷史上的原因，是不能用假設詮釋。它們互相尋找答案[26]。實際上，歷史學家有時會陷入困境。例如國王多次參加戰爭，然後因為他的軍隊規模較小而被擊敗？這是可能的，但我們在歷史上也看到，儘管軍隊數量上處於劣勢，但國王仍然能贏得了戰爭。如果國王因為這個原因輸了，則需由歷史學家來證明而不是假設。

羅馬帝國時代的諷刺作家琉善（Lucian）在其《如何寫歷史》文章的第一部分涉及對當時歷史學家的批判性攻擊。琉善堅持認為，他們將歷史

---

[26] Marc Bloch, Apologie pour l'histoire ou métier d'historien; 1993, p. 189

與頌詞混為一談，用無關緊要的頌詞使歷史不堪重負，它用誇張的辭藻來壓垮歷史[27]。琉善轉而推薦清晰敘述的優點，以及真理的價值觀[28]。他認為歷史學家應該不斷的撰述，作為「一個自由的人，無所畏懼，廉潔奉公、真理之友」並將修昔底德的著作作為後來歷史學家的立論典範。

　　書寫歷史具有它的複雜性，它決定了歷史事物的產生。它當然是由歷史學家的主觀選擇構成的，但也由機構、公認的學術代表、科學界的權威、學科部門所建構。它可以從史家的「我」和史家傳統的「我們」通過寫作交織在一起，這構成了歷史的表述框架。這種書寫策略亦將歷史話語歸於說話者[29]，也為說話者提供了接受資料的空間。

　　書寫歷史具有他的立場獨特性，我們如何書寫歷史？德塞托（Michel de Certeau）[30]認為，還要包含新史學的概念。諸如以下著作，作者似乎都跳脫傳統史學概念主題。例如曼德羅（Hubert Mandrou）[31]《遠離巫術》，拉杜里（Emmanuel Leroy Ladurie）[32]《走進被遺忘的農民世界》，勒戈夫（Jaques le Goff）[33]《走進一個窮人的世界》，這些作品都有新史學的概念。此外，德塞托受到了十七世紀耶穌會士蘇林（Jean-Joseph Surin）的影響而走向了神祕主義，巴雷爾（Bertrand Barère）[34]《1793年

---

[27] Butcher, S. H., Harvard Lectures on Greek Subjects. London: Macmillan and Co., Ltd., 1904, p. 249

[28] M Winkler, Fall of the Roman Empire, 2012, p. 181

[29] L. Gardet. La mystique; H. Graef. Histoire de la mystique Histoire, Revue de l'histoire des religions 1975, p. 73

[30] 德塞托是法國耶穌會神父、神學家和歷史學家。他是宗教史研究（特別是十六世紀和十七世紀的神祕主義）的作者，包括1982年出版的《神祕寓言》，以及關於歷史及其認識論、精神分析和宗教在現代世界中地位的反思作品。

[31] 曼德羅是法國歷史學家，心理專家。法國高等社會科學院研究主任。

[32] 拉杜里是法國學院現代文明史教授、法國社會科學高等研究院主任、布勞岱弟子。

[33] 勒戈夫是法國社會科學高等研究院院長。

[34] 巴雷爾是法國大革命時期的政治家和法學家。他的回憶錄於1842年與「勝利組織者」之子卡諾（Carnot）合作出版，其形象至今仍存在爭議和神祕性。

回憶錄》更極具爭議性。上述新史學概念著作的書寫差距，使他們處於傳統歷史規則的邊緣。

因此，書寫是通過閱讀資料，釋放個人觀點，這些觀點通過資料閱讀而有新的詮釋。書寫歷史根據獲得的證據、既定的準則和收集材料的順序敘事，寫作和閱讀乃互相產生[35]。歷史在有文化人中的具體作用，主要它是一種智力培養的工具，使人們習慣於批判性的方法，把自己說的話和寫的東西付諸推理[36]。因此，通過對蒐集到的資料進行重組和重新配置，會出現一些小差距，韋恩（Paul Veyne）[37]認爲這些小差距，會影響整件事的眞相。但是，這種差距有其雙重立場：一種是主觀的，歷史學家通過這種權威獲得了一定的地位，另一種是客觀的，打破了人們普遍接受的分界線，這與烏托邦式或虛構的觀點有關，歷史學家的各種觀點揭示了在詮釋過程中仍未被注意到的裂縫、錯誤、不連續性，並與虛構的故事進行對抗。

當然，歷史是有規則的：邏輯方案、解釋方法、來源的選擇、檔案選擇、數據交叉引用、事件之間的邏輯連繫、證據等規則、然後通過寫作呈現研究成果，在寫作中，信念、證據、參考文獻（這是與大師的連結）和註腳是寫作的特點。此外，還引入了另一個維度：研究者發現新事物的意願，即爲整個學科增添新的內容。在所有這些意志之間形成了一種敘事張力，歷史從一開始就知道，爲了與眞理連繫起來，它必須擺脫寓言的原則，同時保持其眞實性原則[38]。

---

[35] Michel de Certeau, L'Absent de l'histoire, Paris, 1973, p. 172

[36] François Hartog, Paul Veyne naturaliste: l'histoire est un herbier», Annales. Économies, Sociétés, Civilisations, vol.33, no 2, 1978, pp 326-330

[37] 韋恩是法國歷史學家。他是古羅馬史專家，是法蘭西學院的名譽教授。

[38] Arlette Farge, Écrire l'histoire Dans Hypothèses 2004/1 (7), pp. 317, 320

二、歷史與真相

在十九世紀，德國學者蘭克（Ranke）解釋說，歷史的使命是講述「發生的事情」。換言之，一切歷史著作的原則都是尊重事實真相。為此，歷史學家要用大量的證據表示嚴謹。一般而言，一篇文章或一篇歷史論文都有註腳，作者在註腳中提供資料來源的參考資料（存檔編號或古書的標題）或者引用了同行的著作。因此，讀者必須設法核實歷史學家的論點。至少可以找到註腳中提到的來源，或者在書的附錄中找到副本的來源。

由於對真相的要求，歷史學家被要求客觀。讓我們面對現實：這是一廂情願的想法。在任何人文科學研究中，研究者都會自覺或不自覺地傳遞自己的主觀部分。法國學者馬魯（Henri-Irénée Marrou）列舉了歷史著作的所有主觀要素：主題的選擇和劃分、所提出的問題、所採用的概念、關係的類型、解釋方式，每個人的相對價值。對於馬魯來說，歷史學家不是通過對資料來源的分析來發現一部完整的歷史，而是通過理性的調查和「信仰行為」來建構歷史[39]。美國學者懷特（Hayden White）堅持了研究者不可能客觀的想法：就像小說家一樣，每個歷史學家都有自己的世界觀、情節類型和解讀方式[40]。他認為歷史思想以「書寫」為主，通過情節和文學過程發揮著有效的作用。

在對歷史的反思中，普羅斯特（Antoine Prost）傾向於應用歷史的「距離和公正」而不是客觀性[41]。歷史學家必須表現出知識份子的誠實。具體來說，這意味著拋開自己的觀點，而不是壓制相互衝突的論點。歷史學家並不評判歷史現象和人物（哪些是好的，哪些是壞的），而是試圖理解它們。當研究者處理道德上應受譴責的問題時，例如納粹主義、奴隸

---

[39] G. Lefebvre, «Review of De la connaissance historique», Revue Historique, vol.217, no 2, 1957, p. 336

[40] Hayden White, Metahistory. The Historical Imagination in Nineteenth-century Europe, 1973.

[41] Antoine Prost, Douze leçons sur l'histoire, p. 288

制、殖民主義等，這種態度並非沒有造成公眾輿論的某種不理解。因為在
某些人看來，試圖理解可能是為了要辯解。

　　這種對真理的追求始終是不完美的，對於所有試圖確定事實和理解
人類行為的意義的科學（即解釋學科學或精神科學）來說也是如此。一方
面，因為歷史學家從來沒有任何資料可以顯示事件。這些檔案要麼已經不
存在（有多少檔案因1944年的轟炸而失蹤），要麼根本就不存在；另一方
面，因為沒有人能聲稱理解一個決定的所有來源，所有動機，所有人的非
理性行為。

　　哲學家利科（Paul Ricoeur）對歷史學家說的是真話的觀點進行了詮
釋，並寫下真相的意圖。真相與其說是歷史話語的狀態，不如說是客觀
的。根據利科的說法，在他對真相的嚴格探索中，歷史學家無法將記憶的
痕跡還原為虛假性或欺騙性。換言之，不要把記憶局限於思維、印象和事
件領域，有時候記憶是不可靠的。因此口述歷史它的真實性也存在一些難
題。此外，他還寫道：記憶擁有歷史無法分享的特權，那就是被承認的幸
運的事：確實如此！儘管挫折重重，記憶艱辛！但這是多麼大的回報啊！
正是因為歷史沒有這一點點幸運的事，所以它有一個具體的再現問題，它
的複雜結構希望被重建，以滿足與讀者的真相契約[42]。

　　利科在《記憶現象學》中對記憶與歷史的關係作出了新的解釋。此
在於尋找記憶的對象及其過程。他注意到希臘人用兩個詞來表示它：記憶
（mnémè）[43]是情感（affection）感傷（pathos），情感和感傷作為記憶出
現在記憶中並被認為是過去的回憶；也就是說，記憶是回憶尋找從過去奪
走的記憶。因此，歷史是一個「搜尋引擎」，它無限期地尋找德塞托所說

---

[42]　P. Ricœur, L'écriture de l'histoire et la représentation du passé, conférence Marc Bloch, 13 juin 2000,
　　　Annales HSS, juillet-août 2000, p. 736

[43]　在希臘神話中，Mnémé（古希臘語Μνήμη/Mnémè）是三個原始繆斯女神（Béotiens）之一，她是記
　　　憶的繆斯女神。

的「歷史的缺席」，即被認定爲過去的記憶。因此，歷史構建的目的是爲
了重建[44]，隨著時間的推移，我們保留了過去的記憶，並有一個願景，將
過去的記憶化爲歷史。

　　然而，在運用記憶的過程中，利科對它的濫用和它的用途一樣重視。
在這個層面上，他區分了三類缺陷：記憶被阻止、記憶被操縱、記憶被強
迫。記憶被阻止是針對過去傷害和創傷的抵抗。這一損失還沒有完全內
化。由於沒有批評，沒有悲傷，就不會進入回憶階段。被操縱的記憶本身
源於記憶問題與集體和個人身分之間的交集。它被意識形態、紀念活動、
強迫回憶所塑造和扭曲。至於強迫記憶或強加記憶，它是一種工具化的記
憶，其中的義務是記住這個而不是那個。利科對回憶與歷史相反的記憶的
危險非常敏感。他直言：今天，人們很容易呼喚記憶的責任，以縮短歷史
學家的批判性工作，冒著關閉這個歷史共同體記憶的風險[45]。

　　通過深入研究歷史出版品，我們了解到，隱藏的偏見總是會歪曲證
據，二手的資料來源當然是不可靠的，無數的小錯誤預示著重大的犯錯。
更重要的是，他們了解到，即使是優秀歷史學家也沒有足夠的時間、耐心
或誠實來防止所有這些錯誤並避免其令人震驚的認知後果[46]。歷史學家總
是在泥濘中絆倒。

　　歷史學家需學會「懷疑每一份檔案，並假定每個證人都是騙子」[47]。
很多出版物顯示了可悲的錯誤。對於研究人員在主要期刊上發表的文章，
需嚴格審查，以確保文章的準確性，諸如每篇引文、名稱、位置、標題、
日期、正文和注釋中的出版商以及頁碼等。檢查每個二手資料是否與原始

---

[44] Interview de Paul Ricœur par François Ewald, Le Magazine littéraire, no 390, septembre 2000, p. 24

[45] Annales, Histoire, Sciences socialesop. 1994，(n.7), p. 736

[46] Quoted in Frank L. Byrne, "The Trainer of Historians," Wisconsin Magazine of History 66, no.2 (1982-83): p. 115

[47] Richard N. Current, "Recollections of the Man and the Teacher," Wisconsin Magazine of History 66, no.2 (1982-83): 120; and Byrne, "Trainer of Historians," pp. 114-116

資料相符。

歷史完整性的核心，是分析這些錯誤是與否（如果是，爲什麼）並眞正做出合理的判斷。然而令人遺憾的是，大多數錯誤畢竟是一些小細節，例如錯誤的頁面、拼寫錯誤的名稱、錯誤的資料─這些小細節並沒有對作者的結論產生實質性影響，也沒有讓大多數讀者感到煩惱，他們很容易得到糾正，幾乎沒有造成什麼傷害。鑑於學者們的書寫時間和精力受到限制，因此原諒這些失誤不是最好的嗎？按照藝術史學家貢布里奇（Ernst Gombrich）[48]的回答，忙碌的犯罪者草率地道歉可能就足夠了，當他被發現犯了一個小錯誤時，「我的過錯，我的過錯」[49]。但終究還是錯誤。因此，我們要格外謹愼地看待歷史學家對各種粗心大意（即使看似微不足道）的眞實性和結論。這些都是歷史研究者的寶貴提醒。

三、歷史話語的形式

歷史話語分析是對歷史的雙重中介。一方面通過資料來源；另一方面，通過他們的著作（史書或檔案）。歷史總是通過繪圖系統來傳達，並且通過將這些有意義的（符號）結構準確地提升到其研究對象來構建歷史，換句話說：歷史事件、結構和過程與它們的表現密不可分。歷史只能以中介形式進入，即作爲「重新呈現的現實」。即「再現現實」。因此，話語分析須遵循表徵的形式和規則。

對於馬魯（Henri-Irénée Marrou）來說，毫無疑問，歷史學家必然是一位優秀的作家。以至於我們可以將歷史視爲一種文學體裁。你必須知道如何講述歷史，還要打破敘述邏輯過程許多因素：矛盾論點的提出、假設的發展、概念的插入和解釋、對統計數字的評論、承認來源不完美之處，即註腳。我們認識到，有時歷史學家會忽略這些複雜的因素，以免引起讀

---

[48] 奧地利學者貢布里奇（1909-2001年）是二十世紀藝術史和肖像學的專家，以其作品而聞名。

[49] E. H. Gombrich, "Only a Guideline: Response to Fritz Stern," New York Review of Books, February 24, 2000.

者反感。在這種情況下，我們不再看到報紙文章和歷史文章之間的區別。

敘事（或情節）是一種文學形式，它包括以任意和特定的時間順序安排的故事。因此，同一個故事可能有不同的講述。一個著名的例子是神話，其中俄狄浦斯國王的戲劇是許多故事之一。敘事是歷史的對立面，歷史有時被定義爲與某一特定主題相關的按時間順序排列的事實[50]。本傑明（Walter Benjamin）[51]建議歷史應該與小說相對立。前者是合作創作和閱讀的作品，後者是個人作品。這個故事沒有任何解釋。對故事的解釋讓每個觀眾都有了自由，他們可以按照自己的意願繼續下去。故事具有「萌芽力」，因此可以傳達經驗。

敘事是歷史話語中最常見的形式。它的優點是易於跟蹤，尤其是當你想查看事件鏈時，通常按時間順序排列。然而，歷史學家很少在他的著作中使用敘事，他經常停下來描繪他的主題的社會或地理環境。有時，歷史學家更喜歡用這種形式展示他們的研究成果。這樣，歷史撰述的結構將更加主題性，而不是按時間順序排列的。事實上，歷史形式取決於所討論的主題。一部關於羅馬城市規劃的著作寧願採用表格形式，而一本關於聖路易（Saint Louis）的著作則以故事的形式呈現。不過要注意書中的內容。杜比（Georges Duby）[52]所著的《布汶的星期日》（Le Dimanche de Bouvines）不是對布汶戰役[53]展開的經典演繹，而是對1214年戰爭、和平與勝利意義的反思。

書寫歷史，就是與死亡有一種特殊的關係；報告不明確，不說，但存在。就歷史學家與現在保持重要關係而言，這與生活有著密切的關係，他相信過去可以解釋現在。此外，書寫歷史，即恢復過去和過去的生活，並

---

[50] Cf. Yves Lavandier, La Dramaturgie.

[51] 本傑明是德國哲學家、藝術史學家、文學評論家。

[52] 杜比是一位法國學者和歷史學家。

[53] 布汶戰役是1214年7月27日在法國佛蘭德斯縣布汶附近（現為北部）爆發的一場對英國和法國的一場戰役。

恢復那些人的地位。也許這是一個神話般的地方，在那裡，人們需要能夠重現過去到現在的歷史。

　　在傳統史學中，事件是顯著的事實，由於它對歷史進程的影響，被認為值得被記錄下來。因此，一個歷史事件通常構成一個突破點，具有之前和之後的特點。柏林圍牆的倒塌和紐約世界貿易中心襲擊（2001年9月11日）都是具有全球影響的歷史事件的例子。歷史事件也可能更具有民族性，例如法國大革命、德雷福斯（Dreyfus）[54]事件和對法國查理周刊（Charlie Hebdo）的襲擊。

第三節　歷史推理

　　檔案所提供的歷史事實永遠不足以填滿整個歷史框架；對於許多問題，他們沒有給出直接的答案，它缺乏必要的特點，以組成一個完整的畫面，也缺乏社會的狀態，演變或事件。我們感到不可抗拒地需要填補這些空白。在直接觀察的科學中，當一系列的事實缺失時，它就會被一個新的觀察所尋找。在歷史上，這種新的觀察資源是缺乏的，我們試圖通過推理來擴展知識。我們從文獻中已知的事實出發，推斷出新的事實。如果推理是正確的，這種認識過程就是合法的。但經驗表明，在歷史知識的所有過程中，推理是最難正確處理的，也是最容易產生嚴重錯誤的。僅應在採取預防措施的情況下使用它，以免出現重大錯誤。

　　歷史學家決不能將推理與檔案分析混為一談：當我們允許自己在文中介紹作者沒有明確提出的東西時，我們通過讓他說出他不想說的內容來完成它，而在檔案審查中直接得出的事實決不應與推理的結果相混淆，因此當我們確認一個只有推理才能知道的事實時，他不應該被認為是在檔案中

---

[54] 德雷福斯事件是法國全國性的案件，後來成為第三共和國主要的社會和政治衝突。它發生在十九世紀末的法國。當時，德雷福斯上尉被控叛國罪，最終被無罪釋放。從1894年到1906年，它顛覆法國社會長達12年之久，並將其劃分為兩個對立的陣營：德雷福斯的無辜支持者和反德雷福斯的有罪支持者。

發現的，他應該被告知是通過什麼過程獲得的。

　　我們也不要做無意識的推理，這可能是錯誤的。這足以迫使自己把推理變成形式；在錯誤的推理中，一般命題通常是有問題的。如果推理有任何疑問，則不應試圖得出結論；如果這項工作必須以推測的形式進行，其最後終獲得的結果也明顯的不同。我們不要爲了把一個推測變成確定性而改變它的事實。推測的第一印象最有可能是準確的；當你思考一個推測時，你會變得更熟悉它，最後你會發現它有更多的證據，而你只是更習慣它。對於那些在少量檔案上沉思很長時間的人來說，錯誤將是難免的[55]。

一、最佳解釋的論據

　　澳洲學者麥庫拉（Behan McCullagh）爲一個成功的論據提出了七個條件，並提出了最好的解釋：

1. 這個陳述，連同其他已經被認爲是正確的陳述，必須包含更多描述當前可觀察數據的陳述，從現在開始，我們稱第一個陳述爲「假設」，而描述可觀察數據的陳述爲「觀察聲明」。

2. 對於同一主題，該假設必須比任何其他不相容的假設具有更大的推理能力；換言之，它必須意味著更多種類的觀察陳述。

3. 在同一主題上，該假設必須比任何其他不相容的假設有更大的解釋力；換言之，它必須使它所暗示的觀察比任何人都更有可能。

4. 在同一主題上，這個假設必須比任何其他不相容的假設更可信；換言之，在某種程度上，它必須由比任何其他更廣泛的被接受的眞理所暗示，並且比任何其他眞理所暗示的更強烈；而它可能的否認必須由較少的信念暗示，並且暗示的比其他任何信仰都不那麼強烈。

5. 在同一主題上，該假設必須比任何其他不相容的假設更不特別；換言

---

[55] Charles-Victor Langlois et Charles Seignobos, Introduction aux études historiques, Paris, Hachette et Cie, 1898, p. 218

之，它必須包含較少的關於過去的新假設，而這些假設在某種程度上
不是現有信念所暗示的。

與關於同一主題的任何其他不相容的假設相比，它必須被更少的接受
信念所否定；也就是說，當與公認的真理結合時，它必然意味著更少
的觀察陳述和其他被認爲是錯誤的陳述。

6. 它必須超越關於同一主題的其他不可調和的假設，在前述的特徵中，
   以至於在很快將超越它的進一步調查之後，幾乎沒有不可調和的假
   設。

7. 麥庫拉總結道：「如果一個解釋的範圍和力度非常大，以至於他們解
   釋了大量和各種各樣的事實，遠遠超過了任何其他相互競爭的解釋，
   那麼這可能是眞的[56]。」

二、否定推理

推理有兩種方式，一種是否定的，一種是肯定的；我們將分別的論
述。否定推理，也稱爲「沉默的論據」，是從缺乏事實證據開始的。從任
何的檔案中都沒有提到一個事實，就可以推斷它不存在；這個論點適用於
各種事實、各種用途、事變、事件。它建立在一種印象的基礎上，這種印
象在生活中通過言語表達出來：「如果發生了，我們就會知道」；而「如
果事實存在，就會有一份檔案來討論這個問題。」爲了有權這樣推理，每
一個事實都必須以書面形式加以觀察和記錄，並保留所有的注釋；然而，
如果所寫的大多數檔案都遺失了，在大多數情況下，這種推理是否定的。
因此應限於必要條件得到滿足的情況下，進行推理。

如果沒有檔案提到這個事實，而且它也不存在，或檔案遺失，推理就
無法得出結論。因此，沉默的論據應該很少使用，因爲它遺失了許多的檔
案，它對古代使用的檔案可能比現在少得多。爲了擺脫這一限制，人們想

---

[56] J. L. Gorman, Justifying Historical Descriptions, 1985, p. 26

承認遺失的檔案中沒有任何感興趣的內容；他們說，如果它們遺失了，那是因為它們不值得保存。事實上，每一份手寫檔案都會受到一些意外事件的影響，這取決於它是被保存還是遺失。

你沒有注意到並不意味著你看不到，只要你組織一個專研機構蒐集某些事實，你就會發現事實比你想像的多，還有多少案件沒有被發現或記錄，還有多少案例沒有被注意到或記錄下來。地震、狂犬病、擱淺在海岸的鯨魚都是這樣的。此外，許多事實，即使是同時代人所熟知的，也沒有被記錄下來，因為官方當局阻止它們被披露；這就是政府祕密的行為。這種沉默給輕率的歷史學家留下了深刻的印象，它是「美好的過去」如此普遍的謬論的根源。沒有任何證據，沒有證據表明有官員辱罵或農民抱怨：一切都很好，沒有人因此而受苦。在談論沉默之前，我們應該捫心自問：這個事實難道不能避免在我們現有的檔案中被提及嗎？決定性的不是沒有任何有關事實的檔案，而是應該提及的檔案中對事實保持沉默。

因此，否定推理僅限於明確界定的案例。沒有系統地提及事實的檔案的作者，卻記錄了所有這些事實，並且好像了解所有這些事實，但事實不存在，就強加事實在作者的想像中，以便不可避免地進入他的概念，這就是否定推理。

三、正面推理

積極推理是從檔案中確定的事實（或缺乏事實）開始的，目的是推斷檔案中沒有說明的另一個事實（或缺乏另一個事實）。它是對歷史基本原理的應用，現在我們看到，人類的事實是相互關聯的，即現在和過去的類比，當一個事實發生時，另一個事實也會發生，或者因為前者是後者的原因，或者因為它是後者的結果，或者因為兩者都是同一原因的結果。承認過去相似的事實有相似的連繫，這一假設通過文獻中對過去的直接研究得到了加強。因此，根據過去發生的事實，我們可以得出結論，與這一事實有關的其他事實也發生了。

　　這種推理適用於各種事實、用途、變換和個別事故。從任何已知的事實中，人們都可以推斷出未知的事實。現在，人類的事實，所有的原因都以人類爲中心，它們都連繫在一起，不僅在同類事實之間，也在不同類型的事實之間。不僅在藝術、宗教、風俗、政治的各種事實之間存在連繫，並且在宗教事實與藝術、政治、風俗的事實之間也存在連繫；這樣我們就可以從一個物種的事實推斷出所有其他物種的事實。

　　研究事實之間的連繫，作爲推理的基礎，就是要列出人類事實之間所有已知關係的表格，也就是說，列出社會生活所有既定規律的狀態。這樣的作品足以成爲一本書的主題。在此，我們將僅限於說明推理的一般規律以及對最常見錯誤應採取的預防措施。這一推理基於兩個命題：一個是從人的行爲中得出的一般命題；另一個來自檔案。在實踐中，我們從特定命題、歷史事實開始：例如薩拉密（Salamis）有一個腓尼基人的名字。然後我們尋求一個一般性的城市命名：城市名稱的語言是創造城市的人的語言。我們得出的結論是：具有腓尼基名字的薩拉密[57]是由腓尼基人建立的[58]。薩拉密名稱的命名來自於腓尼基。

　　因此，要確定結論，需要兩個條件。一般命題必須準確；它要連繫在一起的兩個事實必須是這樣，如果沒有第一個，第二個就永遠不會發生。如果這個條件眞的得到滿足，那就是科學意義上的規律；但是在人類事實的問題上—除了由構成的科學確立其規律的物質條件之外—人們只能根據通過對整體的粗略觀察獲得的經驗規律來運作，而沒有以識別它們的方式分析事實。眞正的原因，這些定律只有在涉及大量事實時才是正確的，因爲不清楚每個定律在多大程度上需要產生結果。從語言學上確認城市名稱，我們無法始終準確。例如彼得堡（Petersburg）是一個德語名字，敘拉古（Syracuse）在美國是一個希臘名字。其他條件是必要的，以確保名

---

[57] 薩拉密是希臘阿提卡島上的一個島嶼，是薩羅尼克灣(Saronique)最大的島嶼。

[58] J. L. Gorman, Justifying Historical Descriptions, 1985, p. 26

稱與創始人的國籍有關。因此，只有在事實的情況下才能決定城市名稱。

　　爲了使一般性規律詳細化，必須詳細了解具體的歷史事實；因爲正是在確立了這一點之後，我們才會尋求一個一般的經驗法則來推理。因此，必須首先研究案件的具體情況（薩拉密的情況、希臘人和腓尼基人的習慣）；我們不會針對細節進行操作，而是針對整體進行操作。

　　因此，在歷史推理中，一個人需要一個確切的一般命題，一個對過去事實的詳細了解，如果我們承認一個錯誤的普遍命題，如果我們像蒂耶里[59]（Augustin Thierry）那樣相信所有的貴族都起源於征服，我們就會做得很糟糕。如果我們想從一個孤立的細節（一個城市的名字）來推理，我們的研究會很糟糕，這些錯誤的性質表明應採取的預防措施。

　　我們自然而然地把「常識眞理」作爲推理的基礎，這些常識眞理幾乎仍然構成我們對社會生活的所有知識；但其中大部分都是錯誤的，因爲社會生活的科學還沒有完成。使它們特別危險的是我們在不知不覺中使用它們。最安全的預防措施是制定推理的準則：每當發生這種情況時，我們肯定會發生另一種情況。如果這顯然是錯誤的，我們很快就會意識到這一點；如果它過於籠統，我們將看到需要新增哪些新的條件來確保它的準確性。

結語

　　史學方法爲歷史研究的方法學，是任何一位從事歷史研究工作者必須學習的課程。它是帶領一個研究者能夠正確掌握歷史研究的一個重要訓練，也因此許多學術單位相當重視史學方法。但是，它們的應用可能有所不同。啟發式是尋找史料，更具體地說是尋找史料來源，這是歷史研究的開始。蒐集資料，或通過歷史問題蒐集遺跡並將其轉化爲資料。外部批評是指對發現的史料進行分類。在不考慮內容的情況下，根據來源、形式、

---

[59] 蒂耶里（1795-1856）是一位法國歷史學家。

眞實性、原創性等外部標準對來源進行評估。誰？眞的？什麼時候？人們必須找出來源的作者是誰以及來源的創建時間和地點。由此獲得的史料在該過程的後續步驟中是重要的。

檔案和修正批判是從哲學中衍生出來的兩種方法，也用於歷史研究。首先，通過考證，要找出原文的殘缺之處，然後通過修正批判來塡補檔案中可能存在的空白，而不是看起來或研究人員認爲來源是與實際不同的東西。因此，這是一個避免可能的錯誤的問題。它是來自那個時期，還是一個後期的作品冒充一個早期的工作？

史學方法有一個特點，這種訓練的方式往往會被哲學思想所領導，也因爲這一原因，哲學思想體系的境界，往往會決定歷史研究結果的不同。史學方法的核心在於考證的學問，因爲歷史的主旨在於實事求是，因此研究歷史必須建立在眞正的史料基礎上，如此的研究價值才有意義。對原創性或原創性的批判，旨在確定來源在多大程度上是原創作品，內部批判試圖根據其內容來解釋來源並確定其權威。

資料或權威評論旨在確定作者是否能向我們告知某些事項。誠意批評旨在確定作者是否有不可告人的動機。他們有隱藏的議程嗎？如果已經確定提交人能夠或有能力被告知某些事項，並證明是眞誠的，那麼就同一主題從其他來源核實來源仍然很重要。畢竟，每個人都可能犯錯誤。可以說，歷史綜合是這部作品的至高無上的榮耀。在這最後一個階段，歷史學家必須在他所分析的資料的基礎上重建和解釋過去。幸運的是，歷史學家可以利用二手資料，即前人的著作，看看別人對此事的看法，以便爲自己形成一個更清晰的圖景。然後，歷史學家使用參考資料將綜合寫出。

第四章
藝術史研究方法

　　藝術史研究者，必須知道藝術史研究方法，尤其是藝術史著作。從史前時期、古希臘，到十八世紀的鼎盛時期，一直到現在。儘管藝術批評有其方法，但正確地說，這是一場精神的冒險，一群人以熱情、充沛精力和藝術史方法投入其中[1]。

　　西方藝術史真正開始於文藝復興時期義大利傳記作家瓦薩里（Giorgio Vasari），此前有許多藝術史可以追溯到古代的階段。十八世紀後，德國藝術史學家溫克爾曼（Winckelmann）奠定了科學考古學的基礎，此後，考古學和藝術史一直以此為基礎，直到今天。

　　最早的藝術史著作並沒有受到學者們的挑戰。德國語言學家沃斯勒（Karl Vossler）在提到藝術史學家伯克哈特（Jakob Burckhardt）的著作《義大利文藝復興文明》時，特別稱許其藝術史方法。

第一節　現代藝術史研究方法
一、傳記

　　儘管古代文獻中提到了藝術史家，例如古羅馬阿普列烏斯（Apuleyo）的著作《金驢記》；或西元前四世紀希臘歷史學家薩摩斯的杜里斯（Duris of Samos）的著作《論歐里庇得斯與索福克勒斯》，尤其是古羅馬作家老普林尼《自然史》的著作成為知識百科全書式的典範，直到十七世紀中葉他的研究才被科學方法和現代經驗主義的研究所取代。但到文藝復興時期，傳記才真正誕生。包括專著、自傳和傳記集等。

---

[1]　Marías Franco, Fernando, Theory of Art II, Knowing Art collection, 12, Madrid, History 16, 1996

　　馬內蒂（Manettil）是早期義大利文藝復興的傳記作家之一，撰寫文藝復興時期建築的奠基者布魯內勒斯基（Brunellesch）傳記，他親眼目睹了1436年3月25日聖母百花大教堂的落成典禮，並留下了一份紀錄，即《佛羅倫斯大教堂落成典禮上關於世俗與教宗盛況的演說》。他遵循薄伽丘（Boccaccio）和但丁（Dante）創作的模式：以智慧、聰明才智、創造力而聞名。

　　十四世紀義大利托斯卡納一些共和國的公民對自身的文化藝術深感自豪，他們對當時藝術家極力讚揚，其中包括作者肖像的復興。不久之後，如契馬布埃（Cimabue）、喬托（Giotto）等藝術家，他們都出現在但丁和編年史家維拉尼（Filippo Villani）所寫的著作中。

1. 專著

　　文藝復興藝術家的自我宣傳願望，意識到自己的創新作用，以及透過杜里斯和普林尼蒐集的希臘藝術家的貢獻而改變的藝術模式，邏輯上促進了一種敘事類型，使肖像畫家不只有中世紀的科學建築師—作為現代人以舊方式捍衛的先前傳統的根本變革的主角。

2. 自傳體故事

　　從阿爾伯蒂（Leon Battista Alberti）的自傳和勞倫佐・吉伯蒂（Lorenzo Ghiberti）的評論（1450年）開始，我們在十六世紀就轉向了拉斐爾的自傳或丟勒（Durero）的日記，以及後來的切利尼（Cellini）自傳。

3. 傳記集

　　瓦薩里（Vasari）他撰述的《從契馬布埃到我們這個時代最優秀的義大利建築師、畫家和雕塑家的生活》，於1550年出版後，此也開創了以傳記為基礎的歷史敘事史學。其中一篇旨在展示優秀專業人士的典範，傳記集是基於瓦薩里在建築師、畫家或雕塑家群體中強調的專業美德。

　　瓦薩里建立了一個具有傳播性和長久性的新史學模式。後來的許多義大利傳記作家，他們追隨瓦薩里的腳步，適應新的自然主義和古典主義標

準。此外，瓦薩里所推崇的歷史敘事史學很早就被人們所模仿，在其他歐洲國家，他們從各自的角度撰寫了這些藝術家傳記。

二、歸因方法

　　歸因主義是藝術批評和藝術史領域的一種方法，著重於將藝術作品歸因於特定的作者、時代、風格或流派。拉米雷斯（Juan Antonio Ramírez）在題爲「藝術史方法論」的文章中。[2]提出了歸因論的概念。

　　這種方法對於藝術批評和藝術史至關重要，它可以理解藝術作品並將其置於背景中，並在藝術家和藝術潮流之間建立連繫[3]。它是一個複雜的過程，涉及研究、比較分析和考慮多種因素。儘管它本身並不被認爲是一種獨立的方法，但它是歷史方法的一部分，旨在將藝術作品置於脈絡中並理解它。

　　這涉及徹底研究和批判性推理的過程，以得出有確鑿證據支持的結論。此過程包含一些步驟和方法：

1. 與其他作品的比較：專家經常將相關作品與同一作者、同一時期或同一藝術流派的其他作品進行比較。這有助於確定風格、技術和主題的相似之處。

2. 歷史文獻研究：對信件、日記、藝術家工作室紀錄和時代文獻等的研究，可以提供有關作品作者及其歷史背景的線索。

3. 評估風格的演變：專家可以追蹤作者藝術風格隨時間的演變，並將相關作品與其職業生涯不同階段的已知作品進行比較。

4. 技術分析：對作品中使用的技術進行分析，例如色彩、筆觸或創作作品的技術（油畫、水彩、雕刻等），可以提供有關作者的線索。

5. 諮詢其他專家：該領域的專家經常與其他專家合作和諮詢，以就藝術

---

[2]　Ramírez, Juan Antonio. Methodological currents in the History of Art. A provisional balance. Notebook of social realities (16-17): 1980, pp. 205-222

[3]　Hauser, Arnold. Introduction to Art History. Madrid: Guadarrama, 1961

品的歸屬得出可靠的結論。

　　儘管如此，它並不是一門精確的科學，因此它可以繼續成爲辯論和討論的主題。在某些情況下，由於缺乏確切的證據，作品可能仍停留在猜測的範圍內。因此，歸因論在藝術批判和歷史中是一個有價值但並非萬無一失的方法。隨著新證據的發現或新分析技術的發展，一些歸因可能會隨著時間的推移而改變。持續的研究和辯論是藝術史的基本組成部分，多年來藝術作品往往仍然是研究和探索的對象。

　　錫耶納的曼奇尼（Giulio Mancini），他是1623年教皇烏爾班八世（Urbano VIII）的私人醫生。他的著作《繪畫的注意事項》不是針對專業畫家，而是業餘愛好者。這些藝術家越來越多地參加繪畫展覽。它以實用的方式解決如何識別原畫和複製品以及如何在美術館中分配作品。

　　十八世紀，義大利耶穌會神父藝術史學家和考古學家蘭齊（Abbe Luigi Lanzi），在他的著作《義大利繪畫史》中寫道：爲了文明社會（資產階級）的安全，他熱愛個人寫作的獨特性。他專注於繪畫色彩和質量，根據畫家技術對其畫作進行分類。

　　義大利藝術史學家莫雷利（Giovanni Morelli）是一名醫生，他透過藝術家的詳細特徵來識別歸因論，這代表了藝術史的進步，他希望將其理論引入歸因論的領域，這導致他插入了小細節的規律、指示性的技巧，這些對任何藝術作品來說都是微不足道的線索；因此，「根據他的觀察，他推斷出，透過這種方法，不僅可以將一位大師與他的同行區分開來，而且還可以將他與原作的複製品區分開來，即使是最古老和製作最精良的複製品」[4]對於莫雷利來說「有必要檢視最被忽略和受畫家所屬流派特徵影響最小的細節」。對他來說，重要的是藝術作品而不是藝術家。

　　藝術史家帕薩萬特（Johann David Passavant）是德國商人的兒子，受

---

[4]　Plazaola, Juan. Models and Theories of Art History. Bilbao: University of Deusto. Deusto Digita. 2015, p. 91

過相當多的藝術訓練，是當代最早遵循歸因方法和莫雷利主義原則的人之一。他是一個匯集了鑑賞家所有特徵的人物，致力於旅行和參觀不同的歐洲畫廊和收藏品，他在《一位德國藝術家在英國的旅行》等著作中留下了見證。他最著名的作品是1839年出版的關於拉斐爾的專題研究，它建立了拉斐爾最完整的全集目錄之一[5]。

　　義大利藝術史家卡瓦卡塞爾（Cavalcaselle）曾在歐洲各處旅行並擔任與博物館和歷史藝術遺產相關的職位。他專於法蘭德斯繪畫的研究，收錄在《古代畫家》和《義大利繪畫史》中，他蒐集的三卷書匯集了一系列義大利藝術家的編年史，這些藝術家透過學校、工作室和教師之間的不同關係，因其科學嚴謹性和資源利用而受到廣泛重視[6]。

　　在義大利領域之外，與收藏家和畫廊老闆關係密切的美國研究人員貝倫森（Bernard Berenson）在歸因方法中引入的創新脫穎而出。在他的著作《鑑賞基礎》中，他對莫雷利方法進行了修正和補充。貝倫森建立了三組基本的形態元素，他還按照重要性順序對它們進行了分類，以推斷作品的作者身分。首先，一組由手、耳朵、眼睛、鼻子、嘴巴、頭骨、衣服褶皺和風景的影像組成，其次是人物的頭髮和線性輪廓，考慮到運動的結構和明暗對比，最後是建築作一組線索[7]。

　　並非一切都是正面的發展。莫雷利方法被批評爲機械的、顯然是實證主義的、沒有提出美學問題；對於西班牙耶穌會神父藝術史家阿托拉（Juan Plazaola Artola）來說，這是一種直觀而複雜的方法，它更多地用於證明已經建立的鑑定而不是做出新的鑑定。英國學者伯克（Peter Burke）在《所見與未見》的著作中保持同樣的立場。1826年攝影的出現

---

[5]　Kultermann, Udo; Espino Nuño, Jesús. History of Art History. The path of a science. Madrid: Akal, Art and Aesthetics. 1996, p. 122

[6]　Kultermann, Udo; Espino Nuño, Jesús. History of Art History. The path of a science. Madrid: Akal, Art and Aesthetics. 1996, p. 158-159

[7]　Marías, Fernando. Theory of Art II. Madrid: History 16. 1996, p. 42

代表了目錄創作的質的迅速發展，因為它提供了研究作品的快速傳播，也代表了研究所述作品細節的方法。

　　莫雷利和卡瓦卡塞爾的歸因論研究在義大利建立了一種延續到二十世紀的史學傳統，其中文圖里（Adolfo Venturi）的著作尤為突出，他更專注於研究個人和個人收藏；他的鉅著《義大利藝術史》，綜合了他的學術環境的史學傳統。另外值得一提的是義大利學者隆吉（Roberto Longhi）的形象，他受到義大利歷史學家克羅切（Benedetto Croce）理論的影響，他將藝術作品視為個人意圖作品[8]。

　　歸因主義影響深遠，甚至超越藝術史學科，這點可以從精神分析之父佛洛伊德（Sigmund Freud）對先天和無意識特徵的研究與莫雷利提出的尋找影像線索之間建立了連繫中看出。將莫雷利方法等同於醫學精神分析法，後者主張基於未被注意或低估的元素來發現祕密或隱藏的東西；因此，莫雷利方法是一種基於丟棄、邊緣數據的解釋方法，被認為是揭示性的。透過這種方式，通常被認為不重要或直接瑣碎、粗俗的細節提供了獲得人類精神最高產物的關鍵[9]。

三、形式主義方法

　　根據對某些藝術家作品的鑑定和年代測定，可以訂購他們的作品，從而進行系列研究；這有助於目錄全集的建立，以及藝術史學家喜歡的流派專著。為藝術史找到科學基礎，並將其轉化為真正的藝術科學，從自主的風格演變的角度來看，十九世紀末要求藝術史家承擔雙重任務：一方面，建立新的形式分析類別，以保持自治的思想；另一方面，建立一個基礎，使這種演變合法地成為可能，而不管這種藝術發生的社會概念變化如何。一個重要的理論家和歷史學家群體在這個意義上的努力解釋，使他們能夠

---

[8]　Kultermann, Udo; Espino Nuño, Jesús. History of Art History. The path of a science. Madrid: Akal, Art and Aesthetics. 1996, p. 257-258

[9]　Gombrich, Ernst H. History of Art. Madrid: Alliance. 1992, p. 105

被歸入形式主義者的分母之下，並由於他們密切的個人連繫而被定義爲眞正的高智力水平的思想潮流。

這一趨勢的開端是德國藝術史家費德勒（Konrad Fiedler）和雕塑家希爾德布蘭德（Adolf von Hildebrand）。在他的純粹視覺理論，該理論基於赫爾巴特（Johann Friedrich Herbart）（1776年—1841年）的新康德主義傳統的心理學。費德勒將藝術史視爲從藝術中獲得的特定知識的歷史，其基礎是各個學科的形式特殊性，這些學科證明了它們的自主性，而不是一個時代精神的表達，也不是語言學的歷史；他將藝術認知的世界與自然的偶然世界分開。他爲純粹藝術視覺理論、形式現象學的自主存在理論奠定了基礎。藝術只有一個功能，就是隔離現實中可見的一面，並且將其帶入一種純粹而自主的表達。

希爾德布蘭德以亥姆霍茲（Hermann von Helmholtz）的新感知心理學，將費德勒關於身體質量及其形式清晰度的理論應用於雕塑分析，研究了形式與外觀的關係及其對藝術表現的影響；作爲一種積極的形式，他將視覺形式固定在自然的眞實形式上，其有效性將取決於它對觀眾的適當影響（因爲它的視覺同質性和統一性）；試圖建立形式法則（基於對空間和浮雕的感知以及對表面和深度的描繪），其本質既在於觀眾與藝術作品之間的關係，也在於觀眾與自然之間的關係，而不是藝術家個人的個性以及並非來自純粹視覺形式本身的意義。

奧國的里格爾（Alois Riegl）在他的著作《形式主義》中對形式元素的重視，是對德國建築師兼歷史學家森佩爾（Gottfried Semper）的機械主義（唯物主義、科技主義和功能主義）決定論的駁斥；在其風格繼承的歷史中—幾何、紋章、植物和蔓藤花紋—在形式的背後，存在著一種藝術意志，它不可能是人類和歷史的形式，而是視覺形式，最終是精神的。藝術作品如果脫離了其創作的精神，就會成爲惰性和死氣沉沉的東西。

第二節　黑格爾與社會學和意識形態決定論

　　黑格爾開闢了一個新的分析領域，傳統的形式主義藝術史家會反對這個領域，他們拒絕在思想層面上對美的分析，例如濫用美學的知識化和蔑視美的形式條件[10]。然而，黑格爾在很大程度上是當代藝術史上重要的潮流，即在藝術形式中看到藝術的載體。黑格爾寫道：「意志的世界不是偶然的，理性統治世界……因此，普遍歷史是理性的」，他用理性和意志的「決心」取代環境的決定論。

　　在黑格爾思想的影響下，德國藝術史家施納斯（Carl Schnaase）撰寫了《1848－1864年的藝術史》，旨在透過辯證法，將經驗與思辨、藝術與文化結合，對藝術現象進行綜合和普遍解釋。施納斯認爲藝術是人民的中心活動，人民的感情、思想和習俗在藝術中體現，也是生活史重要的文獻。

　　普魯士藝術史學家庫格勒（Franz Kugler）在1842年出版的《藝術史手冊》一書中，試圖調和傳統的形式主義和「唯心主義」立場；瑞士歷史學家伯克哈特（Jacob Burckhardt），傾向於對形式的研究和對原始藝術個性的貢獻分析，而不是對制度、經濟或社會生活的影響，這對某些人來說削弱了他的文化史和文化的價值。1855年伯克哈特的義大利旅遊指南，尤其是他的《義大利文藝復興》實現了「唯心主義」目標。

　　維蘇奇（Ein Versuch）於1860年發表了兩篇文章，定義文藝復興藝術在文化方面的解釋；後者涉及的主題包括國家「藝術品」、個人的發展和古典的復興、宗教和道德、社會和節日。他提出了一種思想史，作爲對藝術作品欣賞的必要介紹，這是一種在文化概念中擴展的藝術概念，它意味著自由，並將藝術的目的定義爲文化。

---

[10]　Jean-Louis Viel de Saint-Maux, Las Lettres sur l'architecture des Anciens et celle des Modernes de 1787

一、作為社會史的藝術史

除了唯心主義哲學之外，實證主義哲學也以法國孔德（Auguste Comte）的思想爲基礎，代表了社會科學和歷史學的新的決定論方向。泰納（Hippolyte Taine）在他的《藝術哲學》中指出，要解釋一種藝術風格，必須了解該風格的作品所反映的社會習俗的精神；這是決定藝術作品的因果解釋：「有必要研究道德溫度，來理解這種藝術的出現……」。

泰納想要從藝術史中，結合產生它們的環境，推斷出一種對藝術的解釋（在某種社會學意義上），一種歷史和教條主義美學，它不強加戒律，而是驗證藝術的規律。泰納壓制了普遍的、永恆的美學理論，而將自己投入社會環境的決定論中。

儘管影響藝術史實踐需要時間，但早期的馬克思主義將其解釋爲地理、物質環境的決定論提供了新的工具；將藝術生產與當時的經濟和社會事件連繫起來，並最終通過將其插入每種情況的具體生產關係來解釋它。其基礎結構具有歷史意義。經濟因素是基本因素，但不是解釋藝術的唯一因素，因爲它是社會意識形態上層建築的一部分——就像任何文化事實一樣。

圖像的產生，即使是物質行爲的體現，也會受到生產力具體和確定的發展的限制；統治階級思想就是一個時代主導思想的代表，在社會中行使物質權力的階級是其主導的精神權力，這種權力將透過其藝術表現形式來表達，這是一種占主導地位的藝術意識形態存在的結果；這樣，就可以爲藝術活動的發展，以及以藝術活動爲代表的社會階層與其他階級的共存創造條件。藝術史因此成爲解釋歷史現實的文獻。

二、作為精神史的藝術史

同樣在十九世紀末和二十世紀初，藝術史方法和目的發生了新的變化；當時的一些哲學潮流間接地理順了他們的軌跡，試圖劃定自然和人文或精神科學的能力，而自然和人文科學或精神科學由於其特殊的性質，很

難應用自然主義。

德國哲學家狄爾泰（Wilhelm Dilthey）認為，對靈性科學來說，沒有任何歷史事件是無關緊要的。價值在於歷史性，事實上，人類的行為和創作—其中包括藝術—都是歷史性的；一種新方法被開闢了，那就是史學方法。狄爾泰在1883年的《精神科學導論》中指出，人類試圖研究生命本身，生命的經驗是其獨特的知識源泉，滋養著人類的知識和歷史；因此，它們很難被科學所掌握，因為它們是複雜的、不可簡化的現實，無法被科學地分解，而是被視為整體的統一體。

藝術是人類事實的抽象，它取決於意志，而不是原因，是動機或目的；關於人類的知識是在我們的內在經驗和生活中獲得的。在表達的經驗理解中，有可能理解它們的意義，指的是原始的經驗；而藝術構成了一個被物化、表達為生活表現的歷史經驗，他們的作品是敏感世界的碎片。

對德國思想家來說，藝術史將是藝術表達的詮釋學，藝術是客觀化的人類精神。西班牙加塞特（José Ortega Gasset）的部分思想也是沿著這些思路發展起來的，儘管他的影響在藝術史家中並沒有被注意到，甚至在西班牙人中也沒有得到關注。他的歷史思想雖然不如藝術思想那麼分散，但可以在他的著作《黑格爾的歷史哲學》中找到。對加塞特來說，歷史需要被理解，具有用於組織資料的先驗方案；歷史是對常數的變異，常數是歷史現實的根本先驗結構，其證實可以在對事實細節的考察中找到。歷史必須合理地建構，但歷史的理性將由它的特殊現實所決定；如果理性是接觸現實的任何智力行為，那麼邏輯理性就不會直接地接觸歷史；另一種理性對於現實的人類生活、人類不斷變化和現實的歷史是必要的：至關重要的理性，作為一種智力形式的生活。

生活本身，透過正確地看待事物，將它們插入其背景並使其在其中發揮作用，使它們變得可理解。人類的現實只能從它所立足的生活中才能理解。但既然人類的生活是歷史性的，歷史就是它的基本組成之一，因為生命之所以是人類，是因為它有它的過去，有它的歷史；因此，最重要的

原因是歷史原因。對加塞特來說，歷史就是變化，因爲它改變了人類的世界，而世界是基於思想、有效性（使用）和信念的結構。藝術作爲人類生活的一部分，將會發生變化，並且在這種變化中被理解，因爲一個時代的有效性、信仰和思想會發生變化，無論是一般的還是特別關注藝術世界的。必須從藝術創作的方式和原因以及其在人類生活框架內的精確目的來理解它。

與其中一些想法相關的是藝術史的另一個潮流，它被稱爲唯靈論，它始於里格爾的一位弟子，以及捷克裔奧地利人德沃夏克（Max Dvorak），奧地利藝術史學家威克霍夫（Franz Wickhoff）和他的弟子斯沃博達（Swoboda）共同建立了維也納第一所藝術史學派。

德沃夏克（Max Dvorak）對布克哈德（Burckhardtian）藝術解釋的形式部分相結合，將其視爲文化歷史和精神世界的反映，在第一次世界大戰災難的悲觀主義重新燃起之後，他呼籲由自然科學、唯物主義主導的文明上建立新的精神和反物質時代，這是「眼睛和大腦的作用勝過心靈的作用」。德沃夏克將藝術史與精神史、思想史並置，這不僅是對藝術史的反映，更是對藝術史的詮釋。他認爲，哲學、思想、宗教和藝術形式之間的歷史關係至關重要，儘管從這些形式的外部來看，這些關係是「抽象的」。對某些人來說，需要藝術家的心理調解，他將形式、教條和制度簡化爲「品味」狀態，轉化爲藝術作品。但最重要的是，缺乏對形式的分析，包括對其他審美形式的分析，這是歷史所有要素之間缺乏融合的原因，而形式主義者的藝術自主性也被剝奪了。

德國藝術史家沃林格（Wilhelm Worringer）在其《抽象和同理心》中提出同情心或共情理論雖然與純粹視覺性理論有關，但與唯心論者並非沒有連繫。對他來說，藝術作品的內容不僅在於主題，還在於藝術家和他的精神生活；藝術作品將透過移情形式、驅動力以及世界觀和民族精神來表達創作者的精神感受象徵。

奧地利藝術史學家塞德爾邁爾（Hans Sedlmayr）與帕赫特（Otto

Pächt），都是藝術史結構研究的支持者，也是所謂的新維也納藝術史學派，他們重新定義「年輕的維也納學派：所有藝術史都被寫為藝術作品的歷史，這些藝術作品最初是由神聖的紐帶結合在一起的，它們的誕生，它們的繁榮，它們的逐漸解散和轉變，最後是它們遺產的世俗化；藝術的決定性和主導性因素，不應該在人類的身心狀況中尋找，也不應該在他們的分組形式中尋找，而應該在精神世界的事實中尋找，而這些事實又由精神世界所決定。儘管他對納粹主義抱持著居高臨下的態度，但對塞德爾邁爾來說，藝術史將成為一部宗教史，例如哥德式大教堂，有必要研究禮拜儀式和宗教的歷史。」

　　儘管這一多樣的潮流中，一些人可能採取了極端立場，但他們關於藝術現實與各種文化之間的新想法留下了印記。簡單的分類無法提供藝術精確度，除了否定藝術的自主性之外，它還透過對各種思想和社會條件進行具體分析，使藝術史的主題相對化。隨後的十九世紀方法論都是從這一思想出發的，將其與藝術理論和其他方法分析相結合。

三、圖像學

　　1912年，在羅馬國際藝術史大會上舉行的一場關於費拉拉（Ferrara）斯基法諾亞（Schifanoia）宮壁畫的會議上，德國藝術史學家瓦爾堡（Aby Warburg）恢復了現代藝術史學的術語「圖像學」，這是義大利肖像畫家里帕（Cesare Ripa）於1593年出版書籍的標題，該書為文藝復興寓言文化象徵性的描繪。

　　由此，瓦爾堡在藝術史學趨勢中，指出了其在二十世紀所產生的影響，實際上將其轉變為一門輔助科學，結束了十九世紀開始對圖像學產生興趣。波蘭藝術史學家比亞洛斯托基（Jan Bialostocki）認為，圖像學的重點是對圖像的描述和分類研究，以便理解所呈現主題的直接或間接涵義。

　　聖母瑪利亞的天使報喜就是一個例子。早在十九世紀中葉，它就引起

了人們的興趣，大量的字典和百科全書出版，用於描述、識別和分類一組
多元敘事主題，其中這些概念和寓言被象徵性地擬人化。圖像學反對純粹
形式的批評，客觀上允許對藝術作品進行新的分類法和類型學。因此，圖
像學需要識別圖像作為插圖的資訊或文字來源作為基礎。

　　然而，在二十世紀初，一些遵循黑格爾傳統的德國歷史學家試圖建立
藝術與文化之間的連繫，並從歷史的角度和圖像學家區分開來。轉而在發
生圖像變化的歷史情況下，解釋圖像變化的現象。

　　德國藝術史學家潘諾夫斯基（Erwin Panofsky）延續了這條路線，他
的思想很大程度上基於德國哲學家卡西爾（Ernst Cassirer）的象徵形式哲
學，他不僅是理性的，而且是象徵性的，在物質世界中，現實都是透過象
徵來認識和解釋的：象徵形式是那些使特定的精神內容與具體符號結合，
並與它們緊密地認同。除了空間、時間的象徵形式以及語言、神話和宗
教、藝術、科學和歷史的文化象徵形式的存在的假設之外，沒有什麼是完
全可以理解的。

　　藝術是符號的領域，而不是語言術語，它與西班牙哲學家加塞特
（José Ortegay Gasset）的思想接近，1914年，他提出了一個問題：什麼
是一種語言，一種表達符號的系統，其功能不在於向我們講述事情，而是
將它們呈現給我們，就像它們正在被執行一樣；藝術正是這種表達符號的
系統：

　　「……成為圖像，就等於不是想像中的那樣。圖像、概念等始終
是……的圖像概念，而圖像構成了真實的存在；……藝術作品給我們帶來
這種特殊的享受，我們稱之為美學，因為在我們看來，它讓我們清楚地了
解事物的親密性、它們的執行現實……」。

四、藝術社會學與藝術社會史

　　藝術社會學和藝術社會史是互補但並不等同的藝術史研究方法，因為
它們是根據相同的原則獨立發展出來的。

1. 藝術社會學

　　藝術社會學出現在十九世紀，但在二十世紀影響最大，涉及藝術的功能、資本主義社會中的作用或藝術家的責任等主題。此以馬克思和恩格斯關於藝術和文學的著作爲基礎，認爲藝術需要準確地反映歷史—他們所理解的歷史、生產關係和階級鬥爭—無論作者和意識形態如何。因此，每個時代的藝術都是其普遍歷史現實的藝術表現[11]。其主要代表人物爲德國藝術史家豪瑟（Arnold Hauser）和匈牙利藝術史家安塔爾（Friedrich Antal）。

　　⑴安塔爾是一位匈牙利馬克思主義理論家，曾在佛羅倫斯和幾個最重要的歐洲中心學習。1948年，他出版了《佛羅倫斯繪畫及其社會環境》著作，受到德沃夏克形式主義的影響，他在其中尋求全面理解藝術過程。爲此，他分解了構成它的因素，得出的結論是，藝術作品不應該脫離其歷史背景，而應該與之連繫起來，因爲它使我們能夠理解它們，而風格差異是階級衝突的結果：多種風格可以同時存在，因爲每種風格都會滿足當時構成社會某個階級的需求。他也強調使用大量資源來了解藝術家在社會中的地位[12]。

　　⑵豪瑟也是一位德國匈牙利裔馬克思主義者，在德國接受了維也納學派的類似影響的訓練。1951年出版的《文學藝術社會史》一書，幾十年來一直是社會學方法的參考。他指出每種風格都與特定社會相關，並由其社會經濟因素決定，並否認形式主義者所捍衛的自主藝術存在的可能性。然而，他的理論受到了許多批評，這使得他在1970年的作品《藝術社會學》中軟化了立場。

---

[11] Bozal, Valeriano. "Aesthetics and Marxism." History of aesthetic ideas and contemporary artistic theories. Vol.2 (Madrid: Visor): 2002, p. 161

[12] Suasnabar, María Guadalupe. "Problems around the history of scenography: contributions from the social history of art." The staircase 1(27): 2017, pp. 93-104

　　由於二十世紀初藝術史的快速發展，這些相同的假設出現了一個新的面向：藝術的社會史。新理論家提出前衛藝術的創新方法。因此，藝術只是社會反映的想法對他們來說是不夠的，他們認爲社會也有助於其創造背景，即使在一些新的生產關係下也是如此。

2. 藝術社會史

　　從藝術社會學到藝術社會史的轉變，儘管也有幾位學者參與了這個方法論，但主要還是要歸功於法國藝術史學家弗朗卡斯特爾（Pierre Francastel）。

(1)弗朗卡斯特爾將這種新方法應用於結構主義或符號學等方法論的其他概念。他批評安塔爾和豪瑟，說他們「對藝術作品本身沒有給予足夠的重視」，因此，他開始採用一種新的方法，藝術作品也可以研究它所在的社會。對他來說，藝術不僅僅是歷史和社會的被動代理人，也是對歷史和社會的迴響，有助於一個時代的價值觀和知識的創造。因此，藝術史學家的使命就是研究藝術作品，以便從中重建特定地點和時間特徵的象徵系統。這就是爲什麼他斷言藝術符號與其他類型的符號（例如言語符號）具有不同的性質，以及爲什麼他決定專注於藝術符號的特殊性[13]。

(2)英國藝術史學家巴克桑德爾（Michael Baxandall）爲其他類似問題開闢了道路，例如藝術家與其客戶之間建立的關係，他也對「藝術公眾」感興趣，將他們融入日常生活和文化的框架中」[30]。此外，他引入了「週期眼」一詞，該術語成爲後來的視覺研究的前身。他的時代之眼概念包括理解某個時代人們的視覺現實是什麼樣子，視覺訊息是如何處理的，例如證明畫家和贊助人共享視覺技能，並且基於先天技能擁有類似的視覺文化[31]。

---

[13] Brihuega, Jaime. «Pierre Francastel». History of aesthetic ideas and contemporary artistic theories.(Madrid: Visor)2: 2002, pp. 346-353

⑶美國藝術史學家阿爾珀斯（Svetlana Alpers），她研究經驗和環境對藝術家及觀眾心態的影響，因此從這個意義上說，她仍然接近巴克桑德爾的想法，事實上，他們一起寫了《提埃坡羅與繪畫智慧》（Tiepolo and the Pictorial Intelligence），確認具象表現可以得到社會秩序的支持。她將所有這些想法透過她的作品應用於不同的方面和想法中，包括撰寫《描述的藝術》一書。她的專長是荷蘭黃金時代繪畫，1986年，她比較了義大利和荷蘭繪畫，以及研究倫布朗工作室及其創作形式。

　　隨後，出現了新的藝術史家，他們在藝術與社會之間的連繫遵循相同的方向，例如美國藝術家克拉克（Timothy Clark）和英國藝術史學家卡米爾（Michael Camille）等。第一部分著重於對現代繪畫的分析，以發現此時藝術與政治之間的連繫，正如《絕對資產階級》中庫爾貝（Courbet）的形象所體現的那樣。就卡米爾而言，他也有一種社會方法，他將其應用於哥德時代，指出圖像作為上下文中意義和創造者的積極功能。他運用人類學、精神分析、符號學和其他方法，以及傳統的藝術史方法，將中世紀描述為一個複雜的社會和政治動盪的時期，與現代社會經驗相似。

　　簡言之，整個二十世紀出現了一種轉變：單純從社會出發的研究與從藝術出發研究社會背景的研究相輔相成。從邏輯上講，這種社會方法論與藝術史的研究法完全相容。

五、心理學方法

　　藝術史和心理學有一些共同的目標，即研究其作品過程和創作，藝術的或想像的和夢幻般的圖像；如果是個體進化的問題，它甚至是歷史方法。在近代，儘管他們將自己投射到過去，就像博斯（Bosch）的畫作一樣；從哥雅（Goya）到瑞士畫家富斯利（Henry Fuseli），從象徵主義者到達達主義者，從超現實主義者到抽象表現主義者，有些藝術家嘗試以各種方式反映你的心情和你的夢想。然而，直到佛洛伊德（Sigmund

Freud）發現精神分析之後，藝術史才開始考慮精神分析和多元方法的興趣，此揭示了更深層的藝術。某些創作者的行為，顯然是神經質的或是不安的，他們似乎逃避了邏輯，當根據他們個性的衝突動態和心理方面研究時，他們的生活和作品也許可以揭示隱藏的意義。

　　1910年，佛洛伊德在他的文章《達文西的善良》中開闢了這條道路，在這篇文章中，他根據自己的童年記憶分析了（一隻禿鷹靠近了他的嬰兒床，張開了嘴，用尾巴擊打了他的嘴唇）潛意識和無意識本能（在戀母情結和自戀的框架內）。他與家人的關係和他的主要作品所產生的一些錯誤，例如沿著道路重新定向的童年性欲的反思和昇華一個理想的同性戀。儘管他們的創作因對歷史和當時的社會文化狀況缺乏興趣而一再受到批評，但從十五世紀至十六世紀以來，對藝術家進行心理方面的研究並沒有改變。

　　藝術心理學也傾向於分析藝術作品的心理內容。藝術將被視為人類無意識的象徵性形式化表達，可以是集體的、階級的、群體的或嚴格意義上的個人。從佛洛伊德的精神分析體系和瑞士心理學家榮格（Carl Gustav Jung）的集體無意識原型或符號系統，藝術心理學研究圖像，既取決於藝術家創作條件和決定性目的，也取決於個人和集體無意識特有內容的配置與傳播接受的功能。

　　藝術心理學可以幫助理解創作衝動的本質，以及藝術作品在可能完全無意識的層面上的自傳特徵；但它保留了屬於藝術作品複雜微觀世界的許多其他層面和問題，並且在很大程度上忽略了藝術和藝術家的歷史特徵，任何個人和集體作品都無法簡化為純粹的心理學術語。近年來，受到法國哲學家梅洛龐蒂（Maurice Merleau-Ponty）感知現象學的啟發，尤其是沙特（Sartre）和精神病學家拉康（Jacques Lacan）著作的啟發。藝術史家特別重視「邪惡之眼」的欲望和普遍存在有關的「凝視」概念。

　　此外，隨著以攝影和電影的圖像模式的出現，研究的重點轉向了藝術圖像建構中的空間性和時間性問題。從藝術影像和「凝視」中，作為自我

與世界之間、自我與「他者」之間，隱藏自己存在並能夠傳達非正式信息的偷窺「凝視」。

面對藝術作為一個純粹的感知領域的概念；永恆的、普遍的、脫離社會領域的；我們堅持這樣一個事實，即我們生活的視覺領域充滿了意義。這導致了對觀眾的存在及其不同視覺模式的新認識；在這些圖像中，不僅定義了某些類型的心理凝視，而且有助於建立特定的視覺文化，從而有助於透過圖像接收者的多重多樣性對圖像進行心理接受。

佛洛伊德對藝術史感興趣，他的影響體現在非常多樣化的史學方法論中。心理學研究影響的另一個領域是視覺感知及其對藝術表現的影響分析。感知心理學研究的應用已經出現，首先基於格式塔（Gestalt）心理學[14]（形式、格式、結構）的貢獻，格式塔心理學誕生於1912年，與美國心理學家卡勒（Kahler）、捷克裔德國心理學家韋特海默（Wertheimer）的趨同作品相結合。

這個領域傾向於分析藝術作品的創作和感知的心理以及視覺過程的組成部分，這將解決創作者和觀眾思維的機械化帶來的一些問題。例如德國心理學家阿恩海姆（Rudolf Arnheim）提出從視覺感知基本定律出發：任何刺激模式都傾向於以這樣的方式看待，所產生的結構在給定條件允許的情況下盡可能簡單；這導致了一系列分析類別（平衡、配置、形式、發展、空間、光線、色彩、運動、張力、層次結構等），從而對藝術作品採取清晰的方法。

藝術史家，奧地利人貢布里希（Ernst Gombrich），在《1960年的藝術與幻覺》著作中，沿著感知與圖像多樣性的建構道路前進，從最具示意性的圖像（這將有助於通過「示意性」記憶進行識別）到最複雜的、自然

---

[14] 也稱為形式心理學或結構心理學，是現代心理學的一股潮流，於二十世紀初在德國興起，最受認可的代表人物是理論家韋特海默（Max Wertheimer）、卡勒（Wolfgang Köhler）、考夫卡（Kurt Koffka）和勒溫（Kurt Lewin）。

主義、幻覺術語；這個類別不能簡單地與視覺陷阱畫等同，其快樂的產生在於共謀，在於意識到自己被欺騙了；把表象當成現實，並克服了幻覺。這些將使觀眾失去對其角色的認識。貢布里希是表徵心理學在藝術史中應用的捍衛者，也是符號學歷史學家最討厭的事情。「建構的」和「虛構的」，由於感知上不可能同時「看到」表面作為其支持和否認它的表徵；因而將它們視為真實所指對象的替代品，並作為所發生事件的目擊者。

這種錯覺不僅是由於再現的「自然主義」，這取決於對圖像的處理方式，而不是它向我們傳遞的訊息，也不是由於視覺印象的紀錄，而且也因為觀眾的感受。由於感知學習和創造性學習（基於反覆試驗）都是必要的，因此表徵和感知將是傳統的東西，而不僅僅是自然的；它們的圖像（總是有意義的）不是現實的鏡面反射，也不完全依賴外部世界的心理圖像或其簡單的模仿。

藝術，是人類之間的關係系統，其中個性和創作過程可以相互關聯；藝術家的觀點和觀眾心理方面的反應，這將否認天真的、純粹的視覺凝視的存在，這是由「生物學」清楚地區分自然和文化領域所產生的。

貢布里希對幻覺藝術的概念與排除其他類型的願景相混淆，但其影響藝術作為一種文化和功能性的概念，甚至在其作為代表的身分方面，也意味著其自身的變化，這為藝術史學及其歷史開闢了新的道路。

六、結構主義與符號學

捷克美學家穆卡若夫斯基（Jan Mukařovský）將藝術視為一個符號學，布拉革學派在第一屆斯拉夫主義國際代表大會上提出了「論文」，創立了結構主義運動，該運動在第二次世界大戰後，是語言、社會和文化研究中最常用的方法。

語言學是靈感的基礎，這是透過法國人類學家斯特勞斯（Lévi-Strauss）的思想發展起來的，他認為，「野蠻」心靈與「文明」心靈具有相同的結構，並且人類特徵在任何地方都是相同的。他將文化系統視為符

號系統；強調將結構主義、語言學應用於其他文化領域。法國符號學家
羅蘭巴特（Roland Barthes）也提出了這個新趨勢，他的研究與符號學一
致。此外，它還提供了有關社會心理學和社會學的新觀點。

　　同樣，在1920年，結構心理學強調了整體的重要性；普魯士社會學家
卡西爾（Ernst Cassirer）將藝術置於象徵形式的框架內。西班牙哲學家加
塞特（Gasset）在1914年想知道語言意味著什麼，即一種表達符號系統，
其功能不是向我們敘述事物，而是將它們呈現給我們作為正在執行的事
物和現實。美國人皮爾斯（Charles Peirce）創立了符號學：「皮爾斯繪
畫」，呈現了三種類型的符號：任意符號、因果關係和圖標，在這三種符
號中會出現相似關係。另一位美國哲學家莫里斯（Charles Morris）在其
1939年的《美學與符號理論》中，開創了符號學美學，將藝術描述為一種
傳達語言和美學符號，藝術只能透過美學感知過程來解釋，並傾向於標誌
符號中的價值。

　　沿著這個思路，義大利人艾柯（Umberto Eco）在1975年出版的《普
通符號學》，試圖檢視各類符號中的圖像範疇。因此，並非所有圖像都屬
於圖標類別，因為在藝術背景下，圖像和內容都將被重新定義，並且感知
代碼可能會隨著新符號的發明而改變；這些圖像是發明產生的低編碼文
本，並且在表達和內容之間具有積極的關係。艾柯將原創性確立為藝術語
言發展的特色，他強調了觀眾在藝術作品之前作為激活者的作用，符號學
是最具特色的特徵。

　　每件藝術作品都有著雙重角色，即「表達」，更準確地說是「綜
合」，是一種世界觀的意識狀態，而且還改變了觀察者的意識，他強加了
自己的結構，並在一系列其他作品的框架內構成了一種藝術形式的「語
言」。

　　法國的羅蘭巴特（Roland Barthes）提出了第三感，確定了三個層
次：溝通、感覺和意義。美國藝術史學家夏皮羅（Meyer Schapiro）在他
的作品《符號圖像的空間與載體》中，關注了繪畫圖像與製作之間的關

係。他重視身體的框架和視圖，認為人物的側面或正面圖在作品中具有意義，因此是符號。

　　美國芭爾（Mieke Bal）和布萊森（Norman Bryson）他們堅持法國巴特（Barthes）符號學為基礎的藝術史可能性。他們在認識藝術時，即拒絕制度化的方法，他們不提倡對文獻的閱讀，而是對圖像的研究，此即「符號」概念的起源。他的辯護基於這樣一個事實：圖像在不同的通訊系統中以符號的形式出現，其中不僅涉及視覺代碼，還涉及文化代碼。

　　荷蘭文化理論家米克·巴爾則反對視覺元素的核心解釋。反過來，她建議從細節開始，然後停在細節上，並以此詢問哪些細節不適合當前的解釋，哪些因素引導我們產生第三種感覺？作品中有哪些細節是你無法用語言表達的？

七、女性主義方法

　　美國藝術史學家伯克（Peter Burke）將女性主義方法理解為對藝術社會史的分析，不是從社會階級的角度，而是從性別的角度，無論是藝術家的性別、贊助者的性別、作品本身所代表的人物等等。先驅人物包括紐約大學美術學院現代藝術榮譽教授諾克林（Linda Nochlin）和倫敦大學考陶德藝術學院波洛克（Griselda Pollock）。就像其他研究「想像」和幻想社會史的學者一樣，他們都問：「誰的意象？」或：「誰的幻想？」[15]

　　由於藝術方法論所代表的新穎性，今天對於它的存在以及它是否可以應用於藝術史存在爭議。諾克林，是一位女性主義藝術的研究者，她表示這樣的方法論並不存在，因為它不能解決它應該解決的所有問題。另一位作者墨西哥女性主義哲學家巴特拉（Eli Bartra）在與主題相關的文章中寫道：

---

[15] Burke, P. B. Seen and not Seen: The use of the image as a historical document (1sted.). Pocket Library, 2001

「當我談論女性主義方法論時……，我指的是一位女性所採取的理性道路，該女性對自己的女性從屬地位具有政治意識，並與之鬥爭，以更接近現實的任何方面的知識。我也相信，只要滿足不同的需求和目標，所使用的工具（技術）就會有或多或少的差異」。[16]

其他例子是那些提倡女性主義認識論的人，例如美國人伊麗莎白·波特（Elisabeth Potter）或紐約市立大學亨特學院哲學教授琳達·阿爾科夫（Linda Alcoff），而其他人例如加州大學洛杉磯分校婦女研究中心主任哈丁（Sandra Harding）則更願意將其視為一種觀點。

波洛克將成為這場運動的先驅之一。在她的方法中，她重視檔案，強調缺乏談論女性的故事，強調「人性」的概念主要是根據男性來定義的。波洛克斷言，這種在社會中邊緣化女性主義議題的迫切性，是其力量的反映，而這些是男性中心文化不準備承認的概念。值得一提的是，女性並不是因為她們是女性，就會進行不同類型的研究，或採用不同的方法。這並不是一項專門由女性進行的研究，它提出了一種不尋常的女性主義干預措施，更接近德國藝術史家沃伯格（Abraham Warburg）[17]，因為他有能力創造一個視覺思維故事（人類表達心理學）。

另一位關於女性主義方法論的重要作家是西班牙藝術史家德迭戈（Estrella de Diego），她在西班牙代表了她的思想。她認為，不能在與男性相同的水平上分析女性的工作，需要新的參數，並且我們必須擺脫特權地位。她強調，光有女權主義還不夠，除了保護少數群體之外，我們還必須關注種族、新的聲音。她重新考慮了一位有聲望的女性捍衛少數群體的有效性。

同樣，對於此方法論的涵義也存在爭議。例如有的人認為女性主義

16　Bartra, Eli: Frida Kahlo. Woman, ideology, art, Barcelona, Icaria, 1994, p. 8.

17　沃伯格，是一位德國藝術史家和文化理論家，他創建了一個文化研究的私人圖書館。他研究的核心是古典世界的遺產，以及在西方文化的各個領域到文藝復興時期的古典表現的傳承。

是指方法論的政治，有的人認為女性主義關心的是技術，甚至有人認為研究對象本身就是所謂的女性主義。美國哲學家哈丁（Sandra Harding）認為，這些技術並不是女性主義的，但使用它們的方式應該是女性主義的[18]。

　　儘管如此，沒有一種女性主義方法可以應用於藝術史的研究，但有不同的理論或方法。因此，「女性主義方法論」就是利用史學方法的資源來解決具體問題。然而，應該強調的是，女性主義方法並不是已經被創造出來的。它是隨著研究工作的發展而發展出來的。有時它甚至自發性地出現，而不是刻意地出現。

　　最重要的是，它必須是一種非性別歧視、非男性中心的方法。例如根據加拿大婦女地位研究所所長瑪格麗特・艾希勒（Margrit Eichler）的說法，女性主義研究特別研究女性、男性或性別的重要性。此外，它指出研究旨在改善婦女的狀況。女性主義者致力於為現實研究建立必要的路徑。

　　要應用女性主義方法論，首先必須進行女性主義研究。這首先包括了解什麼是女性主義、男性中心主義和性別歧視，並批評隱形性和男性觀點。因此，討論的內容必須採用女性主義的視角，包括女性的存在、重建過去、研究其在藝術領域的痕跡，所有這些都考慮到當時的社會條件。除了探討男性在藝術中如何塑造女性形象，即男性在那個階段如何看待女性，這在歷史上定義了女性的一面，這將有助於理解性別之間的衝突關係。同時，除了分析當時男女之間不僅在藝術領域，而且在社會領域存在的差異外，還必須考慮這些藝術家在藝術發展和當時所扮演的角色。

　　總而言之，我們必須研究藝術領域的女性，考慮到她們生活的過去並理解它，提高女性的知名度，研究她們的藝術創作和她們所接受的教育，進而研究她們的傳記。不僅重視主要女性藝術家形象，也要重視次要女性藝術家形象，因為她們是最致力於藝術。

---

[18]　Harding Sandra, There Is A Feminist Method, 1987

　　我們能找到的關於藝術界女性的資料非常稀少，因為在很多時期，人們甚至不談論女性藝術家，而且，在提到她們的情況下，只是籠統地提到她們的名字，但沒有單獨提及這些藝術家。所有關於女性藝術家的資料都來自過去幾十年。此外，我們看到女性作為知識代理人的角色被排除在外，而男性將扮演領導者的角色。女性主義者將要求承認存在的權力和性別關係，以譴責性別差異的建構。

　　在過去的十年中，這種方法被認為是「解構」，也就是說，對已發表的有關該主題的內容進行分析，以發現性別歧視的痕跡並試圖糾正它們。其目的是拆除每個學科（在本例中為藝術），並以新的方式重建它。

　　總之，根據墨西哥裔美國女性主義專家古鐵雷斯（Laura Gutiérrez）的說法，有必要將《藝術史》中的敘述重新政治化。應該指出的是，女性並不是因為她們是女性就進行不同類型的研究，或採用不同的方法。這並不是一項專門由女性進行的研究。男性中心主義和性別歧視偏見，只能透過非性別歧視的方法論來糾正。

　　女性主義者致力於揭露和摧毀侵略性或「主導性」的男性目光，他們將其與「男性中心文化」連繫起來。與結構主義者一樣，女性主義者為共同的解釋做出了許多貢獻，從某種意義上說，今天在分析圖像時忽視性別問題幾乎是不可想像的。例如在談到女性閱讀、女性工作、女巫或後宮的描繪時，已經提到了從性別角度處理圖像的方法。

第三節　視覺藝術

　　大眾文化、全球化過程以及將圖像作為一種重要的交流手段的使用，導致了視覺圖像作為身分對象和交流手段的重新評估。這種新的用途是當代社會的一種態度，但我們看到了以前時代的痕跡。根據法國符號學家巴特（Roland Barthe）的符號學，在現代之前，社會是由其他感官主導的：在中世紀由耳朵主導，巴洛克時期眼睛占據主導地位。到了二十世紀，視

覺圖像達到了頂峰[19]。

　　「當代圖像的構思超越了藝術意義，在不失眞實性的情況下，它是大眾化爲消費品的象徵性交流元素」，這是由視覺文化創造的圖像，視覺文化是一個界限不明確的模糊術語；出現在後現代主義中的跨文化觀念。巴塞隆納大學藝術史教授安娜・瓜什（Anna María Guasch）將其定義爲「一門戰術學科，旨在對圖像作爲意義承載者的作用做出回應，該框架由橫向話語、全球視角、對技術的迷戀和文化斷裂的框架中發揮作用。」當前和要求較高的主題，例如性別、種族、性取向或後殖民身分問題，在視覺文化中找到了自己的位置。

　　日常生活中的視覺是我們的溝通方式，是對不同社會創造的圖像的使用，總是受到社會政治變化的影響，這反映了媒體作爲最大、最強大的圖像生產機器出現，比當代藝術體系更廣泛、更有效[20]。

　　將視覺研究作爲研究分析視覺文化，產生的圖像方法論，代表了「傳統藝術史研究的根本性變化，其中，……「歷史」的概念被取代「文化」代表「文化」，「視覺」代表「藝術」，同時發揮了視覺中隱含的「虛擬性」和術語文化的典型「物質性」。視覺研究擴展了傳統美學和藝術史的視角，結合社會學、人類學或傳播學研究；並研究藝術、廣告或媒體等領域圖像的生產、流通和消費，以理解圖像和圖像的作用[21]。

　　該術語的首次使用歸功於英國社會歷史學家巴克桑德爾（Michael Baxandall）和美國藝術史學家阿爾珀斯（Svetlana Alpers）；前者尋求一種將藝術生產融入社會結構的方法；後者使圖像民主化，使所有製作都與賦予「眞實」概念。當前術語由美國藝術史學家米切爾（WJT Mitchell）

---

[19] Jay Martin. Downcast eyes. Akal Editions, 2007

[20] Almela, Ramón. "The current image at the intersection of art and advertising." III Communication Symposium: Art and Advertising in Communication., 2004

[21] Brea, José Luis. «Estética, Historia del Arte, Estudios Visuales». Estudios visuales: Ensayo, teoría y crítica de la cultura visual y el arte contemporáneo, Nº.3, 2006

提出，他將視覺文化視爲「在多個學科、學者不同角度的興趣和焦
點」[22]，他打破了美學等級的障礙，專注於流行和鄉土的作品。米切爾使
視覺文化的框架變得更加靈活，提出了「圖像轉向」的新概念：從藝術史
到圖像史的過渡，強調日常過程和文化的社會面向。

　　爲此，需要根據大眾社會的創新學習方法；創建一個新的項目，
重點關注語言和視覺哲學，「基於對主體性在尋求客觀性中的作用的認
識，……關注研究對象的道德和政治承諾的方式。圖像依其媒介而等同，
這與美感觀念的普遍性背道而馳；透過圖像文化和社會功能來尋找圖像的
異質性及其生產環境」。

　　荷蘭影像藝術家巴爾（Mieke Bal）批評視覺研究賦予圖像的視覺本
質主義，認爲僅進行形式分析時圖像就具有絕對和普遍的意義；巴爾提出
對圖像的解釋，因爲它們根據上下文和觀看者而變得更加複雜和開放[23]。
因此，它將該方法的主要目標定義爲視覺分析，考慮透視、構圖或顏色的
元素及其對影像內感知和體驗的影響。因此，視覺研究的雙重策略意義得
以確立：它是一門更新藝術史領域和影響文化政策的社會策略的學科。

　　儘管近年來有人嘗試將美學、藝術史和視覺研究結合，相互補充，爲
圖像及其視覺性的分析提供了更廣泛的方法和工具。西班牙藝術史家布雷
亞（Jose Luis Brea）對學科進行了區分，這是一條以時間爲焦點的雙重道
路：藝術史是回顧性研究，而視覺研究則關注當代；對布雷亞來說，視覺
研究可以透過忽略歷史事實來僞造結果。

一、藝術史還是視覺研究？

　　當視覺研究與十八世紀建立的美學和藝術史這兩個學科連繫起來時，

---

[22] Mitchell, William John Thomas. «What Is Visual Culture». Meaning in the visual Arts: Views from the outside: A centennial Commemoration of Erwin Panosfky.

[23] Bal, Mieke. «Visual essentialism and the object of Visual Studies». Visual Studies: Essay, Theory and Criticism of Visual Culture and Contemporary Art, no.2, 2004, pp. 1-50

爭論和衝突就出現了。視覺研究作爲一種跨學科研究的觀點引發了這場爭論，米切爾對此進行了辯護，它吸收了前面提到的兩個學科，並透過所謂的「視覺轉向」添加了現代視野和文化視野。這場發生在1988年的「視覺轉向」被收錄在美國藝術史家哈爾‧福斯特（Hal Foster）的《視覺與視覺性》綱要中，它包含了學者們關於視覺的觀點、學科所確立的觀念及其與現代性的衝突的總和。「視覺轉向」和視覺性將質疑兩門學科（藝術史和美學）所使用的方法，並試圖解決先前學科提出的和有待解決的問題。瓜什（Guasch）在「視覺研究」中的定義；從這個意義上說，「問題的狀態」是：「藝術史領域的一門新的學科，利用人文科學不同領域的理論，強調「看」不同時代和時期的過程，並作爲一種策略性的政治策略。在這種情況下，理所當然地認爲「視覺」的關鍵作用。

　　這代表了對傳統藝術史觀念的根本性改變，因爲它挑戰了該學科所建立的觀念，擴展並增加了理解圖像的新方法，擺脫了美學和藝術史所建立的等級制度，並取代了「歷史」的概念。透過學習和透過視覺來認識「藝術」。

　　然而，這種擴展並不代表這兩門學科的取代或消除；相反地，它通過提供新的方法來補充它們，視覺研究是對這些學科的補充，最大程度地涵蓋了圖像和視覺。因此，福斯特定義的視覺性將成爲研究對象，這意味著視覺是一種社會、歷史和一般文化事實；這也包括身體和精神。

　　因此，可以說視覺研究是對藝術領域之外的物體、現象和知識的開放，而不是被驅逐，從而形成視覺文化結構的一部分。簡而言之，藝術史或視覺研究之間的爭論可以概括爲：視覺研究是先前建立的研究的更現代的延伸，旨在解決第一學科無法解決的問題。因此，傳統上理解的藝術史即使沒有幫助它，也試圖完善它，因爲藝術史作爲一門學科有其局限性。

二、容易受到視覺研究方法影響的圖像

　　有許多研究探討了將「圖像」概念納入藝術史學科的重要性，從而擴

大了「作品」一詞，破壞了其最重要的概念，並增加了更多的分析空間。
然後會對一些涉及種族、階級、媒體影響等方面的圖像進行簡要分析，只
有研究它們才能建立有趣的修辭和辯證法來理解它們，及其脈絡的複雜
性：美國的莫里斯（Susan Buck-Morss）在她的研究中：康奈爾大學的視
覺研究和全球想像力，建立了一種關於視覺研究的理論和實踐，透過這種
方法宣告了一種學術文化，該方法符合其分類「美學III」和另外兩種類型
的美學潮流。對於圖像來說更加樂觀，接近它，就好像它是一把鑰匙，而
不是理解的障礙[24]。

　　用莫里斯的話來說：「圖像拋開了說明文字內容的輔助功能，可以自
由地直接作用於心靈。」吸收其他意義手段，如未來主義等，前衛潮流、
頌揚進步、速度和機器。在這種情況下，情況正好相反：機器沒有雄辯的
理由，但最終總是服從自然平面。這樣，我們可以從作品中得出這樣的結
論：雖然它不是人類的作品，但它是對世界的詩化，是對日常或世俗的視
覺詩化所創造的精神抽象，即一種值得創作的捕捉。

　　繼續在藝術史和視覺研究方法的框架內分析圖像，我們必須考慮與
所創造的圖像相關興趣點，即繪畫、建築、雕塑等傳統藝術。在這種範式
下，巴克也提到了藝術作品如何作為大眾的物化，以及社區意識的創造，
反之亦然，社區為其聚集創造了藝術；參觀清眞寺、大教堂，以及各種類
型的寺廟，它們具有特定的建築和藝術語言，易於分析。那麼，在網路時
代，圖像涉及社群問題，意識形態和歸屬感，並透過它們創建的，這可以
為我們提供創建的潮流或政治力量的線索。

　　如果對圖像和八世紀大馬士革大清眞寺的元素進行詳細分析，我們將
能夠了解伊斯蘭文化在其擴張階段（即帝國階段）和初期的許多特徵；以
及神學、意識形態、經濟、商業、美學戒律等。同樣地，如果我們今天分

---

[24] Susan Buck-Morss and Juan Manuel Espinosa. «Visual Studies and Global Imagination». Antipoda: Journal of Anthropology and Archeology, no.9., 2009

析某個社區或意識形態群體的圖像，或某些視覺證據，我們將從可見的情況中更好地理解整個情況。以下範例就是這種情況：

2003年2月15日，全球透過網路舉行示威活動，抗議美國即將先發制人入侵伊拉克。數百個城市參與了這場集體表演，產生了一股全球團結的浪潮，從東向西朝著太陽的方向移動。此圖像事件的證據是在以下網站上收集的。該頁面創建了包含兩百多張圖像的檔案，這些圖像顯示了世界對和平的渴望。任何人、任何地方都可以免費下載它們。

當我們繼續談論大眾文化時，正如前面已經解釋過的，電信和社交網絡的結果，它們不僅在政治層面上創造了一種形象，這種形象創造了一個社區對意識形態或特定歷史事實的依戀，雖然這看起來微不足道，但這不是一個問題，因爲這些是圖像，在許多情況下是透過編輯製作的創作，傳遞了通常幽默且絕對易懂的世代信息。也就是一種修辭方法網絡迷因[25]：它以第一種直觀的方式理解，網絡迷因可以被視爲通過網路流行的純粹的圖形笑話。它們是極其複雜和修辭的符號學對象，也必須透過藝術史進行分析；除了它們表面上的瑣碎性（確實發生了）之外，網絡迷因還有助於闡明當今的公共話語，並有助於塑造和反映意見狀態，而不僅僅是在一個純粹的有趣的維度上，尤其是在意識形態領域，網絡迷因有助於公共政治討論[26]。

在2000年左右，西班牙的馬丁內斯（JM Ruiz Martínez）在倫敦一家書店創建的網絡迷因（後來在網路上瘋傳），也就是說，通過一些其他活動繼續前進。顯然，它以一種絕對幽默的語氣向我們說話，因爲對訊息本身的否認是含蓄的，這是一種文化、代溝，或者只是乏味。這個網絡迷因顯然有許多透過網路傳播的意識形態、政治和經濟用途。這讓我們明白，

---

[25] 網絡迷因（Internet meme），是一種透過網路傳播的文化集合（如一種思想、行為或風格），通常透過社群媒體平台傳。

[26] Ruiz, José Manuel. A rhetorical approach to internet memes. 2018, pp. 996-1021

雖然它並不是真正的網絡迷因，因為它沒有圖像，但它的文字元素的視覺構成卻是有一個構成建構的過程。透過這種方式，我們了解網絡迷因的雙重意義，即它透過所有的分析所針對的社會、它的用途、否認的本質，以及視覺和語言學的構成。最後一個事實為我們提供了理解其他類型圖像的線索，例如重視浪漫主義封面或迷你畫上的海報和資訊。

繼續馬丁內斯的文本，在他對網絡迷因類型的分析中，他建立了一種他稱之為「死亡遊客」的類型。這類網絡迷因是諷刺性的，但譴責某種類型的悲劇性歷史或詐欺事件，顯然是透過編輯進行的。它的命名是這樣的：

這個網絡迷因的起源是一位年輕人根據自己在紐約雙子星大樓之一的屋頂上的照片製作的蒙太奇照片，他在其中添加了一架正在接近的飛機。這是他發給朋友的一個私人玩笑，但它開始在網路上成功傳播，就好像它是一張真實的照片，因此，這張照片捕捉到了9月11日恐怖襲擊發生的那一刻，並新增了戲劇性的內容。

馬丁內斯的網絡迷因，另一個例子是2005年西班牙王室發出的聖誕問候，顯然地，這個蒙太奇引起爭議，以至於王室否認。因此，一個近乎王室媚俗的非專業製作版本大行其道，他們不得不聲明這顯然是虛假的，它被諷刺了，也就是說，它成為了一個幽默的迷因，當下的各種人物凸顯了事件。例如這一事實可以為我們提供大量有關西班牙公民對其議會君主政體或政治敏感性的資訊。

為了讓位給透過視覺研究分析的其他類型的圖像，這些圖像應該包含在藝術史的研究中，墨西哥的查維斯（Sofía Sienra Chaves）撰寫的文章將深入研究；視覺研究的出現，拉丁美洲的共鳴。

「重要」的定義與「無關緊要的」同時存在，因為它與「不相關的」有一定的距離，這是一種涉及意識形態的操

作，或多或少是有意識的，體現在偏好和選擇中。因此，有必要質疑某事物如何「更有價值」或在什麼意義上以及從哪裡相關。伊比利亞—美洲視覺研究的推動者布雷亞（José Luis Brea）毫不猶豫地宣稱：每一種與當代視覺領域批判性研究發展相關的政治力量，都必須滿足這一要求，以實現當今有效的目標。不是藝術作品本身，而是視覺文化的延伸與複雜[27]。

也就是說，政治的運用與圖像密切相關，不僅與十六和十七世紀天主教反宗教改革中可能發生的藝術作品有關，而且與你不教的圖像的使用有關。這是對圖像的使用的選擇，不僅是一種創作，而且恰恰相反，是一種遺漏。在這種情況下，每一個好的批判性和理性分析都必須對圍繞它的圖像的所有可能方面，進行辯證和比較判斷。

查維斯總結道，美學和藝術史學科中的視覺研究是必要的，但不是為了取代藝術表現形式，而是為了擴展和觸及其他知識領域。同樣，她告訴我們迫切需要體認到：

> 對「美學」概念的非殖民化方法，建議我們按照美國杜克大學教授米諾洛（Walter Mignolo）的思路，在其作為希臘羅馬傳統的主觀性監管體系的範圍之外考慮這一概念，並超越其與美學的排他性相關性。也就是說，將美學視為一個移動的、廣闊的和不確定的領域，典型的感覺，不再是一個制度範疇，也不再是「美」的同義詞。

---

[27] Sienra Chaves, Sofia. "The Emergence of Visual Studies: Resonances in Latin America." Artistic Studies 9, no.15., 2023, pp. 21-35

或者想想一些賣冰淇淋的秘魯婦女的美麗、和諧、社會學和當地特色。它反映了一種社會現實，並聲稱它是來自拉丁美洲的作品，從譴責或重新制定新的美麗概念到非殖民化和不那麼以歐洲為中心的進程，它做出了貢獻。

結語

藝術史的研究，首先要了解如何利用圖書館，並分析藝術史評論中所使用的資料，且意識到觀察藝術作品，以便能夠交流知識。透過對藝術史的研究和學習逐漸能應用藝術知識。本文強調獲得藝術史知識的六個階段：

1. 文獻：主要介紹藝術史的文獻工具及其關鍵用途。
2. 研究：藝術史作為一門歷史學科，前提是掌握邏輯嚴謹的研究方法。
3. 觀察：仔細觀察作品是充分理解作品的首要要求。
4. 描述：指將作品從視覺領域轉移到語言領域。
5. 分析：分析涉及作品及其意義。這是解釋之前的階段。它考慮了形式性質的問題，並深入研究了圖像學的構成要素。
6. 解釋：指的是剖析和理解能力。使人們了解並具體應用在形式分析、原始資料研究（藝術家著作和批評）、歷史論文中所採用的觀察、描述、分析和解釋的研究方法。

這些階段將在實務層面上發展，也就是說透過專業知識和創作技巧的應用。這包括藝術史的一些基本知識（文獻研究、呈現、分析、研究主題的發展）以及歷史論文的寫作。

史學方法是為學生提供完成藝術史論文的方法工具。所有評估都將集中在完成論文所需的不同步驟。本章的目的是基於藝術的研究方法對社會科學貢獻潛力來概述它們。首先，我們透過區分研究設計中運用藝術的兩種主要方式來探索：第一個角度著重於作為研究材料的藝術作品；第二個角度著重於藝術作品作為研究材料。其次，探索藝術實踐作為一種研究方

法。

　　碩士構成了你對藝術史研究的一個新階段：對新主題或根據創新的方法角度進行個人研究，但「個人」並不意味著主觀。雖然沒有什麼可以取代你的好奇心、工作能力以及研究和寫作方面的創造力，但學術界已經證明了史學方法可以保證人文科學研究的有效性和道德性。他們將幫助你提出問題、進行辯論和掌握特定學科的參考書目，以及撰寫和發表論文。

第五章
比較歷史

比較歷史的目的是通過觀察歷史，更好地理解歷史制度或思想的差異。德國馬克思（Karl Marx）對不同類型社會的分析，韋伯（Max Weber）對不同制度的分析和英國湯因比對文明的分析都是例子，儘管這些包羅萬象的方法不再被認為有多大的有效性，但近年來，一種細微差別的比較歷史變得流行起來。

比較歷史是將過去的元素放在一起，以突出它們的共同點和差異，甚至對歷史進行更廣泛的思考。比較社會史是十八世紀啟蒙運動的知識份子一個重要特長，它曾出現在孟德斯鳩、伏爾泰、亞當・斯密等十九世紀社會學家和經濟學家的著作中。十九世紀，比較歷史被廣泛探討，托克維爾（Tocqueville）、馬克思和韋伯就證明了這一點；布洛赫（Bloch）是二十世紀比較歷史學最著名的人物之一。

在歷史科學中，比較歷史提出了它的方法論問題。在認識論上，比較歷史與其他人文社會科學相互作用。自二十世紀末的歐盟背景下，法、德研究人員的合作，以及在日益全球化的世界中，對於交叉歷史傾向於在多視角的歷史中處理跨國歷史，比較歷史是隨著歷史潮流而更新的。德國歷史學家蘭克（Leopold von Ranke）寫道：「歷史只會來自直接的證詞和最真實的來源」。

在科學論證的鼎盛時期，歷史並不是作為一門比較學科出現的；相反地，它的主要任務是將自己與自然科學區分開來；在十九世紀，自然科學必須對所有生物進行完全分類，而不是對較少的生物進行分類；另一方面，德國歷史學家，包括蘭克和羅森（John Gustave de Rossen）都依賴於一種獨立的歷史方法，對他們來說，這是一門不同的科學，但同樣嚴肅和

優越。他們的核心理念是個體、連續性和發展性。對於歷史學家來說，歷史應該是一種社會的觀點，人類世界是一個不斷變化和超越的世界，從個體的瞬間開始，歷史不僅是短暫的階段，而且是一個整體。每一段歷史時刻都有其作為不可還原個體的價值。

反科學拒絕比較觀點的做法，一直持續到二十世紀初，並在其保守的潮流中持續了很久。然而，歷史學家羅森已經發現，在他對那個時代的理論和方法論反思中，他在歷史觀察的比較維度上走在了前面。他含蓄地區分了物質歷史過程和歷史科學之間的區別，歷史科學被允許為了分析的目的而分解這個過程，特別是如果它想精確地代表不同時代歷史的獨特性。羅森在這裡的思考也局限於連續時代的時間比較；畢竟，歷史時間或跨時期的比較，以及同時現象的邏輯比較是顯而易見的，這可能是同一發展過程中不平衡的結果。

相反地，在歐洲許多民族運動的框架內，以及由此產生對民族國家的強烈意識形態關注，歷史研究並沒有採取這種猶豫不決的延續企圖。政治和道德論據也被用來反對歷史比較，那些為了確認自己民族的獨特性而撰寫歷史的人，不得不將每一次比較都視為與其他民族的平衡。

第一節　比較歷史方式

比較歷史有自己的歷史，從1900年開始，它以法國亨利·貝爾（Henri Berr）、塗爾幹（Durkheim）、布洛赫（Marc Bloch）[1]等著名歷史學者為標竿。如果比較是認知操作的一部分，那麼「它在史學方法中的系統化」與「政治事件密切相關」；根據齊默爾曼（Zimmerman）的說法，1870年的普法戰爭和第一次世界大戰在歐洲引發了一場「鞏固和超越民族歷史的雙重運動」，正如布洛赫所證明的那樣，「支持歐洲社會的比

---

[1] Le Dictionnaire des Sciences Humaines, (Dir. Sylvie Mesure, Patrick Savidan), Paris, PUF, 2006, Entrée «Histoire comparée» (Christophe Charle).

較歷史」[2]。

一、羅馬帝國與漢帝國的比較研究

羅馬帝國與漢帝國的比較，涉及到羅馬帝國與中國早期帝國的比較研究。在鼎盛時期，兩國都控制著世界人口的很大一部分，並產生了經久不衰的政治和文化遺產；比較研究主要關注它們在盛世和興衰過程的相似性上，大多數研究集中在單一方面；然而，在二十一世紀，比較研究引起了越來越多的興趣，一些研究探討了種族、身分和外國觀點的概念[3]。

謝德爾（Scheidel）在解釋斯坦福大學古代中國與地中海帝國比較史項目的目標，及其二十一世紀初的研究框架，回顧了此前的學術成就。韋伯（Max Weber）和維特福格爾（Wittfogel）兩人都寫了比較古代地中海和中國的著作；然而，他們的研究對後來的古代史家影響不大。謝德爾認為這是導致兩者比較研究相對較少的原因之一。這一領域的研究大多集中在思想史和社會哲學上，他還指出，二十一世紀初研究方向發生了變化，重新聚焦於古希臘和中國的「道德、歷史和科學思想的本質」。學者錢穆在探討廣義中西文化差異時，也早已涉足這一領域。劉增泉撰寫了古代中國與羅馬關係的著作。

一些學者對這兩個帝國進行了比較研究。正如歷史學家阿德斯海德（Adshead）所說，「我們還可以進行其他比較……然而，沒有一個國家能像羅馬帝國那樣與漢代中國相提並論[4]」。這些都傾向於關注中國和希臘羅馬世界的哲學和思想史，儘管現代人對此感興趣，但在比較羅馬和漢

[2] Bénédicte Zimmermann, «Histoire Comparée, Histoire Croisée»dans Christian Delacroix, François Dosse, Patrick Garcia et Nicolas Offenstadt (dir.), Historiographies. Concepts et Débats, vol. I, Gallimard, coll. Folio histoire, 2010, pp. 170-176

[3] Scheidel, Walter, The Stanford Ancient Chinese and Mediterranean Empires Comparative History Project (ACME), Stanford University, Retrieved, 2009, pp. 12-27

[4] Adshead, Samuel Adrian Miles, China in World History, 2000, p. 4

代帝國的學術研究方面仍存在差距。謝德爾指出，現時還沒有關於高等文化的比較研究；希臘羅馬世界和古代中國的「政治、社會、經濟或法律史」也幾乎沒有被研究過。然而，他指出，阿德斯海德簡要地談到了這個問題。維特福格爾的著作受到了後來歷史學家的批評，但他的研究並沒有被最新的論文所取代。在現代帝國主義研究中，古代中國通常被忽視。用謝德爾的話來說，與近古歐洲和中國的研究相比，古代最大的農業帝國的比較歷史根本沒有引起人們的注意。這一問題只能從學術專業化和語言障礙來解釋[5]。

　　二十世紀末蘇聯解體後，美國成為世界上唯一的超級大國，這重新引起了人們對帝國及其研究的興趣。例如羅馬帝國有時被視為美國統治的典範。美國的霸權在現代體系中是史無前例的，因此唯一有啟發性的案例可以在前現代制度中找到：「分析單極性的困難是，我們主要有現在的案例，儘管研究羅馬和古代中國可能會有啟發性」[6]。

　　總體而言，隨著美國霸權的崛起，對歷史帝國（如漢朝和羅馬）的研究有所增加。在帝國之間的比較研究領域，不僅是羅馬和中國，艾森斯塔特所撰的（Eisenstatt）帝國政治制度，被認為具有影響力，因為它開創了比較方法[7]。羅馬帝國和漢帝國之間的比較，得益於雙方的大量史料證據，正如穆施勒（Mutschler）和米德（Midday）所言：「羅馬帝國和漢朝的比較不僅有助於羅馬帝國和中華帝國的比較，了解兩種文明發展的軌跡，也有助於提高我們對現在和過去之間可能存在的相似之處的認識，無論是關於美國還是中國。」愛德華（Ronald A. Edwards）最近的研究表

[5] Scheidel, Walter, The Stanford Ancient Chinese and Mediterranean Empires Comparative History Project (ACME), Stanford University, Retrieved 2009-12-27

[6] Robert Jervis, "Unipolarity: A Structural Perspective," World Politics, 61/1, 2009, p. 200

[7] Mutschler, Fritz-Heiner; Mittag, Achim, eds., Conceiving the Empire: China and Rome Compared, Oxford University Press, 2008, pp. xiii-xiv

明，這種比較對於理解古代中國和羅馬的政治制度非常有用[8]。此外，社會學證明的原則已經確立，並可應用於中國和羅馬的研究，它們借鑑了分析性和說明性的比較。

比較中華帝國和羅馬帝國的最吸引人的原因之一，是它們在地中海和東亞的政治霸權地位上升。然而，阿德斯海德的政治比較遭到了中國歷史專家的負面回應，他們指出他沒有使用中國文獻，他的論點支持不足，並且急於將支持不足的觀點作為事實[9]。

根據阿德斯海德的《世界史上的中國》一書，將漢代中國和羅馬帝國進行比較，有助於了解中國與其他古代文明的互動和關係。在《君士坦丁之前的中國和羅馬帝國》一書中，他們的「差異」超過了相似之處[10]。謝德爾（Scheide）認為：只有與其他文明進行比較，才能將共同特徵與特定文化或獨特的特徵和發展區分開來，幫助我們確定對特定歷史結果的變數，並允許我們在前現代世界歷史的大背景下，評估特定古代國家或社會的性質[11]。

二、比較歷史學者對自然科學的仿效

二十世紀上半葉出現的思想家和比較歷史學者，正是具有這種敏銳的分析能力[12]。在這樣做的過程中，他們有意借用自然科學，並希望通過科學和思維方式，作為解釋在歷史上無法實現的精確性和因果詮釋，這似乎

[8]　Edwards, Ronald A., "Federalism and the Balance of Power: China's Han and Tang Dynasties and the Roman Empire", Pacific Economic Review, 2009, 14(1): 1-21

[9]　Jenner, William John Francis, "Review: China in World History", The China Quarterly, March 1990,(121): 151

[10]　Adshead, Samuel Adrian Miles, China in World History, 2000, p. 4

[11]　Scheidel, Walter, ed., Rome and China: Comparative Perspectives on Ancient World Empires, Oxford University Press, 2009, p. 5

[12]　Kaelble, Companies; The Historical Comparison, 1999. p. 25

與比較相關聯。社會學家塗爾幹稱這種比較爲「間接實驗」[13]。他闡述了米勒（John Mill）提出的兩種比較邏輯，當然是科學的：差異方法，這兩項試驗之間的差異是由於一個不同的因素與所有其他因素相等，而且方法一致[14]。法國學者布洛赫由此得出結論，歷史學家應該盡可能地比較外國或密切相關的社會[15]。

　　科學錯覺有其歷史原因。對比較研究的最初並非來自史學主流，而是來自中世紀社會史研究，或德國歷史學家奧托‧欣茨（Otto Hintze）的憲法史，這並非偶然。這些領域由於其複雜性和對背景的依賴，避免了傳統的線性歷史。因此，相比之下，對科學嚴謹性的渴望，可以解釋爲在更高層次上尋求新的因果關係清晰性的表達。儘管這種擔憂可以理解，但遵循既定的方式是不現實的。一方面，它幾乎沒有吸引眞正的歷史比較研究；另一方面，比較研究的概念本身並不產生解釋模式或理論結論[16]。歷史比較與更大的解釋力之間的連繫在於，它必須以理論爲基礎才能產生成效，但隨後可以對理論方法進行更精確的實證檢驗，就像任何單一研究一樣。

　　在比較中模仿科學實驗本身並不意味著承認和解釋比較視角的價值，但他們必然具有更高的理論要求和理論主張[17]。韋伯等歷史社會學家早就將其付諸實踐：他們從啟發式概念開始，作爲一個自然的比較概念，歷史理論的表達是通過經驗的形成來實現的，認知過程始於概念的價值的構建，即在「安排思維」中觀察到的關係，在這一過程中遇到了自身的局限性，這需要對理論起點進行修正。韋伯的研究結果，一方面是以目錄類別的形式；另一方面是以飽和歷史的類型學的形式，形成了一個連貫的理論

---

[13] Durkheim, Comparative History, 2003, p. 165

[14] Mill, Philosophy 1950, pp. 211-233

[15] Kaelble Companies; The Historical Comparison, 1999. p. 25

[16] Haupt, Comparative History, 2001

[17] Haupt, Kocka, Historical Comparison, p. 24

知識[18]。

三、社會學的先驅：福斯特

　　作爲社會學的先驅，他的方法堪稱典範。在他的作品中，他強調了長期的重要性，並將法國歷史上種族主義與該制度的影響進行了比較。甚至在第一次世界大戰前後，民族主義者和後來的法國行動[19]，都不得不依賴他的著作。儘管他的著作在最近的研究中已經過時了。但福斯特（Fustel de Coulanges）[20]的著作仍然因其深度而彌足珍貴，尤其是作者努力盡可能準確地重建過去人們的感受和需求。它的影響很重要，特別是在解釋宗教在社會結構中的基本作用方面。

　　作爲一名教師，他通過他的著作和他所服從的禁欲主義吸引許多追隨者。他也是一位將史學推向新方向的創新者。對他來說，米歇爾（Jules Michelet）或蒂埃里（Augustin Thierry）所珍視的政治承諾應該擱置一旁，以避免任何先入爲主的想法，並盡可能促進歷史眞相。他認爲，愛國主義是一種美德，歷史是一門科學。它們不應該被混淆。他關心的一些古代問題，特別是財產及其繼承問題。但他特別提到了中世紀的歷史[21]。他試圖證明法國的制度起源不同於德國法律。

1. 挑戰法蘭克征服的觀念

　　福斯特批評所謂法蘭克人征服高盧的理論和其他與這一理論有關的觀點的錯誤。他反對法蘭克人征服的概念：人們普遍認爲，勝利的日爾曼人奪取了高盧的土地，分裂了高盧，並建立了一個封建的政權。但當你讀

[18] Welskopp, Human Relationships, 1997

[19] Stephen Wilson, Fustel de Coulanges and The Action Française sur Jstor

[20] 法國歷史學家福斯特（1830—1889年），《古代法國政治制度史》的作者，這本書影響了直至布洛赫的幾代歷史學家。

[21] Alain Guerreau Fustel de Coulange Médiéviste, Revue Historique, Avril-Juin, 1986

到當時的史料時，你會發現這些都是錯誤的。日爾曼人沒有把封建制度帶給法國，原因很簡單，在日爾曼他們不認識封建制度。此外，可以確定的是，他們沒有占領土地，高盧人保留了他們的財產和公民自由。這些住在高盧的日爾曼人數量很少，他們本想掠奪以前的居民，卻不是他們所能掠奪的[22]。日爾曼人在高盧的定居是羅馬世界和野蠻世界之間的一次「相遇」，個人或蠻族在一些酋長周圍緩慢滲透；這既不是正規軍的入侵，也不是另一個國家的征服，他們通常是即興而起的，因為日爾曼人彼此不認識[23]。

　　福斯特反對法國貴族起源於法蘭克征服的想法，這個想法是由布蘭維利耶（Boulainvilliers）提出的，然後是西耶斯（Síyès）、吉佐（Guizo）和蒂埃里（Thierry）的反對貴族。即使在1870年普法戰爭之前，既沒有推翻羅馬帝國的法蘭西君主制的羅馬式傳統，也不堅持格弗羅伊（Auguste Geffroy）[24]仍在捍衛的德國傳統。

　　他對日爾曼軍隊的存在提出質疑：只有在高盧時代的哥德人中，瓦倫斯（Valens）時代的西哥德人中，在405年哥德人拉達蓋斯（Radagaise）[25]入侵義大利時期，才偶爾有日爾曼軍隊：真正的高盧征服者在帝國的旗幟下作戰。勃艮第（Burgondes）和法蘭克是羅馬帝國的士兵。在五世紀時期，這些蠻族對帝國的態度依然如故：他們尊重皇權，渴望屬於羅馬世界[26]。

---

[22] Thierry Claude Nicolet, La Fabrique d'une Nation. La France entre Rome et les Germains, Paris, Perrin, 2003, p. 218

[23] Thierry Claude Nicolet, La Fabrique d'une Nation. La France entre Rome et les Germains, Paris Perrin, 2003, p. 220

[24] 法國歷史學家（1820—1895年），1872年，他成為索邦大學的古代史教授。

[25] 拉達蓋斯是異教蠻人，哥德血統的領袖，在西羅馬皇帝霍諾里烏斯統治時期進攻義大利。

[26] Claude Nicolet, La Fabrique d'une Nation. La France entre Rome et les Germains, Paris, Perrin, 2003, p. 220

　　福斯特也對大規模人口遷移的觀點提出質疑：經過長時間的思考、
闡述和論證，他對蠻族入侵的觀點與蒂埃里（Augustin Thierry）的看法相
反，後者認爲領土征服是眞正的人口遷移。他反對羅馬帝國純粹的專制和
所謂的日爾曼自由之間的對立[27]，在這方面，他質疑皇室是從日爾曼人，
特別是法蘭克人中選出的；他拒絕在塔西佗（Tacite）的一兩句話中看到
法蘭克部族集會的證據；因爲他在史料中找不到國王選舉的紀錄。

　　他爭辯說，法蘭克人中是否有建立種姓的貴族；有富裕的地主、古
老的家族、國王、高級皇室官員，但沒有任何材料提醒人們享有特權[28]。
福斯特只在那些留下來的日耳曼人中發現了貴族，那些在帝國定居下來的
人只知道勝利者的貴族，即皇家官員；這一概念在當時非常現代，最近通
過德裔美國歷史學家戈法特（Walter Goffart）、德國歷史學家沃納（Karl
Werner）或奧地利歷史學家波爾（Walter Pohl）等專家的研究得到了確
認[29]。墨洛溫王朝國王的權力主要是羅馬人的，是特意從羅馬的政治體系
中借來。法蘭克人重新使用了他們在高盧發現的行政和社會等級制度。

2. 種族的相對重要性

　　福斯特有一個堅定的想法；歐洲不同種族和不同民族之間的差異不能
解釋任何事情；它不適用於他研究的任何制度，所有這些制度都有不同的
起源，是社會自身數百年歷史的產物。這些制度在羅馬人和日耳曼人中都
有。因此，無論是對日爾曼主義有利還是不利，對基於種族的制度和社會
現實的任何解釋都被斷然拒絕。

---

[27] Claude Nicolet, La Fabrique d'une Nation. La France entre Rome et les Germains, Paris, Perrin, 2003, p. 221

[28] Claude Nicolet, La Fabrique d'une Nation. La France entre Rome et les Germains, Paris, Perrin, 2003, p. 221

[29] W. Pohl, Kingdoms of the Empire, The integration of Barbarians in the late Antiquity, New York, Leyde, Bril, 1977 pp. 153-180

對制度長期性的追求，對制度內部演進的堅持，並否定有組織征服的概念，在福斯特看來，意識和自願是有系統的，這導致了種族融合的理念，因爲他們融合了物質和道德的利益；正如高盧人變成拉丁人一樣，很少有法蘭克人變成高盧羅馬人；高盧羅馬人將通過相互融合和同化形成一個新的民族，這種起源的多樣性造就了貴族[30]。福斯特並不否認種族的多樣性，而是否認種族在高盧歷史上存在的重要性，因爲種族融合以及制度事實，在其他方面更爲重要。

3. 制度的重要性和長期性

作爲一個歷史學家，福斯特和他同時代的德國歷史學家蒙森（Theodor Mommsen）都非常重視涵蓋或至少決定幾乎整個歷史領域的制度。這種信念的一個後果是，如果要在短期內保持非常長的時間，即連續性，就必須考慮到並占主導地位[31]，制度並非源於人的一時衝動，也不是源於事件的偶然性，只有當它們進入一種緩慢而漫長的成熟期（一種自生）時，才有意義。但是這種發展在事物和語言上產生了如此巨大的變化，以至於人類與過去之間的任何直接交流都變得不可能。除了通過一種新的人爲努力：歷史作爲一門科學。

根據福斯特的說法，羅馬征服的結果首先是爲了防止高盧落入日耳曼人的統治之下，然後利用羅馬優越感的唯一吸引力對高盧進行羅馬化[32]。他說：「我們的社會已經形成了一些習慣，一種精神，從那時起，沒有什麼能改變我們；大部分時間都是羅馬人。人們常說法國人是拉丁人；這是

---

[30] Claude Nicolet, La Fabrique d'une Nation. La France entre Rome et les Germains, Paris, Perrin, 2003, p. 223

[31] Claude Nicolet, La Fabrique d'une Nation. La France entre Rome et les Germains, Paris, Perrin, 2003, p. 219

[32] Claude Nicolet, La Fabrique d'une Nation. La France entre Rome et les Germains, Paris, Perrin, 2003, p. 209

不正確的。我們的血液中沒有拉丁血統。羅馬人沒有在這裡定居；除了邊境之外，高盧沒有羅馬駐軍。因此，羅馬人的血液沒有注入我們的血液。但羅馬精神已經滲透到我們身上。我們不屬於拉丁種族，但我們屬於拉丁精神。拉丁精神是由許多制度注入的：作為一個機構，羅馬人帶來了城市，即一個有元老院和人民議會的定期選舉產生的權力機關。作為一項社會原則，人人在法律面前一律平等。

　　福斯特對羅馬的征服有著積極的看法，因為它使高盧人的政治團結成為法國的先驅；征服高盧後，64個城市建立起來，其表面上是民主的，但更普遍地說是貴族制度[33]。正是通過羅馬的制度，高盧在精神上被羅馬化了很長一段時間。「作為一個由羅馬人帶來城市的制度，這是一個由元老院和人民議會定期選舉產生的權力機構。作為政治原則，紀律的習慣，作為社會原則，法律面前人人平等。」

4. 封建制度的起源

　　關於封建制度的起源，他對這個問題進行了區分，這仍然是當代科學的基礎。在他看來，必須區分兩件事。

　　一方面，大地主的歷史，鄉村莊園的面貌、結構可以追溯到羅馬下帝國時期，從四世紀到九世紀幾乎沒有變化；這個由大地主擁有的大片土地分為兩部分，一部分直接經營，即保留地，另一部分則分配給奴隸、自由人或有黨派的定居者；就其性質而言，它在日耳曼人入侵後並未發生任何變化。

　　另一方面，封建制度與農村財產的歷史無關：封建制度在八世紀末發展起來，產生了三種制度：利益、推薦制度和豁免權；帝國結束時的不穩定相當於利益；個人客戶是推薦的形式（推薦制度）；最後，通過從王室

---

[33] Claude Nicolet, La Fabrique d'une Nation. La France entre Rome et les Germains, Paris, Perrin, 2003, p. 226

發展起來的豁免權，王室從其代理人的權威中收回了某些大地產。然而，這三種習俗有一個共同的特點：它們不再涉及土地而是涉及人，它們在同一土地上建立了相互的從屬關係[34]。

四、比利時歷史學家皮雷納

　　他的聲譽建立在對歐洲歷史的三大貢獻之上。第一個問題涉及中世紀的起源，即新國家的形成和貿易向北轉移。第二個是比利時中世紀歷史的獨特視角，最後成為中世紀城市發展的典範。通過他的方法，皮雷納（Henry Pirenne）被認為是法國「年鑑學派」（École des Annales）的靈感來源。根據法國學者朱利安（Élise Julien）的說法，當韋伯試圖通過廣泛的比較來揭示現代西方社會的特殊性，法國的歷史在一九二〇年代也經歷了類似的演變；1923年，皮雷納在布魯塞爾舉辦的第五屆國際歷史科學會議上發言，公開支持這一比較[35]。法國歷史學家勒戈夫（Jacques Le Goff）寫道：「對於年鑑學派的創始人來說，它是關於重新發現歷史綜合和比較觀點，他讚賞皮雷納在1923年4月9日第五屆國際歷史科學會議上的歷史比較中提到這一點[36]。」

1. 中世紀的起源

　　皮雷納認為，伊斯蘭教的擴張，阿拉伯的征服，與西方中世紀的形成有著密切的關係。1922年，他在比利時文獻學和歷史雜誌上發表了一篇關於這一主題的論文「穆罕默德和查理曼大帝」，這篇論文產生了一定的影響。論文最後說：沒有伊斯蘭教，法蘭克帝國可能永遠不會存在，沒有穆

---

[34] Claude Nicolet, La Fabrique d'une Nation. La France entre Rome et les Germains, Paris, Perrin, 2003, p. 222

[35] Élise Julien, «Le Comparatisme en histoire. Rappels Historiographiques et Approches méthodologiques», Hypothèses, vol.8, no.1, 2005, pp. 191-201

[36] Jacques Le Goff, La Nouvelle Histoire, Paris, Ed. Complexe, 1988, p. 40

罕默德的查理曼大帝是不可想像的[37]。在這篇關於中世紀起源的論文中，他提出了以下觀點：日耳曼人入侵後地中海文明的延續；只要地中海地區能夠發揮其政治經濟和文化統一的作用，所謂的「蠻族」就會變得羅馬化。這就是為什麼羅馬帝國以城市為基礎，其貿易集中在地中海地區，羅馬文化可以保留在地中海的邊緣，君士坦丁堡的光芒取代了羅馬。

穆斯林在北非、西地中海地區（西班牙、科西嘉島、撒丁島和義大利南部）和東地中海地區的征服打破了地中海地區的統一，將東西方分隔開來。西地中海不再是歐洲、非洲和東方之間的交通要地，而是穆斯林湖泊[38]。西方被迫生活在一個封閉的社會裡，政治權力向西歐北部轉移，法蘭克國家將得到發展，一個純粹以土地為基礎的農業經濟將誕生。

歷史學家長期以來一直在爭論皮雷納的論點。今天，如果我們認識到阿拉伯人的征服和伊斯蘭教的擴張削弱了東羅馬帝國的影響，那麼伊斯蘭教的到來導致經濟向北轉移的原因就更值得討論。1969年，勒戈夫（Jacques Le Goff）和巴黎索邦大學教授比拉本（Jean-Noël Biraben）提出假設，即地中海港口和南部基督教城市的瘟疫在這一過程中發揮了更大的作用。此外，地中海的商業關係從未停止過。歷史學家還認為，相對和平、宗教凝聚力和有利的氣候是中世紀西方發展的原因[39]。

2. 比利時的歷史

皮雷納被認為是比利時歷史學派無可爭議的史學大師。他提出了「民族文明」的創新概念，取代了十九世紀盛行的比利時民族特徵概念。皮雷納的理論在史學界中取得了巨大的成就。在比利時歷史領域，他的主要著作是1900年至1932年間出版的七卷《比利時歷史》和1928年出版的《比利

---

[37] Jacques Berlioz, «Mahomet et Charlemagne» d'Henri Pirenne», l'Histoire, no297, avril 2005

[38] Pierre Palpant, Mahomet et Charlemagne, pp. 115-116

[39] Jacques Berlioz, «Mahomet et Charlemagne» d'Henri Pirenne», l'Histoire, no 297, avril 2005

時與世界大戰》，這些著作的特點是冷靜、說教式的風格，防止愛國主義的氾濫。他的理論認為比利時起源於中世紀晚期。在這段時間裡，他試圖找出他認為導致法國法蘭德斯和德國洛林分離的事實[40]。

　　他的論點是，勃艮第公爵在他們的權杖下統一了荷蘭的不同公國，他們只收集了長期演變的成果，該地區已經有了具有共同文化和經濟特徵的共同文明。這一「民族文明」將表明法蘭德斯人（Flamands）和瓦倫人[41]（Wallons）之間沒有種族鬥爭，法國和德國文明的融合；在經濟方面，皮雷納強調了十三世紀以來各公國之間各種條約的重要性。因此，在他看來，國家統一先於政府統一。這種文明可能是荷蘭南部特有的，包括列日公國，根據皮雷納的說法，直到十五世紀列日公國才從比利時的其他公國區分開來，主要是因為其城市資產階級的獨立精神。

　　他補充說，這種精神表現在勃艮第公爵時期建立的各公國的持續存在，這些公國將持續承受外國諸侯的統治和與荷蘭北部國家的分裂，甚至贊助叛亂運動，正如1577年布魯塞爾聯盟和1789年比利時聯合王國宣布成立之前一樣，皮雷納在他的論文中含蓄地將荷蘭和澤蘭（Zélande）排除在外[42]。根據比利時歷史學家斯滕格斯（Jean Stengers）的說法，這種「民族文明」理論如今已成為皮雷納著作中的「死角」。

　　皮雷納在1905年瓦倫尼亞會議上說：「瓦倫尼亞人（Wallonie）沒有歷史。法蘭德斯人也沒有歷史，因為語言邊界從來不是政治、文化或經濟邊界[43]。在瓦倫尼亞區，皮雷納經常受到批評，因為它給予法蘭德斯一個顯赫的位置，忽視瓦倫尼亞的歷史，特別是列日公國的歷史。但自1899年

[40] Jean Stengers, Histoire du Sentiment National en Belgique des Origines à 1918, t.1: Les Racines de la Belgique, Bruxelles, éditions Racine, 2000, pp. 21-23

[41] 瓦倫人（Wallons）是一個高盧羅曼語族群，分布於瓦倫、尼亞佛蘭德斯、法國、德國、盧森堡和荷蘭的緊鄰地區。瓦倫人主要講瓦倫語。

[42] Jean Stengers, Histoire du Sentiment National en Belgique des Origines à 1918, t.1: Les Racines de la Belgique, Bruxelles, éditions Racine, 2000, pp. 55-58

[43] Lode Wils (trad. Chantal Kesteloot), Histoire des Nations Belges, Bruxelles, Éd. Labor, 2005, p. 212

以來，比利時歷史家庫爾特（Godefroid Kurth）在對《比利時歷史》第一卷提出了稱讚性評論後，提出了保留意見；他指責皮雷納沒有「在不同地區之間保持平衡」。在給庫爾特的一封信中，皮雷納解釋說，如果說他把法蘭德斯放在了首位，那是因為他在那裡發現了比利時「民族文明」最具特色的特徵，所以他想強調這一點[44]。

3. 中世紀城市的發展

皮雷納開始研究中世紀城市起源時，受制度和經濟史的啟發，在德國學習期間，皮雷納顯然深受德國科學的影響。1890年，他在《歷史雜誌》上發表了幾篇文章，讓講法語的學者了解德國歷史學家在中世紀城市發展方面的進展。因此，他回顧了德國為解釋城市起源而提出的各種理論：羅馬時代城市制度的永久性；奧圖（ottoniens）[45]特權論；領域法理論；市場法理論。

就皮雷納而言，他以不同的方式處理這個問題，因為他拒絕從某種形式的法律，或早期制度的永久性來看待中世紀城市的起源。根據他的說法，正是地理因素解釋了中世紀城市的興起；可以說中世紀城市的形成是由於純粹的自然原因，它不是由政治歷史，而是由地理因素解釋的[46]。地理位置最好的城市，水陸相連的城市，商人會更早更頻繁地光顧。皮雷納非常注意港口和集市的名稱，這是中世紀城市興起初期最常用的術語，在他看來，它們反映了地理和商業的重要性，因為它們是詞彙的一部分，指

---

[44] Jean Stengers, Histoire du sentiment national en Belgique des Origines à 1918, t.1: Les Racines de la Belgique, Bruxelles, éditions Racine, 2000, p. 63

[45] 奧圖王朝（Ottonen）是德國君主的撒克遜王朝（919—1024年），以其三位國王和神聖羅馬皇帝奧圖命名，特別是其第一位皇帝奧圖一世。由於家族起源於德國薩克森公國，因此也被稱為薩克森王朝。

[46] H. Pirenne, «L'Origine des Constitutions urbaines au Moyen Âge», Revue historique, vol.57, 1895, p. 69

的是交易和貿易發生的地方[47]。爲了保護商人和在這些港口和集市進行的商業交易，這將導致城市的貿易和工業機構的出現[48]。

五、布洛赫的比較方法

　　法國社會學家塗爾幹（Durkheim）宣稱，歷史只有通過解釋才能成爲科學，只有通過比較才能解釋。魯汶大學教授（JM Hannick）漢納克認爲，「對比較方法最感興趣、實踐得最成功、表述最清楚的歷史學家可能是法國歷史學家布洛赫（Marc Bloch）」；對於他來說，運用比較法，就是爲了解釋歷史，從不同的社會背景中尋找性質相似和不同之處。比較法將具有「首先是一種啟發式功能，使人們有可能發現一些現象，如果人們沒有想到在其他環境中更爲明顯的同類現實，那麼人們就不會在某個地方看到這些現象」[49]。

　　英國歷史學家戴維斯（Robert Davies）說，布洛赫在史學辯論中「沒有對手」[50]，經常將反對者的論點簡化爲其最基本的弱點。他的方法是對當時法國史學的主流觀點的反應，當他年輕時，仍然是以蘭克（Leopold von Ranke）在法國史學中創立的德國學派爲基礎的，這導致了像法國歷史學家拉維斯（Ernest Lavisse）這樣學者對政治史的關注。同時他承認他和他那一代的歷史學家對前輩的虧欠，他們認爲歷史研究沒有偵探工作更有意義。

　　布洛赫後來寫道，在他看來，沒有比知識更犯罪的浪費了……他認

---

[47]　H. Pirenne, «Villes, Marchés et Marchands au Moyen Âge», Revue Historique, vol.67, 1898, pp. 62-63

[48]　H. Pirenne, «L'Origine des Constitutions Urbaines au Moyen Âge», Revue Historique, vol.57, 1895, p. 68

[49]　Jean-Marie Hannick, «Simples réflexions sur l'Histoire Comparée», d'Après J. M. Hannick, «Brève histoire de l'Histoire Comparée», Paru dans Guy Jucquois, Christophe Vielle (éd.), Le Comparatisme dans les Sciences de l'Homme. Approches Pluridisciplinaires, Bruxelles, De Boeck, De Boeck Université, 2000, pp. 301-327

[50]　Davies, R. R., "Marc Bloch", History, 1967, 52: p. 268

為歷史學家把重點放在證據上，而不是任何時期的人類狀況上，了解政府部門的每一個要素，卻對其工作人員一無所知[51]。布洛赫深受法國歷史學家洛特（Ferdinand Lot）的影響，他曾寫過《比較歷史》[52]，以及米切萊特（Jules Michelet）和庫朗熱（Fustel de Coulanges）的著作，他們強調社會史、塗爾幹（Durkheims）的社會學方法論、西米安德（François Simiand）的社會經濟學和柏格森（Henri Bergson）的集體主義哲學。

　　布洛赫強調運用比較歷史可以追溯到啟蒙運動，當時伏爾泰和孟德斯鳩等作家批評歷史是個人線性敘事的觀念，並推動用哲學來研究過去[53]。布洛赫批評「德國主導」的政治經濟學學派，他認為該學派「在分析上不成熟，充滿了扭曲」[54]。同樣受到譴責的是當時流行的關於民族認同的種族理論的想法。布洛赫認為，僅靠政治歷史無法解釋更深層次的社會經濟趨勢和影響[55]。

　　布洛赫沒有將社會歷史視為一個獨立的歷史研究領域；相反地，他將歷史的各個方面視為社會歷史的一部分。根據定義，整個歷史是一部社會歷史，他將其視為「整體歷史」[56]，他們不關注戰爭時期、統治時期和權力更迭等事實，以及歷史學家對他可以識別和驗證的內容的一般限制[57]。布洛赫在給皮雷納的一封信中解釋說，歷史學家最重要的是能夠對他的發現感到驚訝：「我越來越相信這一點」，他說：「讓我們這些相信一切正

[51] Davies, R. R., "Marc Bloch", History, 1967, 52: pp. 270-271

[52] Lyon, B., "Marc Bloch: Did He Repudiate Annales History?", Journal of Medieval History, 1985, 11: p. 181

[53] Sreedharan, E., A Textbook of Historiography, 500 B.C. to A.D. 2000, London, Longman, 2004, p. 258

[54] Fink, C., Marc Bloch: A Life in History, Cambridge, Cambridge University Press, 1991, p. 37

[55] Rhodes, R.C., "Emile Durkheim and the Historical Thought of Marc Bloch", In Clark, C.(ed). Febvre, Bloch and other Annales Historians, The Annales School, IV. London, Routledge, 1999, pp. 63-79

[56] Lyon, B., "Marc Bloch: Historian", French Historical Studies, 1987, 15: p. 200

[57] Rhodes, R. C., "Emile Durkheim and the Historical Thought of Marc Bloch", In Clark, C. (ed.). Febvre, Bloch and other Annales Historians, The Annales School, IV. London, Routledge, 1999, p. 110

常的人見鬼去吧！」對於布洛赫來說，歷史是對一系列巧妙提出的問題的一系列答案，儘管不完整且可以修改[58]。

　　布洛赫確定了兩種類型的歷史時代：世代和文明時代，由它們經歷變化和發展的速度來定義。在後一種逐漸變化的時期，包括社會結構和心理方面，而幾代人的世界可能在相對較少的幾代人中經歷了根本性的變化[59]。布洛赫創立了現代法國歷史學家所稱的歷史科學的「回歸方法」。這種方法避免了僅僅依賴歷史文獻作為來源的必要性，通過觀察在以後歷史時期可見的問題，並借鑑幾個世紀前的情況。戴維斯（Davies）說，這在布洛赫對鄉村社區的研究中特別有用，因為「社區傳統的力量往往在或多或少僵化的狀態下保留了早期的習俗」[60]。

　　布洛赫研究了博物館中農具，並與人們討論了它們的使用[61]。他認為，通過觀察犁或每年的收成就是在觀察歷史，因為科技和技能往往與數百年前幾乎相同[62]。然而，個人本身並不是他的重點，而是「集體、社區、社會」。他寫的是農民，而不是農民個人；布萊斯‧里昂說，「他遊歷各省，對法國農業、農村的輪廓、農業慣例、它的聲音和氣味有了一定的了解[63]。布洛赫聲稱，在戰爭中與農民並肩作戰，他的研究表明，他們思想的「旺盛和不屈不撓的活力」。

　　布洛赫將他的研究領域描述為歐洲社會的比較史，並解釋了為什麼他不將自己定位為中世紀主義者：「我拒絕這樣做」。「我對更換標籤、

---

[58] Davies, R. R., "Marc Bloch", History, 1967, 52: p. 273

[59] Chirot, D., "Social and Historical Landscapes of Marc Bloch". In Skocpol T.(ed.), Vision and Method in Historical Sociology, Conference on Methods of Historical Social Analysis, Cambridge, Cambridge University Press, 1984, p. 24

[60] Davies, R. R., "Marc Bloch", History, 1967, 52: p. 271

[61] Baulig, H., "Marc Bloch, Géographe", Annales d'Histoire Sociale, 1945, 8: p. 7

[62] Hughes, H. S., The Obstructed Path: The Years of Desperation 1930-1960, London, Taylor, Francis, 2002 p. 127

[63] Lyon, B., "Marc Bloch: Historian", French Historical Studies, 1987, 15: p. 199

聰明的標籤本身或其他方面不感興趣」[64]他沒有留下對他的方法論的完整
研究，儘管它可以被有效地逐步重建。他相信歷史是「運動的科學」，但
他不接受例如通過研究過去可以防止未來發生的格言。他沒有使用革命性
的史學方法；相反地，他希望將他之前的思想流派結合成一種新的廣義歷
史觀[65]，正如他在1926年所寫的那樣，將「那不是死亡的竊竊私語」（ce
murmure qui n'était pas de la mort）帶到歷史中。

　　布洛赫的比較歷史與其他學派的社會科學、語言學、比較文學、民
俗學、地理學和農學[66]研究連繫起來。同樣的，他也沒有將自己局限於法
國歷史。在他的著作中，布洛赫在不同的地方評論了中世紀的科西嘉、芬
蘭、日本、挪威和威爾斯（Welsh）的歷史。戴維斯將布洛赫的學術與他
所謂的一八九○年代的梅特蘭（Maitland）的學術進行了比較，涉及到他
閱讀的廣度、語言的使用和多學科方法。然而，與梅特蘭不同的是，布
洛赫還希望將科學史與敘事史相結合。斯特林（Katherine Stirling）認為
他成功地實現了兩者之間的「不完美和不穩定的不平衡」。布洛赫不相信
僅僅通過從源頭收集史料來理解或重建過去是可能的；相反地，他將消息
來源描述為證人，「和大多數證人一樣」，他寫道：「在人們開始質疑
之前，它很少說話」[67]。同樣的，他將歷史學家視為收集證據和證詞的偵
探，視為「負責對過去進行大量調查的法官」[68]。

---

[64] Raftis, J. A., "Marc Bloch's Comparative Method and the Rural History of Medieval England", In Clark, C. (ed.). Febvre, Bloch and other Annales Historians, The Annales School. IV. London, Routledge, 1999, p. 63

[65] Stirling, K., Rereading Marc Bloch, The Life and Works of a Visionary Modernist, History Compass, 2007, 5: p. 64

[66] Lyon, B., "Marc Bloch: Historian", French Historical Studies, 1987, 15: p. 200

[67] Davies, R. R., "Marc Bloch", History, 1967, 52: p. 274

[68] Weber, E., My France: Politics, Culture, Myth. Cambridge, MA, Harvard University Press, 1991, p. 250

第二節　比較歷史與人文科學

　　在整個二十世紀，比較歷史發現它涉及到與其他人文科學和社會科學的關係，但主要是與社會科學的關係，這就需要用比較方法將自己定義為一門科學。法國歷史學家杜穆林（Olivier Dumoulin）解釋說：對於瑞士語言學家索緒爾（Saussure）語言學、民族學或塗爾幹社會學來說，使用比較方法是識別系統、結構和符號學的決定性因素。這些系統、結構和符號的發現使他們的科學思想合法化。與「實證主義」歷史學家的觀點相反，他們認為建立一個事實是科學史的唯一可能途徑，在二十世紀初，他寫道：「拒絕歷史規律的觀念」使歷史學家面臨社會學家的挑戰。一九七〇年代，當歷史比較的對象「自本世紀初以來發生了巨大的變化」時，法國歷史學家德塞托（Michel de Setto）指出，「歷史操作」利用比較的方法「將人類科學建立的模式推向極限」，因為「通過歷史比較，我們抓住了差距，阻力，差異」[69]。

一、比較歷史的可能性

　　隨著比較方法的確立，建立了比較解剖學、比較法、比較文學、比較語言學等自主學科，而對於其他知識領域來說，這種情況是否會發生是值得懷疑的：例如對於根據某些歷史理論，構成它的現象具有絕對新穎性和不可還原性，不允許進行任何類似的比較[70]；另一方面，如果有人認為歷史也可以具有科學特徵，就像一些人所說的[71]，那麼比較方法可以有效地應用於那裡，從歷史現象的相似性與一般規律所表達的規律性中得出結論。

---

[69] Dictionnaire des Sciences Historiques (dir. André Burguière), Entrée: «Comparée(Histoire)», Article d'Olivier Dumoulin, Paris, PUF, 1986, pp. 151-152

[70] Pietro Rossi, History and Historicism in Contemporary Philosophy, Il Saggiatore, 1991

[71] Giovanni Fornero, Salvatore Tassinari, The Philosophies of the Twentieth Century, Volumes 1-2, Ed. Pearson Paravia Bruno Mondadadori, 2006, p. 231

　　現代研究機構通過以下方式發展了比較方法；不同歷史經驗的比較可以使它們相互啟發，前提是這種比較要經過實證研究和嚴格概念化的努力。這意味著首先要明確區分粗俗比較（同一時期的兩個文明之間的比較）和科學比較（同一進化階段的兩個文明之間的比較）。從這個意義上說，比較歷史不僅是由對象來定義的，也是由調查方法來定義的。

二、社會史的現代化理論比較

　　長期以來，歷史比較一直是一個綱領性公告的領域。過度的方法論預測和關注一定會阻礙而不是刺激實際實施[72]。一九六〇年代的理論首先來源於盎格魯－撒克遜歷史社會學，德國過去沒有真正的歷史社會學。現代化理論的傳播，作為對馬克思主義歷史理論的補充，甚至更作為馬克思主義歷史理論的反例，它提供了這一動力。作為解釋西方發展的普遍主義概念，它要求在盡可能多的案例比較中予以確認，同時，解釋與一般模式的偏差。

　　因此，例如關於歐洲革命和社會抗議的研究產生了大量案例，這些案例選擇了國家比較標準，並將其簡化為一小部分重要變數；歷史學家的一項研究，通常將比較對象從其歷史背景中徹底分離出來。而對另一端的歷史學家來說，這一點通常過於激進，即研究不同國家影響及其個性化解釋[73]。在大多數情況下，選擇不超過三到四個比較單位；並且，與第一個研究策略相反，它深入研究了各自的背景；但仍然能夠識別和隔離所希望的一個決定性因素，如果可能的話，這應該充分解釋了國家之間的差異[74]。兩種方法都清楚地表明了對英國哲學家米爾（John Stuart Mill）的實驗邏輯的取向，儘管這些著作都是雄心勃勃的，具有刺激作用，但嚴格的

---

[72] Schieder Possibilities, 1968, pp. 195-219

[73] Moore, Social Origins, 1966

[74] Tilly, Big Structures, 1984

形式主義，從本質上講，還原論的論點很少讓歷史專家信服[75]。

　　新興的德國社會史，特別是其當時的主流，被稱爲「歷史社會科學」，採納了許多歷史社會學的命題，把歷史比較科學放在了首要位置。它是現代普遍主義理論與民族社會主義中的「德國特殊道路」理論的結合，在這一理論中，強有力的比較假設占據了主導地位，將比較的重點放在宏觀社會或國家現象上[76]，在某些社會和體制領域對國家進行比較，可以更準確地解釋德國的具體發展情況。這意味著與歷史社會學傳統相比，被認爲合理的比較案例數量有所減少；也就是說，至少有兩三個案例可以由歷史學家來處理，同時，所考慮的時期（在歷史社會學中很容易包括幾個世紀）被縮短到60到80年，這當然對歷史學家來說仍然是一個相當大的挑戰。

　　人們主要對德國特色的發展感興趣；因此，這幾乎是進入方法論辯論的唯一有效的歷史比較視角。對德國的學術興趣甚至證明了這種極其不平衡的，即「不對稱」的比較結構是合理的，以至於比較對象實際上只是作爲邊緣對比膠片出現[77]。

　　一九七〇年代，歷史比較在這一特殊的、受限制的形式中融入到社會歷史中，主要是在規劃層面上進行的，相關比較設計的比較假設和建議超過了當時出現的許多實證研究。至少在方法論的討論中達到了解釋的水準；另一方面，比較歷史在德國的眞正興起是在一九八〇年代。直到1996年，德國歷史學家凱爾布林（Hartmut Kaelble）列舉了歐洲歷史學家對十九世紀和二十世紀歷史的200篇比較研究論文。從那以後，這個篇數可能又增加了[78]。

　　自相矛盾的是，此後的辯論，它本身就是一段不自覺的歷史。因爲對

---

[75] Biernacki, The Fabrication of Labor, 1995

[76] Kocka, Comparative Historical Research 1993, pp. 369-379

[77] Kocka, Employee 1977

[78] Kaelble, Comparative Social History 1996, p. 94

實證歷史的比較研究明顯的擺脫了束縛。由此產生的研究出乎意料地迅速發展，在很大程度上是因為「社會歷史科學」在其方法論陳述中進行了比較；相反地，比較性論文作為對「特殊考慮」的修訂而出現。

詳細研究揭示了跨國相似之處，而不是定義差異，並闡述了國家框架的整體重要性[79]。這一領域涵蓋所有社會和文化方面的比較結構。重點從在某些方面比較民族國家轉移到在某些情況下比較現象，同時，民族國家可能只是少數幾個國家中的一個，並為其特權提供了特殊的理由[80]。

三、對社會史比較的批判

在同一時期也引發了對比較方法的批評。然而，這種批判忽視了最近的實證研究，這是比較了一九七〇年代「歷史社會科學」早期階段的陳述[81]。暴力攻擊被認為是歷史比較的民族剛性；然而，在第一次實證研究中，這不再是一個方法論前提，而是在國家一級相當天真地使用彙編的統計資料的結果。在這種情況下，民族國家主要被錯誤地描述為一個易於獲取的數據容器，反映得很差。

然而，進一步發展實際比較研究的特點是質疑，或者至少許多研究已經確定了一些比較維度，其中之一可能是國家比較規模，也可能不是。這種層次比較的概念還可以更準確地確定國家背景相對於其他因素的權重。此外，這種比較迫使我們準確地說明什麼實際上屬於「民族國家背景」的範圍。對於國家機構和法律條例可能非常清楚，但即使對於市場的法律框架來說，它們對跨國經濟過程的影響也是公開的。

在對歷史比較的批判中，一次又一次地出現了這樣一種「側面指責」，即他有可能陷入各自國家史學的潛意識「主敘事」中，或者無法擺脫這種敘事。但如果說有一種方法可以準確地識別和超越這些國家史

---

[79] Reichardt, Fascist Combat Leagues, 2002

[80] Welskopp Work, 1994

[81] Middell, Kulturtransfer, 2000, pp. 7-41

學的「陳規」，那就是歷史比較。在回答比較問題時，首先遇到了相關
專業文獻的盲點。因此，在所有觀察背景下，比較通常取決於耗時的檔
案研究。根本不合理的「不對稱」比較達到了其方法論的極限，它必須
參與各自參考國家的二級文獻，而無法感知潛在的「宏大敘事」（grand
narrative）。但這項批判之所以徒勞還有另一個原因：正是由於比較方面
的原因，在過去的十年裡，豐富的史學比較方法得到了發展，比較方法非
常適合於闡述和解釋民族「主敘事」的特點及其歷史意義。常見的基本範
式有時驚人地相似[82]。

　　從「宏觀」的比較現象看，約束狀態的釋放與偏離是同步的。今天，
毫無疑問，情感、經歷或宗教習俗也可以進行比較，或者可以從個人社會
行為者的層面進行比較。你可以比較一個或多個地區的村莊並添加國家背
景，例如德國學者賴查特（Sven Reichardt）所著法西斯戰鬥聯盟[83]；其研
究得出了法西斯團體之間的密切關係，但也比較了性別、環境、城市、國
家層面，地區和民族國家。這裡的國家機構比社會運動的意識形態少。

　　德國和美國的鋼鐵工業在這方面起到了決定性的作用。然而，這在很
大程度上依賴於企業的經濟發展，而重工業的空間集中又導致了明顯的區
域特徵。公司的發展和公司的條件從根本上取決於行業的特點，這使得兩
個案例在長期的研究期間看起來非常相似。德國和美國之間的主要差異是
由國家機構的干預造成的，這些因素仍然非常不平衡，很容易被工業影響
所取代。為了顯示一個可能的比較範圍，原則上不受限制[84]。選擇完全取
決於問題和理論出發點。

　　與對文化遷移研究領域的批判相反，比較一方面將其對象「本質
化」，將其視為數據、資料、固定的對應物；另一方面在觀察對象之間建

[82] Conrad, How to Compare Historiographies, 2002

[83] Reichardt, Fascist Combat Leagues, 2002

[84] Schnabel Schüle, Comparative Perspectives, 1998

立「虛假比較」，通過在至少兩種社會文化背景下觀察和重構一種現象的表現形式，可以準確地定義比較[85]。這意味著，首先，比較中的重點研究工作集中在：要觀察的「現象」、比較的對象，在所調查的關係中進行檢測和區分。比較的確切對象只在比較過程中出現。其次，正是這種方法排除了「虛假比較」，因為當沒有常見的理論上可識別的現象時，就沒有進行比較的起點。然而，精確定義研究主題的義務只是比較的核心。事實上，它適用於任何個人研究，否則也有可能不遵循「現象」，而是清除幻影。每一門歷史科學的建構主義特徵只是比其他地方更為明顯和更早。

此外，這一定義駁斥了這樣一種說法，即一方面，比較不能與所調查的背景之間的關係連繫起來，而實際上應該只將「沒有混淆的東西」相互對比；另一方面，比較將其對象設定為不可替代的維度。尤其是當歷史學家轉向它時，很明顯，沒有關係史的比較是行不通的[86]。

歷史學家不僅僅是在實驗條件下工作；對共同現象（即他們希望解釋的表現形式）的探索，以一種關係的存在為前提，無論這種關係是一種轉移、交換的形式，還是對跨國行程的共同依賴[87]。正如在法國和德國之間的「世襲敵意」中以過分尖銳的語義學表現出來的那樣，在二十世紀初，這一現象如此普遍，以至於人們可以合理地談論相關的現象[88]。

長期以來，比較史學也經歷了一個不斷比較的階段，這不再僅僅是一個時間凍結（frozen）相關事物中的相似性和差異性問題，還將包括更長時間內的變化及其原因。所研究現象的表現形式可以相互接近和分歧，反之亦然。這種變化的因素可以包括相互的感知和對它們的反應，所以，歷史學家的觀察注視下，不僅僅是脈絡之間的關係，對這種不斷變化也激發

---

[85] Welskopp, Stolpersteine 1995, p. 343

[86] Paulmann, International Comparison, 1998, p. 681

[87] Siemens, Metropole, 2007

[88] Jeismann, The Fatherland, 1992

了歷史的靈感[89]。但毫無疑問，它所需要的東西可以用比較的方法加以研
究。

最近關於比較史學的著作有力地證明了這一點。它不僅適合個人探
索，適合掌握關係網絡的密度。歸根結底，正是一般的關注點才眞正將它
們區分開來，一個好的比較歷史總是關注背景和現象的變化。歷史變遷和
比較當然更有助於將它們視爲互補的觀點，而不是試圖相互競爭。

爲了比較而描述的方式結果，當然是比較案例的局限性，因爲對時間
變化的敏感性和不同層面上同時發生的變化，都需要更深入地沉浸在各自
的脈絡中。歷史比較的實踐表明，一種類型的比較主導著歷史科學，美國
社會學家蒂利（Charles Tilly）正確地將其描述爲「變異發現」[90]。這種比
較方法旨在在所有考慮的背景下定位一種現象，並在其可能表現的全部範
圍內對其進行解釋。這不僅僅是對相似性和差異的識別和解釋，因爲它旨
在：將其整體描述爲共同基本原則的不同表達的範圍，從而確定可能的變
化範圍和變化的典型形式[91]。最後，與許多歷史社會學不同，它與建立和
發展無關，但對於類型的形成：在一個共同的「類型」中構建經驗豐富的
歷史比較方法[92]。

第三節　比較歷史新方法
一、文化史中比較的局限性

法國學者維爾納（Michael Werner）和齊默爾曼（Bénédicte
Zimmermann）認爲，「與對象的歷史進行比較」的困難之一都與「方法
和對象的結合」有關，事實上，對象和問題的歷史可能導致同步邏輯和歷
時邏輯之間的衝突。比較假設一個同步的切入點，或者至少是時間展開中

---

[89] Jordan, Theories, 2009, p. 208

[90] Tilly, Big Structures, p. 81

[91] Braembussche, Historical Explanation, 1989, p. 13

[92] Thomas Welskopp, Comparative History, 2010, p. 16

的一個停止點，即使比較者也處理轉換過程，或可以隨著時間的推移進行比較[93]。

　　法國歷史學家埃斯帕（Michel España）對「文化史上比較主義的局限性」表示保留，並提出了「文化轉移」的概念[94]。他與維爾納（Michael Werner）一起發展了這個概念十年，1998年，法國歷史學家特雷比奇（Michel Trebitsch）在其著作《知識份子比較史》中提到：埃斯帕的攻擊，主要基於法德兩國的例子，而比較總是從國家的角度進行的，這使得它們不可能發展出真正的比較標準，也不可能將它們納入純粹抽象的範疇[95]。

二、比較作為一種研究和構建對象的方法

　　正如齊默爾曼所說，1989年柏林圍牆的倒塌和冷戰的結束標誌著第二次世界大戰後的第二個轉捩點。戰後時期確實會產生「以民族國家為特權實體的社會和政治歷史的主要比較研究」，並有助於解釋全球衝突。雖然比較作為一種研究和構建對象的方法在「以集團對立邏輯為標誌的政治環境中」占據主導地位，但由於新的政治環境，現在可以看到：「重視致力於研究世界不同地區之間關係、運動和相互依存關係的方法」[96]。比較歷史屬於這個系列的關係方法。正如比較歷史是在法國和德國研究人員之間富有成效的合作領域展開一樣，比較歷史研究及其先前的轉移研究也是在法德學術的指導下進行的。

　　比較歷史是對同一時期存在或具有相似文化條件的不同社會的比較。

---

[93]　Werner Michael, Zimmermann Bénédicte, "Thinking about Crossed History: Between empiricism and Reflexivity.», Annales. History, Social Sciences, 2003, pp. 7-36

[94]　Michel Espagne, «les Limites du Comparatisme en Histoire Culturelle, Genèses, 17, Les objets et les Choses, 1994. pp. 112-121

[95]　Michel Trebitsch, Pour une Histoire Comparée des Intellectuels, Bruxelles, Complexe, 1998, p. 19

[96]　Nicolas Offenstadt, Historiographies, Concepts et Débats, vol. I, Gallimard, 2010, pp. 170-176

社會比較史是十八世紀啟蒙運動時期知識份子的一個重要專業，孟德斯鳩、伏爾泰、亞當・斯密等都是這方面的代表。十九世紀的社會學家和經濟學家經常探索比較歷史，例如法國托克維爾（Tocqueville）、德國馬克思（Karl Marx）和韋伯（Max Weber）[97]等。

　　在二十世紀上半葉，大量讀者閱讀了德國斯賓格勒（Oswald Spengler）[98]，俄裔美國人索羅金（Pitirim Sorokin）和英國湯因比（Arnold J. Toynbee）的歷史研究[99]。然而，自一九五〇年代以來，比較歷史已從公眾視野中淡出，現在是專業學者獨立工作的領域。除上述人物外，比較歷史的新近典範還包括美國歷史學家博爾頓（Herbert E. Bolton）和奎格利（Carroll Quigley），以及英國歷史學家巴拉克拉夫（Geoffrey Barraclough）。

　　幾位美國社會學家在這一領域也很突出，包括摩爾（Barrington Moore）、艾森斯塔特（Eisenstadt）、利普塞特（Martin Lipset）、蒂利（Charles Tilly）和邁克爾・曼恩（Michael Mann）。歷史學家通常接受對不同社會中某些機構（銀行、婦女權利、種族身分）的比較，但自一九五〇年代對湯因比的敵意反應以來，一般不太重視幾個世紀以來覆蓋世界各地的全面比較研究[100]。

　　古代中國和羅馬帝國經常被拿來比較，因它們在世界帝國中戰爭的同步和相似發展。大西洋史研究的是近代早期的大西洋世界。它的前提是，隨著十六世紀歐洲與新世界持續接觸的興起，與大西洋接壤的美洲、歐洲和非洲大陸，構成了一個區域體系或共同的經濟和文化交流領域，可以作為一個整體來研究。其主題是歐洲（特別是英國和法國）與新世界殖民地

---

[97] Stephen Kalberg, Max Weber, Comparative-Historical Sociology, University of Arizona Press, 1994

[98] Oswald Spengler, Le déclin de l'Occident, Gallimard, 2000

[99] Arnold J. Toynbee, A Study of History, 12-volume

[100] William H. McNeill, Arnold J. Toynbee, A Life, ch 1, 1989

之間的複雜互動關係。它涵蓋了廣泛的人口、社會、經濟、政治、法律、軍事、知識和宗教主題，通過在大西洋兩岸進行了比較。

宗教復興是英國和德國的特點，也是美洲殖民地第一次大覺醒。移民和種族，奴隸制一直是重要的話題[101]。雖然這是一個相對較新的領域，但它刺激了大量的比較歷史研究，特別是關於十八世紀南北美洲、歐洲和非洲的思想、殖民主義、奴隸制、經濟史和政治革命的研究[102]。

從十九世紀末的德國和法國社會學家開始，現代化模式的發展表明了從傳統社會向現代社會甚至後現代社會的轉變順序。這項研究在一九六○年代尤其蓬勃發展，普林斯頓大學舉辦了研討會，比較了中國、日本、俄羅斯和其他國家的現代化行程[103]。現代化的理論和歷史已經被明確地用來指導像中國這樣渴望快速發展的國家。事實上，中國作爲一個起步較晚的開發中國家，「中國的現代化必須借鑑其他國家的經驗和教訓」，因此，現代化被認爲是中國（世界史上）最有用的框架[104]。比較歷史領域經常與被稱爲比較政治學的政治學分支重疊。這包括「跨國」歷史，有時也包括國際歷史。

庫德族歷史學家紮肯（Mordechai Zaken）比較了庫德族（Kurdistan）的兩個非穆斯林少數民族，十九世紀猶太人和亞述基督徒與穆斯林統治者和部落首領的關係。他的比較研究更清楚地描述了庫德族及其周邊地區少數民族的地位及其與執政菁英的關係。他的博士論文及其所依據的書籍已被廣泛傳播並翻譯成庫德語及周邊地區的當地語言[105]。

歷史學家強調需要超越戰爭和將領範疇，以便對戰爭進行更多的比

---

[101] William O'Reilly, Genealogies of Atlantic History, Atlantic Studies 1, 2004, pp. 66-84

[102] Wim Klooster, Revolutions in the Atlantic World, A Comparative History, 2009

[103] Gilbert Rozman, The Modernization of China, 1982

[104] Qian Chengdan, "Constructing a New Disciplinary Framework of Modern World History Around the Theme of Modernization", Chinese Studies in History, Spring 2009, Vol.42, pp. 7-24

[105] Mordechai Zaken, The Jews of Kurdistan and Their Tribal Chieftains, A Study in Survival, Jerusalem, 2015

較分析比較。此外，軍事史學經常比較軍隊的組織、戰術和戰略思想、領導能力和國家支持[106]。從比較的角度研究奴隸制，從古代到十九世紀；自一九六〇年代以來比較歷史吸引了眾多歷史學家參與。

三、歷史學和社會學

　　比較歷史研究是一種社會科學方法，通過與其他歷史事件的直接比較、理論構建或對當今的參考，對歷史事件進行審查，以創造超越特定時間和地點的有效解釋。一般來說，它涉及跨時間和地點的社會過程比較。它與歷史社會學重疊。雖然歷史學和社會學的學科一直是相互連繫的，但它們在不同的時期以不同的方式相互連繫。這種研究方法可以使用任何一種理論取向，區別在於它提出的問題類型，而不是它採用的理論框架。

　　研究人員收集歷史資料主要有四種方法。這些是檔案數據、二手資料、當前紀錄和回憶。檔案數據或主要來源通常是研究人員最依賴的資料。檔案數據包括官方文件和其他對象，如檔案館、博物館等。次要來源是其他歷史學家撰寫歷史的作品。當前紀錄是當前的一系列統計資料或其他類型的數據，如人口普查數據、船舶登記冊、財產契約等。最後，回憶還包括自傳、回憶錄或日記等來源。

　　正如美國麻薩諸塞大學波士頓分校的社會學教授舒特（Russell K Schutt）所說，系統的歷史定性比較研究分為四個階段：首先是發展研究的前提、事件、概念等，以解釋這些現象；其次是調查案件（地點、地區）；第三是哈佛大學政府與社會學教授斯科克波（Theda Skocpol）所稱的「解釋性歷史社會學」，並考察其異同；第四是根據收集到的資訊，對現象提出因果解釋[107]。

　　歷史比較研究方法中的關鍵問題源於歷史資料的不完整性、社會制

---

[106] Wayne E. Lee, Warfare and Culture in History, 2011

[107] Schutt, R. K., Investigating the Social World: The Process and Practice of Research, London, Sage Publications, 2006

度的複雜性和範圍以及所提出問題的性質。由於多種因素，歷史史料是一個難以處理的數據。這個史料可能有很大的偏見，例如日記、回憶錄、信件，它們不僅受作者的影響，也受作者的世界觀的影響，而且在邏輯上也與個人的社會經濟地位有關。因此，數據可能會損壞或扭曲。歷史資料無論是否有偏見（日記與官方檔案），也容易受到時間的影響。時間可以摧毀易碎的紙張，使墨水褪色直至難以辨認，戰爭、環境災難都可以摧毀史料，特殊利益集團可以摧毀大量史料以服務於他們生活的特定目的等。因此，史料自然是不完整的，並且可能導致社會科學家在研究中遇到許多障礙。

　　歷史比較研究通常是一個廣泛而深遠的主題，例如三個特定地區的民主演變。追蹤民主如何發展對任何國家或地區來說都是一項艱鉅的任務，更不用說三個了。在這裡，試圖研究的社會制度的範圍是巨大的，但其複雜性也是極端的。在每種情況下，都有多種不同的社會制度可以影響一個社會及其政治制度的發展。必須分離和分析這些因素，才能得出因果關係。正是因果關係導致了歷史比較方法中的另一個關鍵問題。這個問題的實質是試圖在一個變量之間呈現因果關係，因果關係的確定是一項艱巨的任務；再加上史料的不完整性質以及用於檢驗因果關係的社會制度的複雜性和規模，這項任務變得更具挑戰性。

四、識別特徵與困難

　　歷史比較研究的三個確定問題是因果關係、時間過程和比較。如上所述，儘管我們每天都在做出因果假設，但因果關係很難得到支持。舒特（Russell K Schutt）討論了產生因果關係必須滿足的五個標準。在這五個中，前三個是最重要的：關聯、時間順序和非虛假性。關聯指兩個變數之間的關聯；一個變數的變化與另一個變數的變化相關。時間順序指的是必須首先證明原因（引數），然後證明結果（因變數）。非虛假性表示兩個變數之間的關聯不是由第三個變數引起的。最後兩個標準是：確定因果機

制—變數之間的連繫，關聯是如何產生的—以及這種關聯發生的背景。確定性因果方法要求：在每項研究中，引數和變數都有連繫，在本項研究中，每個案例（國家、地區）的引數都會影響變數[108]。

英國哲學家穆勒（John Stuart Mill）設計了五種方法來系統地分析觀察結果，並對因果關係做出更準確的假設。穆勒方法論：直接一致法、差異法、一致與差異聯合法、剩餘法和伴隨變異法。當因果關係已經被懷疑時，穆勒方法通常是最有用的，因此可以作爲消除其他解釋的工具一些方法論者認爲，穆勒方法不能證明一個變數的變化是由另一個變數的變化引起的。

歷史比較研究面臨幾個困難。美國西北大學政治學和社會學教授馬奧尼（James Mahoney）是當前歷史比較研究領域的主要學者之一，他在他的《社會科學中的比較歷史分析》一書中指出了其中的幾個問題。馬奧尼強調了一些關鍵問題，例如如何將微觀層面的研究納入宏觀層面的歷史比較研究領域，歷史比較研究已經成熟但仍被忽視的問題，如法律，以及歷史比較研究應該作爲一門科學還是一門歷史[109]。這是當今最常見的爭論之一，經常在支持歷史方法的斯科克波（Theda Skocpol）以及美國社會學家基瑟（Kiser）和赫切特（Michael Hechter）之間討論，他們是科學觀的支持者，應該尋找一般的因果原則。基瑟和赫切特都將理性選擇理論中的規範用於一般因果原理。反對這一觀點的歷史研究者斯科克波等學者認爲基瑟和赫切特沒有提出許多其他可信的一般理論，因此，他們對一般理論的支持實際上是對他們所偏愛的一般理論的主張。他們還對理性選擇理論在歷史比較研究中的應用提出了進一步的批評。

近幾十年來，歷史比較研究者就一般理論的適當作用展開了辯論。

---

[108] Schutt, R. K., Investigating the Social World: The Process and Practice of Research, London, Sage Publications, 2006

[109] Mahoney, J., Rueschemeyer, Comparative historical analysis of the social sciences, Cambridge, Cambridge University Press, 2003

這場辯論的兩位主要參與者是基瑟和赫切特。他們認為，為了能夠檢驗已經進行的研究結果，使用一般理論是很重要的。他們不認為一種特定的理論比另一種更好，只是認為需要使用一種理論。他們選擇的理論是理性選擇。其中一個主要問題是，每個人對什麼是理論以及什麼使某件事成為理論有不同的概念。他們的一些反對者認為任何理論都可以被檢驗，他們認為有些理論是不能檢驗的。基瑟和赫切特承認這是一個不斷發展的領域，他們的觀點在未來可能會改變。

比較歷史方法可以在（家族）國家中看到：近代歐洲的統治家族和商業資本主義。朱莉婭・亞當斯（Julia Adams）利用原始檔案資料和二手資料，分析了近代荷蘭共和國早期商人家族是如何與貴族家族競爭的[110]。她認為，這些競爭產生了成為現代荷蘭國家的政治制度，並經常提到英國和法國。她使用女權主義理論來解釋荷蘭共和國的元素，例如統治家族中的父權親屬結構，擴展到早期關於現代國家如何形成的理論。它說明了比較歷史分析如何結合使用案例和理論。

結語

比較歷史是一種史學方法，其特點是以比較方法為基礎的實證方法：對同一時期存在的或具有相似文化條件的不同社會進行比較。皮雷納（Henri Pirenne）指出，「傳統」的搜索方法側重於國家邊界內的特定地點，這助長了民族主義觀點，最終導致了「政治和種族偏見」，因此理想的情況是包含和關聯所研究社會的普遍歷史的產生。布洛赫認為，通過比較，可以找到某些習俗和行為的相似起源，因此，在考慮人們之間發生的文化關係和交流時，處於持續的關係中，就有可能確定這些習俗的影響和起源。

---

[110] Julia Adams., The Familial State: Ruling Families and Merchant Capitalism in Early Modern Europe, Cornell University Press, 2005

　　這種史學範式受到的主要批判集中在這類研究的方法和可行性上。首先，儘管一些社會具有共同特徵—例如西屬美洲國家—但有幾個不同的過程和運動使這些地方變得特別且難以比較。儘管存在共同的問題，但在每種情況下都有不同的思想和政治代理人，不同社會的思想和立場使這些歷史無法連繫起來，最好將重點放在每個主題或地區的單獨研究中。

　　另一個重要的批判是，通過某些比較可以得出危險的結論，歐洲史學經常使用這些比較來將自己置於其他社會和文化之上。對東西方一些比較情況的分析有助於形成一個發達和模範的西方文明的理想，而東方社會則是不發達的，是一個倒退的例子。

　　大西洋史研究的是現代初期的大西洋世界。它基於這樣一種理念，即在十六世紀歐洲與新世界的接觸增加後，與大西洋接壤的美洲、歐洲和非洲大陸，開始構成一個區域體系或共同的交流領域。可以作爲一個整體來研究的經濟和文化。其主題是歐洲（尤其是葡萄牙、西班牙、英國和法國）與新大陸殖民地之間複雜的互動。它涵蓋了政治、經濟、社會、人口、法律、軍事、知識和宗教領域的廣泛主題，以比較方式看待大西洋兩岸。例如宗教復興是英國和德國的特點，美洲殖民地的第一次大覺醒也是如此。

　　移民和種族，奴隸制也是重要的研究主題。雖然這是一個相對較新的研究領域，但在十八世紀的思想、殖民主義、奴隸制、經濟史和政治革命等領域，特別是在北美和南美、歐洲和非洲，它激發了許多比較歷史研究。

第六章
歷史決定論

　　歷史事件的發生是預先確定的，或現時受到各種力量的限制所致。歷史決定論可以相對於它的否定來理解，即對歷史決定論的拒絕。一些政治哲學（如早期馬克思和史達林主義）主張對唯物史觀進行預先決定或限制，或兩者兼而有之。歷史決定論作爲一個貶義詞，它通常是指在歷史條件下對存在的可能性的過度認定。

　　歷史決定論的論點肯定了歷史進程的必然性。也就是說，如果不評論未來歷史的可預測性問題，就不會與現在的情況有所不同。歷史決定論的反思往往基於結構性、歷史性和社會性反思，將未來歷史描述爲一個連貫的整體，社會科學的研究則能揭示其原因的順序。

　　歷史決定論是建立在決定論基礎上的歷史哲學概念。它把因果關係的原則放在事件之前，不同於將事件置於事件之後的終結論，或將事件置於行動中的自願論。事實上，決定論在生物學、地理學、語言學、社會學、心理學、科技學等領域都有廣泛的應用。在十九世紀，決定論與個人主義的概念同時出現，在某種程度上，它是個人主義的對應物。從此，他提出的問題，無論是明示的還是暗示的，都是自由的問題：除了它們的異質性之外，決定論的方法都有一個共同點，即某些因素形成條件和決定人類的存在。因此，限制他們自由的意志。它們是十九世紀末出現的社會科學的核心，尤其是史學的核心，當時歷史學家認爲事件不是偶然發生的，他們試圖超越簡單的描述來理解其意義和範圍。

　　但是，我們必須區分兩種情況：首先是歷史學家的觀點，它是科學的，有距離的，旨在列出和分析可能（無意）導致某某事件的因素；其次是思想家的觀點，它是歷史哲學的一部分，認爲歷史本身就是有意義的。

「歷史決定論」一詞指的是第二種觀點。但在這裡，我們必須再次區分兩點，這取決於它們是在人文主義出現之前還是之後：歷史事件源於超越它們的過程（例如「自然」、「命運」或「天意」）；意義是內在的並且取決於事件（例如科學或技術進步）的想法。

十九世紀中葉，馬克思和恩格斯通過他們的唯物史觀概念發展了第二種觀點意義。更重要的是，他們相信人類能夠集體書寫他們的歷史，有意識地「決定」它（革命的概念）。十九世紀末，特別是在法國哲學家孔德（Auguste Comte）的影響下，出現了人文科學（社會學、心理學、歷史學等），它傾向於取代哲學作為世界觀念的載體：每個人都力求「分析人類行為（現在和過去）以一種精確科學為模型的超然、科學的方式，但他們每個人都根據自己的標準對待決定論的概念。

像任何概念一樣，歷史決定論的起源很早，其涵義隨著時間的推移而演變。事實上，時間推移的問題並不具有相同的涵義，這取決於人類活動是否都是按照季節的節奏。如果將事件之間的因果關係作為貫穿整個人類歷史的「決定性」要素來體驗，那麼隨著時間的推移，這種關係的意義絕不會以相同的方式被體驗和表述。

第一節　決定論超越人的意志

從古代到基督教的興起，再到文藝復興以來，知識份子對歷史的概念以及是否有可能影響其進程進行了反思。這種反思也是在為神學服務的哲學框架內發展起來的，並且必須符合基督教和穆斯林世界關於宿命或自由意志的聖經的觀點。在現代西方，理性主義質疑人類的自由、因果關係、天意，這些主題是由斯賓諾莎（Spinoza）、萊布尼茨（Leibniz）、馬勒布蘭奇（Nicolas Malebranche）、博敘埃（Bossuet）在一個世紀中發展起來的，在這個時期，這些形而上學的問題都經歷了神學政治緊張局勢，

如威克利夫（John Wycliff）的理論、胡斯派（Hussite）起義、詹森主義[1]（Jansenism）爭論或整個新教改革。

啟蒙運動的後半期，大多數思想家提倡自由意志，這種思想是由一種進步主義和人文主義所驅動的，從而導致了英國哲學家洛克（John Locke）、穆勒（Stuart Mill）或邊沁（Jeremy Bentham）等的自由主義。從十九世紀開始，歷史作爲一門社會科學，因而導致了一種矛盾和不斷變化的話語，德國地理學家里特（Carl Ritter）爲地理決定論的論點辯護，但這種觀點後來被學術界盛行的不同史學流派拒絕或限定。

一、史前時期的萬物有靈論

在文字發明以前，當人類居住在洞穴裡時期，他們會以繪畫或雕塑的形式向後代傳遞信息，主要與動物世界有關。人類學家同意將它們解釋爲或多或少有意識的信念表達。在這種情況下，我們的古老祖先相信，大自然是由決定其存在的力量「靈魂」驅動的，這就是萬物有靈論。

雖然在巴爾幹半島的考古遺址上發現了許多雕像和孤墳，但考古學家卻很少發現陪葬品和集體的墳墓。在後一種情況下，人類的死去而被埋葬，顯示出與死者的親密關係。這種與祖先的特殊關係可能是早期風俗的結果。比利時考古學家考維（Nicolas Cauwe）將其視爲社會的反映：一個面向眾神（雕像），另一個轉向祖先（骨骸）。

法國學者德斯科拉（Philippe Descola）提出了四種本體論，即四種世界觀，區分了個體內外關係的本質：自然主義、萬物有靈論、圖騰論和類比論。萬物有靈論是最接近史前人類的信仰，它認爲人和動物在內部是相似的，只有外部才能區分它們。因此，薩滿（巫師）（shaman）有可能進入美洲虎的頭腦。對於舊石器時代的人類來說，世界充滿了可以與之接

---

[1] 詹森主義是十七世紀和十八世紀羅馬天主教內部的神學運動，主要活躍在法蘭西王國，其興起是為了回應羅馬天主教會的某些發展，試圖調和自由意志和神聖恩典的神學概念，但後來發展了反對王室專制主義的政治和哲學方面。

觸的靈魂，就像人類學家對早期狩獵採集民族的研究一樣。

二、上古時期的神話和宗教

關於存在的意義，死後的生命，或是無法觸及心靈力量作用的問題，一直與人類的存在密不可分。他們的答案是宗教和神話。宗教信仰和神話形成可以追溯到舊石器時代。然而，對於舊石器時代和新石器時代的精神世界，只有間接的或模稜兩可的考古跡象。

後來，隨著人類對環境的掌握，宗教信仰體系更加複雜：精神讓位於神靈；人類賦予祂們與物質利益直接相關的名字和能力（生育女神，火神……）通過祭祀，他們努力與這些神靈對話：他們懇求他們改善自己的狀況。無論人類進化如何，宗教都基於這樣一種觀念，即人類的歷史是由超越其存在的實體統治和塑造的。

西元前八世紀，巴勒斯坦出現了一神論：耶和華被認爲是唯一的上帝。因此，人們普遍認爲，人類的歷史是由「上帝的意志」支配的，上帝是可以與之對話的存在，以至於人的意志受到影響。約伯記[2]明確表達了這種盟約的思想。神的旨意與天意的觀念有關，它具有上帝伸出的手的價值。當然，神決定了人類的命運，但它不是盲目地這樣做，而是本著仁慈的精神：神爲人類提供了進化的機會。然後將神的旨意與天意的觀念連繫起來。另一個重要因素是最早的文明中出現了測量時間的儀器：時間將逐漸不再與神靈連繫起來，它將被客觀化，從而產生歷史的概念。

三、古代晚期的哲學開端

宗教和神話隨著文字發明而改變，這些傳統向我們揭示了美索不達米亞和埃及最古老文化的祭祀、神祇和神話。它們還影響了希臘宗教的發

---

[2] 約伯記是舊約全書之一。以散文寫成的說教詩，通常被認為是關於惡的問題。這本書的許多解釋是調和邪惡與上帝共存。但約伯記的初衷似乎相當模稜兩可：有時是為了正義，有時是憤世嫉俗的觀點。

展，從而保持了它們的魅力，直到希臘化羅馬時期，埃及—東方的神祕崇拜再次蓬勃發展。希臘人的宗教和神話是基於印歐、地中海和近東元素的綜合。羅馬人接受希臘神話，在許多方面都沒有改變，例如他們的眾神世界，實際上與希臘神祇的世界相同。儘管如此，羅馬宗教的特殊性還是可以追溯到古代義大利和伊特魯里亞的觀點。

　　西元前七世紀中葉，在希臘—宗教仍然是多神論，一種新的哲學觀出現在前蘇格拉底時期，但它並沒有取代神話、詩歌和宗教，而是逐漸完善它們。傳統的宗教權威範式被具有一定邏輯所取代。它關乎自然和物質，但也關乎時間，尤其是赫拉克利特（Heraclitus）說：「你永遠不會在同一條河裡洗兩次澡」，一切都是變化，都是運動。前蘇格拉底主義者建立了宇宙起源的原則，以回應世界起源（宇宙學）的問題：他們認為人類的存在與宇宙形成的系統有關，也就是由宇宙形成的。與希伯來人不同的是，他們對神的創造完全陌生：在他們看來，宇宙一直存在，時間與天文週期是分不開的。根據恩培多克勒[3]（Empédocle）（西元前五世紀）的說法，四種元素（水、土、火和空氣）[4]之間的關係構成、決定了生物的存在。

　　西元前五世紀，加強了這種與時間的新關係，總是更加理性。在希羅多德的《歷史》中，他敘述了與波斯帝國的關係以及與波希戰爭有關的事件。雖然他沒有系統地建立因果關係，但他尊重時間順序，因此西塞羅後來稱他為「歷史學之父」。西元前四世紀，亞里士多德奠定了邏輯推理的基礎，進而確立了歷史上的因果關係原則。

　　西元前三世紀，早期的斯多葛學派，包括芝諾（Zénon），引入了命

---

[3] 恩培多克勒，是希臘前蘇格拉底哲學家，出生西西里島。哲學最著名的是起源於古典四大元素的宇宙起源理論。

[4] B. Mirkin, Springer, Mathematical Classification and Clustering, 1996, p. 7 et Anthony Kenny, An illustrated brief history of western philosophy, Blackwell Publishing, 2006, p. 15.

運的概念。他們認為，原因的連續性以預定的和不可避免的順序支配著整個宇宙。然而，從那時起，克里斯普斯（Chrysippus）[5]強調不應混淆「命運」和「死亡」。他說，命運絕不會阻止人為干預，而是將其整合到因果鏈中：事件是由因果鏈（或相互作用）產生的。因此，命運並沒有阻止自由的行使：人類當然受到它的支配和決定，但他們的反應並非如此：由於他們的推理能力，更廣泛地說，他們的自由意志，他們有能力對事件作出反應，以改善他們的處境。

希臘哲學對待命運的方法與希伯來宗教對待天意的方法有根本的不同，因為它是建立在邏輯推理的基礎上的。因此在西元前一世紀，古羅馬歷史學家波利比烏斯（Polybius）利用對布匿戰爭的研究來發展因果理論。他認為，事件的產生有三種原因：一是人的意圖和道德規範；其他兩個是結構性原因「藉口」和「開始」，即標誌事件開始的行為[6]。但事實是發生在個人或群體歷史上的事件。它的特點是外部性，而不是一個由內在決定的想法。

四、西元一世紀和中世紀盛期的基督教

基督教直接從猶太教中汲取了表達神的意志和自由意志的思想。神的意志是將道德建立在神的意志的基礎上：什麼是對的，什麼是錯的，上帝想要什麼。換言之，正義與上帝的旨意是一致的[7]。自由意志是人類自由決定自己的行動和思考的能力，而不是決定論或宿命論，後者認為意志在每一個行動中都是由需要它的「力量」決定的。「決定」或「被決定」說

---

[5]　克里斯普斯是一位斯多葛派哲學家，西元前280年左右出生於西里西亞的索爾斯（Soles），於西元前206年去世。從西元前232年到他去世，他是繼克萊安特（Cléanthe）之後的第二位斯多葛主義學者。

[6]　Quentin Deluermoz et Pierre Singaravélou, Des causes historiques aux possibles du passé? Imputation causale et raisonnement contrefactuel en histoire, Labyrinthe, 2012, p. 57

[7]　Mark Murphy, Theological Voluntarism surla Stanford Encyclopedia of Philosophy, 2002

明了自由意志與命運或「必然性」之間的衝突。

　　西元一世紀的保羅書信集和約翰的啟示錄構成了基督教神學的基礎。據此，所有事件都是神的計畫一部分，其結果必須是讓人類得到救贖[8]。因此，早期基督徒對政治缺乏信心，也就是說，當人們聲稱在沒有上帝幫助的情況下建立它的歷史：他們不符保羅在他的羅馬書[9]中強烈建議。

　　基督徒堅持道成肉身的奧祕，是基於「上帝的旨意」應該載入人類歷史的想法。因此，它並沒有完全貶意：人們的意志甚至被認為是寶貴的和充滿活力的，只要它遵循上帝的意志，但僅限於這種情況。尤其是在西元四世紀和五世紀之交，聖奧古斯丁將歷史的目標歸結於「上帝之城」的創造。因此，他成為「第一個從聖經敘述中得出一種涵蓋全人類的歷史哲學，它被要求從一個時代走向更好的時代[10]」。強烈反對修士佩拉吉烏斯（Pelagius）[11]，他堅持認為人可以僅靠他的意志來拯救，他強調「絕對」是指神的旨意。

　　但隨後，基督教神學家的觀點出現了分歧，特別是在六世紀的奧蘭治會議[12]（concile d'Orange）之後：有些人接受宿命論，根據這一理論，上帝提前選擇那些將被赦免並有權獲得永生的人；另一方面，有些人承認上帝的旨意是決定性的，但認為把它看作是有約束力的是錯誤的：只要人們不忘記祂，上帝就希望人們自由。然後，這些神學家將信仰與單純的信仰區分開來：信仰很容易，但恰恰相反，很難保持信仰，不忘記上帝。

---

[8]　Jacques Maritain, Pour une philosophie de l'histoire, Seuil, 1959

[9]　Exégèse in etude-biblique. fr
　　羅馬書是使徒保羅寫給羅馬教會的新約書信。這是保羅最長的一封信，也是關於他的教導最詳細的一封信。他所發展的思想構成了基督教會關於因信稱義的教導的基礎。

[10]　Alain de Benoist, Brève histoire de l'idée de progrès, Blog éléments, 23 janvier 2013

[11]　佩拉吉烏斯（350—420年）是布列塔尼禁欲主義僧侶，418年，教會認為他對神聖恩典的偶然性的看法是異端。

[12]　第二次奧蘭治會議於529年在奧蘭治(civitas Arausicae)舉行，當時奧蘭治是東哥德王國的一部分。

五、中世紀中期的基督教與希臘思想

當時發生了三件事，他們之間沒有明顯的關係。這三件事改變了人與人之間的關係：在十二世紀，約阿希姆[13]（Joachim de Flore）在經院思想的框架內將人類歷史劃分爲三個時代，從而爲後來的歷史哲學奠定了基礎；在《新約全書》和《舊約全書》中，約阿希姆將舊約與新約的事實進行了比較，從基督的誕生到授權的爭論。他特別將教會早期幾個世紀的異端與猶太人中的不同教派相比較，例如撒都該人[14]（Saducéens）和法利賽人（Pharisiens）。在他想要在舊約與新約之間找到的和諧中，他一絲不苟地尋找人與事實之間的這些矛盾。然而，他說：同樣地，在森林裡，許多樹有相似的樹幹，不同的枝葉。因此，舊約與新約在細節上是相似的；想把一切都簡化成一個一致的法則是愚蠢的；我們不應該要求相似性和一致性，因爲它們不是相似的，而是一致的[15]。

約阿希姆在《啟示錄》[16]一書的開頭，重複了他的制度的基本思想，即將世界政府劃分爲三個王國。第一個聖父時代，從世界的開始直到聖子的降臨；第二個聖子時代，從基督降臨到約翰的父親撒迦利亞（Zechariah）[17]開始，然後到聖本篤[18]（Saint Benedict of Nursia）1220年被封爲聖人。第三個時代是與他一起宣布的聖靈時代即將來臨，這是一個沉思的烏托邦。這三個王國對應著人類的三種狀態：第一個時代屬於通過婚

---

[13] 約阿希姆是一位特西多會僧侶和天主教神學家。他把人類歷史分為三個時期，這導致了基督教千禧年主義在中世紀的復興。

[14] 撒都該人是一個猶太教派，約瑟夫斯於西元一世紀末，將該教派與猶太社會的上層連結起來。總的來說，他們履行了各種政治、社會和宗教角色，包括維護耶路撒冷的聖殿。70年第二聖殿被毀後，這個群體就滅絕了。

[15] Rousselot, 1867, pp. 35-36

[16] A. Vacant, E. Mangenot, E. Amann, Dictionnaire de théologie catholique, Paris, 1925, pp. 1425-1458

[17] 撒迦利亞，是希伯來聖經中的人物，猶大王國的先知。

[18] 聖本篤（480—547年），義大利天主教隱修士，本篤會的會祖。他被譽為西方隱修制度的始祖，於1220年被封為聖人。

姻的「配偶秩序」，除了物種的繁衍之外別無其他目的，第二個時代屬於
「神職人員的秩序」，他們不是爲照肉體而生的，而是爲了傳播上帝的話
語；最後，來自兩者的「修道院秩序」：他的存在歸功於一個人，並通過
其他人爲他們必須接受的生活做好準備；它是人類命運的皇冠。末世本身
包括三個時期：「福音書」時期，「靈性智慧」時期，最後是「完全」
「上帝的顯現」時期[19]。

「總有一天我們會活在靈裡。它會一直持續到世界末日，它始於有福
的聖本篤。一個我們一直在律法之下，另一個我們在恩典中，在我們即將
期待的第三個時代中，我們將在更豐富的恩典之下。」

在接下來的一個世紀，阿奎那[20]（Thomas d'Aquin）將基督教向希臘
哲學（特別是亞里士多德的著作）和更廣泛的邏輯推理敞開了大門；感性
和知識的問題是建立在認識低於智慧頭腦的現實問題上。人是一個由身體
和靈魂組成的存在，通過從敏感的宇宙中汲取知識。因此，感官是不可否
認的，因爲人是一個沉浸在身體世界中的身體存在：感官使他能夠與這個
身體世界連繫在一起。

阿奎那想和亞里士多德一起重申思想敏感的起源，尤其是反對柏拉
圖主義者，「知道這些不同的物質並不能讓我們判斷敏感的事情[21]」。智
慧確實是通過感官來認識的，但它是根據智慧本身的類型來認識的：普遍
的、無形的和必然的：「因此，靈魂通過智慧來認識身體，這是一種無形
的、普遍的和必要的知識」。「亞里士多德走了一條中間路線。（……）
就它依賴於圖像而言，智慧行爲是由感官引起的[22]」。

阿奎那提出了一種亞里士多德現實主義的解釋，這種現實主義位於柏

---

[19] Rousselot, 1867, pp. 74-77

[20] 托馬斯・阿奎那（1225─1274年）是一位義大利人，多明尼各修士，西西里王國阿基諾郡有影響力
的哲學家和神學家，經院哲學傳統的法學家。

[21] Somme théologique, Ire partie, qu.84, article 2.

[22] Somme théologique, Ire partie, qu.84, article 5.

拉圖主義和德謨克利特經驗主義之間，在那裡，智慧是一種智能代理，它
從純粹被動的敏感感知中更新人類的智慧，因爲它們只接受外部對象的動
作。敏感知識賦予個體：然後，智慧主體將敏感感知概括爲一般概念。

　　阿奎那在他的官能理論中區分了內部感官和外部感官：外部感官是讓
人類體驗物質世界的五種感官（視覺、聽覺、嗅覺、觸覺、味覺）；內部
感官是常識（感知的辨別和綜合）、「幻想」、「想像」、「估計」（感
知到感官顯示出的有用性和可用性）和記憶[23]。

　　與此同時，第一個機械鐘出現了，它完善了時間的量測，使時間和物
質不僅定性（形而上學），而且定量（物理學）。通過將時間還原到他們
所做的事情，並將其客觀化，當時的人們正在爲下一個階段人文主義做準
備。

六、文藝復興：人文主義

　　十六世紀傳統上被認爲是與人文主義誕生相對應的世紀：哲學家們逐
漸用理性取代信仰作爲行爲指導原則，從而參與了思維方式的普遍變革。
隨著新航路時代的出現，它引導知識份子對人類的廣度（地理）和持續時
間（歷史）進行反思。人文主義是文藝復興時期歐洲思想的運動，其特點
是回歸古典文化作爲生活、寫作和思想的典範。這個詞是在拉丁語中形成
的：在十六世紀，人文主義者，（Humanista）涉及人文科學，拉丁語研
究：他教授語言，拉丁和希臘文學和文化。更廣泛地說，「人文主義」一
詞是從西塞羅人的意義上理解的，它代表著一種文化，它完成了人的自然
品質，使人名副其實[24]。在對古代文化進行文學和語言學探索的意義上，
人文主義貫穿了整個時期，直至今天的史學。

　　正是佩脫拉克在義大利賦予了人文主義以生命。詩人開始蒐集古羅馬

---

[23] Somme théologique, Ia, qu.78, art.4.

[24] D'après Cicéron, par exemple dans Pro Sexto Roscio Amerino, 63, en 80 av. J. C.: Magna est enim uis
humanitatis... trad. sous la dir. de Désiré Nisard, 1840, II, pp. 39-40

石碑上的銘文，並繼續在手稿中尋找古人。因此，他們找到了西塞羅的書信集，復活了一個被學術界認可的作家。他還發現一份偽造的檔案來證明自己的主張。洛倫佐‧瓦拉[25]（Lorenzo Valla），也追尋歷史真相，支持語言學研究，回歸純粹古典主義，從義大利開始，人文主義思潮在整個歐洲蔓延開來。

第二節　啟蒙運動

一、理性的唯心史觀

　　十八世紀中葉，即所謂的「啟蒙時代」，歷史繪畫和對古代的引用（特別是通過在廣闊的風景中描繪廢墟）證明了某種歷史感的出現。漸漸地，這種「歷史感」被真正的「歷史哲學」所取代，即反思歷史事件的原因及其對歷史事件的影響。因此，義大利人維科（Giambattista Vico）於1725年在《關於國家共同性質的新科學》[26]中提出了一個觀點，即歷史的終結是內在的：歷史的「意義」是由人自己決定的，他們根據自己的目的，由自己的理性來引導。維柯打算建立一門「新科學」來研究這一動態，它基於真理的原則：人之所以能夠理解社會，是因為他是社會的創造者，就像上帝是自然的創造者一樣。

　　在十八世紀末，普魯士的康德（Immanuel Kant）認為，人與歷史的關係是雙重的：人在決定歷史的同時塑造歷史。然而，與歷史學家和後來的社會學家不同，康德是一位哲學家。他對事件的順序有一種思辨的看法，這是啟蒙運動的特點：他捍衛理性，後來被稱為理想主義者。

---

[25] 洛倫佐‧瓦拉（1407—1457年）是義大利文藝復興時期的人文主義者、修辭學家、教育家和學者。他最著名的是他的歷史批判文本分析，證明《君士坦丁的捐贈》是偽造的，因此攻擊和破壞了教皇所聲稱的世俗權力的推定。洛倫佐有時被視為宗教改革的先驅。

[26] Giambattista Vico, La science nouvelle. Principes d'une science nouvelle relative à la nature commune des nations, Fayard, Paris, 2001

二、康德

　　康德寫了幾部關於歷史的著作，將三位學者著作匯集在一起並加以解釋，形成了他自己的歷史哲學。其中包括地理和人類學著作中關於「種族」概念的論述，關於歷史進步和意義的論述、反對馮・赫德[27]（Johann Gottfried von Herder）的論戰文章[28]。

　　康德在1775年寫了《論不同的人類種族》，在那裡他繼布豐[29]（Buffon）之後斷言，從生物學的角度來看，人類是一個單一的物種，基於可能的繁殖和未育後代的標準下。但是人類作為一個物種被分為四個種族，白人、黑人、匈奴人（Huns）和印第安人（Indiens）。區分標準是遺傳的基因，即使一個種族的成員被「移植」到另一片土地和不同的氣候中也不會改變。康德還指出種族之間的混血是可能的[30]。

　　1784年，康德發表了他的歷史著作，其思想是從世界主義的角度來看普世歷史。他認為，人為實現自然的目的而工作，但沒有意識到這一點。然而，這並不意味著人們機械性地行動；相反地，這種性質賦予了他們實現人類目標的「自由意志」和「理性」。康德在其論述中寫道：大自然希望人類從自己身上完全汲取一切，而不僅僅是動物存在的機械性安排。並且除了他應該獨立於本能創造的東西之外，他不應該參與任何其他幸福或完美，不管他的本能原因[31]。

---

[27] 馮・赫德（1744－1803年）是德國詩人、神學家和哲學家。作為年輕歌德的朋友和導師，康德的弟子。

[28] Emmanuel Kant(trad. Stéphane Piobetta, préf. Philippe Raynaud), Opuscules sur l'histoire, Paris, Flammarion, coll. «GF», 1990, p. 256

[29] 布豐（1707－1788年）是法國博物學家，因其著作《自然史》而受到同時代人的稱讚。

[30] Emmanuel Kant (trad. Stéphane Piobetta, préf. Philippe Raynaud), Opuscules sur l'histoire, Paris, Flammarion, coll. «GF», 1990, pp. 47-51

[31] Emmanuel Kant(trad. Stéphane Piobetta, préf. Philippe Raynaud), Opuscules sur l'histoire, Paris, Flammarion, coll. «GF», 1990, p. 72

三、黑格爾

1822年，黑格爾（Hegel）出版了他的《歷史哲學》。在這本書中，他把人的歷史和每個人的歷史進行了類比，因爲他是一個理性的人。因此他認爲歷史都是由理性引導和決定的：「哲學產生的唯一思想就是理性支配世界，因此，世界歷史是合理的」[32]。

黑格爾創造了一種理解歷史的圖式，在這種歷史認識中，童年的東方專制與青年的希臘世界、成年的羅馬帝國和成熟德意志帝國（基督教和現代國家的發明者）相對應。他認爲法國大革命是人類走向完美道路的象徵，那一刻，「知己知彼」的精神超越了過去的時代，在「自由」中茁壯成長[33]。黑格爾的作品將非洲大陸排除在歷史的整體之外，因此被認爲是歐洲關於非洲歷史刻板印象的主要來源之一。

這種模式導致黑格爾得出結論，「歷史的終結」被一個普遍的世界狀態具體化。在他看來，現代國家最成功的形式是在當代德國，因爲它結合了改革、革命和法國大革命，這是普世國家出現前的最後階段。因此，黑格爾的「歷史終結」根本不是像基督教末世論所說的那樣廢除時間，而是廢除民族運動：世界國家一旦實現，就不會再有旨在改善它的歷史運動[34]。

世界歷史是黑格爾法律哲學理論的第三個。在他的歷史哲學中也獨立而詳細地闡述了這一點。世界歷史採取「判斷」（tribunal）的形式，在那裡特定的社會和民族出現在實現和認識自身的「精神」的普遍運動中。歷史進程不是由「盲目的命運」決定的，而是自由概念的逐步實現，即以「自我意識」形式「理性時刻的必然發展」。國家、特定民族和個人是「世界精神都占據主導地位，因爲它完成了人類自我意識發展的一個階

---

[32] Hegel, Leçons sur la Philosophie de l'Histoire, cité par François Châtelet, Hegel, Paris, Seuil, 1968, p. 151

[33] François Châtelet, Hegel, Paris, Seuil, 1968, p. 155

[34] François Châtelet, Hegel, Paris, Seuil, 1968, pp. 161-162

段，從而獲得了「絕對權利」；從歷史的角度來看，其他民族並不重要。

　　個人（「偉人」）處於歷史行動的最前沿；他們不一定會從同時代的人那裡獲得認可。國家是理性的形象和體現，但自我意識在「宗教」，「科學」中更為自由。人民不會自發地賦予自己一個有法律的國家的形式：從家庭、部落、群眾到國家的轉變就是思想實現的轉變。「英雄」被引導建立國家。「文明國家」將那些在法律意識和國家成就方面落後於他們的國家視為「野蠻人」。

第三節　基督教價值觀的摧毀

　　亞里士多德在他的尼各馬可[35]（Nicomaque）倫理學中，將最後一個原因描述為四個原因之一[36]，甚至是四個原因中最重要的一個。泰洛斯（Telos）「Τέλος」是一個希臘術語，意思是「結束」，既是在目標的意義上，也是一個對象的結束或其最終限制。

　　目的論推理是這樣的：「人有眼睛可以看」而不是「人能看，因為他有眼睛」。這是拉馬克[37]（Lamarck）的論文，與達爾文相比，這篇論文將被遺忘。一個經常被引用的例子是，拉馬克將長頸鹿的形成歸因於草原上沒有草造成的。將脖子伸向樹葉的長頸鹿會在其一生中延長脖子的長度，從而在其後代中傳播這種基因變化。這是目的論推理，因為動物的細長脖子將用於特定目的，即以高大的葉子為食。對於達爾文來說，實際上是因為長頸鹿的脖子很長，所以長頸鹿能夠接觸到其他食草動物無法觸及的葉

---

[35]　《尼各馬可倫理學》是亞里士多德最著名的著作之一：善的科學對人類生活來說，這是我們所有行動所追求的目標或目的。

[36]　在亞里士多德思想中，四個原因或四種解釋是「為什麼」問題的四個基本答案。在分析自然界的變化或運動時：物質、形式、效率和最終。亞里士多德寫道：「除非我們掌握了事物的原因，也就是說，它的原因，否則我們就沒有關於事物的知識。雖然在某些情況下對「原因」進行分類很困難，或者「原因」可能會合併，但亞里士多德認為他的四個「原因」提供了一種具有普遍適用性的分析方案。

[37]　是法國博物學家、生物學家。他是生物進化依照自然法則發生和進行這一觀點的早期支持者。

子。從這個意義上說，達爾文從生物學中消除了目的論，引入了選擇的機會作爲物種進化的眞正動力。達爾文進化論的產生是一個非目的論的過程。

決定論哲學家斯賓諾莎（Baruch Spinoza）的分析批判了亞里士多德的終極原因。對於這位荷蘭哲學家來說，它是由原因造成的結果混淆，它顚倒了因果關係並將混淆引入了推理。在他的巨著第一本書的附錄中，斯賓諾莎對亞里士多德的終極原因提出了嚴厲的批判。斯賓諾莎認爲「所有的最終原因都只是人們想像中的虛構」。法國哲學家德勒茲（Deleuze）指出斯賓諾莎對他所謂的三個基本錯誤的批判，目的論是三個錯誤中的第一個。另外兩個是自由意志的幻覺和神學的幻覺。

對斯賓諾莎來說，我們的意識是通過結果直接接受宇宙，然後推論原因，自然而然地傾向於反轉因果關係的方向，認爲當結果相反時，結果會導致其原因。爲了使他們的角色合法化，歐洲列強毫不猶豫地將他們的政治制度作爲歷史的最終頂點，彷彿整個人類歷史都在種族競爭和雅利安種族勝利的歷史決定論中匯聚到第三帝國。

十九世紀下半葉和二十世紀初，整個西方社會都受到工業化進程的嚴重影響。馬克思努力證明，正是這個過程，在它更具體、更物質的東西中，而且遠遠超過所有哲學論文加在一起的總和，並在人們心中產生了一種新的世界觀：唯物史觀[38]。與此同時，英國生物學家達爾文設法強加了這樣一種觀點，即人類是比其他動物更進化的動物，因爲千百年來他們已經設法適應環境的變化，即物質條件。

馬克思和達爾文以及其他不同出身的思想家（這裡我們引用尼采和佛洛伊德的話）都以自己的方式摧毀了基督教的價值觀。事實上，所有這些都傾向於將人類貶低爲一種動物的地位，這種動物的存在將取決於多種

---

[38] Patrick Tort, Qu'est-ce que le matérialisme?: introduction à l'analyse des complexes discursifs, Paris, Belin, 2016

因素，它的自由因而受到嚴格限制，受制於各種類型的決定論，主要是生物、心理和社會決定論。

一、馬克思、恩格斯與唯物史觀

　　唯物史觀，又稱歷史唯物主義，是十九世紀中葉馬克思和恩格斯提出的一種歷史哲學。根據這種哲學，歷史事件不是由觀念決定的，而是由社會關係決定的（特別是階級之間的關係）和生產資料的變化。

　　唯物史觀將經濟作爲世界變革的重要組成部分[39]。奧地利馬克思主義歷史學家魯貝爾（Maximilien Rubel）將其定義爲「理解和解釋社會歷史現實的工具」[40]，它既可以被視爲「歷史的經濟觀點」，也可以被視爲「經濟的歷史觀點」[41]。它是馬克思、恩格斯哲學的組成部分。它不僅揭示了資本主義的基礎，而且揭示了生產資料是如何改變人在自然界中的地位的，作爲所謂社會主義科學學派的一部分，它代表了馬克思主義的社會學方面。

　　一八四〇年代末，馬克思拒絕按照黑格爾所建議的理性運動來解釋歷史，理由是這種方法是唯心主義的。它通過生產方式分析了人類社會組織的演變，而階級鬥爭是人類社會變革的動力。他的方法（被稱爲「歷史唯物主義」）是基於他所謂的「歷史的眞正基礎」，即人與自然以及通過勞動與他人的關係。因此，決定歷史的是經濟生活、工業和生產[42]。生產力的每一種情況都對應著一定的生產力比例，即一種財產方式。這些生產關係包括「法律和經濟上層階級」和「特定的社會形式」（宗教、藝術、哲學、政治理論）。

　　到了一八五〇年代末，馬克思和恩格斯採用了一種辯證的方法，這種

[39] Gilles Candar, Le Socialisme, Milan, coll. Les essentiels, 1996, pp. 16-17

[40] Maximilien Rubel, Karl Marx, essai de biographie intellectuelle, Rivière, 1957, p. 171

[41] André Piettre, Marx et marxisme, Presses universitaires de France, 1966, p. 29

[42] Jean-Yves Calvez, La Pensée de Karl Marx, Paris, Seuil, 1956, édition revue en 1970, p. 192

方法後來滲透到馬克思主義中。歷史的運動可以比作一個三元組，正題—對立—綜合：每一個運動（正題）都會產生它的矛盾（對立），並且通過否定的否定（綜合）來達到更高的層次。原始共產主義的論點被生產資料私有制的對立所取代，階級鬥爭以及經濟和社會的整個歷史都源自生產資料私有制。這種對立最終將被一個沒有階級的社會的綜合所取代，這將形成新的共產主義[43]，由生產力的無限發展、社會階級的超越、工人階級的進步所定義。合理安排與生產力水平相適應的生產關係。理性知識主導了整個過程，最終解決了社會矛盾[44]。

馬克思和恩格斯在哲學上也開始接受唯物史觀的學說，客觀地評估意識的形成，並把它與現實和社會基礎連繫起來，馬克思去世後，這部著作帶動了辯證唯物主義的發展，後來被稱為辯證唯物主義[45]。這一概念與馬克思主義的哲學觀點有關[46]。

馬克思主義歷史觀的基本原則是：歷史的動力是物質生產力的發展，即社會的「經濟結構」。生產力的每一種情況都對應著一定的生產關係狀況，即生產工具（土地、原材料、機械、交通工具和通信等）的所有制方式或所有制分配。或者存在一類所有者，經營者和一類被剝削者。

生產關係的每一種情況都對應著一個「法律和經濟結構」，與之對應的是「社會意識的特定形式」（宗教、藝術、哲學、政治理論）[47]。這些是由統治階級為了使其統治合法化而實施的。物質生產力在技術進步不斷演化的同時，生產關係和結構（主導制度和理論）呈現出保守的趨勢。維持這些關係成為歷史自然進程的「障礙」。生產力的發展與保持生產關

[43] André Piettre, Marx et marxisme, Presses universitaires de France, 1966, p. 30

[44] Henri Lefebvre, Le Marxisme, Presses universitaires de France, 1948, p. 127

[45] Georges Labica et Gérard Bensussan, Dictionnaire critique du marxisme, Presses universitaires de France, 1982, pp. 568-570

[46] Henri Lefebvre, Le Marxisme, Presses universitaires de France, 1948, p. 23

[47] Karl Marx Contribution à la critique de l'économie politique, 1859

係和結構變之間的矛盾只能通過階級鬥爭來解決。更準確地說，是應該從新的生產關係中受益的階級的自覺行動。這種自願主義行動不一定涉及暴力元素，儘管這就是馬克思關於革命必要性的解釋方式。革命使生產關係（所有制方式）和社會結構適應物質生產力的狀態成為可能[48]。

　　馬克思主義根據唯物史觀的觀點，把人類歷史分為五個主要階段，每一個階段都對應著生產力和生產關係發展的特定階段。

1. 在史前時期，被認為是原始共產主義時期，勞動是共同完成的，這導致生產資料和生產成果的共同所有。因此沒有社會階層。

2. 然而，父權制生產方式的出現很快導致了一種特定的生產形式（廣意的家庭財產）以及職能和階級的劃分（男性的統治、族長或父權……）。

3. 技術進步（農牧業、冶金陶瓷、貿易、勞動分工）使一部分人手中積累了財富，形成了一個擁有者的社會階層，他們以奴隸的形式成為最重要的生產力的主人，這就是古代的奴隸制度，在此之下形成了一個主人階級。

4. 技術進步需要工人更多的智慧和動力，這導致新的主人，封建領主，通過將他的身分從奴隸轉變為農奴，給予他更多的自主權。中世紀早期曾在這個方向上有所作為的基督教，只是為統治階級服務的社會結構的要素之一。這是中世紀，或「封建政權」：在封建經濟下，一個軍事階級（騎士）剝削大量孤立和依附在土地上的生產者。

5. 然後，技術進步（農業和工業機械）需要受過教育的自由工人，自由資產階級革命（如1789年的法國大革命）將實現這種（形式上的）合法解放。地主們將放棄對人的所有權，而保留對生產力機器的所有權。因此，工人在經濟上的從屬關係仍然存在，這就是「資本主義制度」。這是一個非常普遍的模式，因為繼承順序只在理論上和最好的

---

[48] Karl Marx, Préface de la Critique de l'économie politique, 1859

歷史條件下的西歐發生[49]。

從十九世紀下半葉開始，技術進步使集體生產力（大公司、大型工廠）得以建立，而生產資料的所有權仍然是私有的。因此，在馬克思主義理論中，歷史的下一個發展必須是用集體生產關係取代這些關係：資本主義世界頻繁發生的經濟危機是生產條件失調的證明。由於產品分布不均和利潤率的下降趨勢將導致資產階級的消失，資產階級的經濟武器使其能夠取代貴族[50]。

鑑於資本主義結構（國家）的反抗，這種轉變必須通過無產階級的暴力革命來實現，為了鞏固無產階級的權力，必須建立一個無產階級的短暫專政：這個專政必須廢除生產資料中的私有制，人類歷史將迎來一個新的轉捩點，這將導致廢除社會階級（更多的占有者和更多的被剝削者）。用恩格斯的話說，所有階級的消失將「同時永遠使整個社會擺脫剝削、壓迫和階級鬥爭」[51]。從這個沒有階級的社會建立起，將開始「建設社會主義」的漫長階段。

在過去的這一階段，國家，以前是統治的工具，由於其日益無用的性質，可能會慢慢解體，為共產主義社會的「更高階段」讓路，即所謂的全面共產主義。在這個詞的第一個意義上。既然是環境決定了個人的意識，一個根本上好的社會，沒有任何與財產相關的誘惑，以勞動和利他主義為價值觀，看到了一個新的利他主義者和好人的出現。國家不再有任何任務要做，它變得毫無用處，可以解散。這是整個共產主義事業的最後階段，它繼承了前兩個階段：無產階級專政和社會主義建設[52]。

---

[49] Henri Lefebvre, Le Marxisme, Presses universitaires de France, 1948, pp. 69-70

[50] Dmitri Georges Lavroff, Les Grandes étapes de la pensée politique, Dalloz, coll. Droit public, science politique, 1999

[51] Friedrich Engels, préface de l'édition allemande de 1883 du Manifeste du Parti communiste, édition allemande de 1883

[52] Dmitri Georges Lavroff, Les Grandes étapes de la pensée politique, Dalloz, coll. Droit public, science politique, 1999, pp. 444-447

二、達爾文與物競天擇

　　1859年，達爾文在其著作《物種起源》中指出，今天的人類是由漫長的歷史決定的：歷史可以追溯到人類爲了獲得更大的自主權而逐漸從動物狀態中解放出來。他採納了50年前法國人拉馬克（Jean-Baptiste de Lamarck）提出的假設，即所有生物物種都是從一個或幾個共同的祖先進化而來的，並與英國人類學家華萊士（Alfred Wallace）皆認爲，這種進化是自然選擇過程的結果。達爾文一生都看到進化論爲科學界和公眾所接受，他的物競天擇理論直到一九三〇年代才被普遍認爲是進化過程的基本解釋。在二十一世紀，它的確是現代進化論的基礎。達爾文的科學發現仍然是生物學的基礎，因爲它邏輯而統一地解釋了生命的多樣性[53]。

　　如果說拉馬克的變異理論爲進化論鋪平了道路，那麼達爾文和他的《物種起源》一書就帶來了進化論革命，其中出現了兩個有事實支持的主要觀點：統一性和生物多樣性是由進化論解釋的，而適者生存進化的動力是物競天擇。一份1856年－1858年未完成的手稿提請注意一個事實，即《物種起源》中提出的物競天擇理論對達爾文來說只是他觀點的初步總結。事實上，達爾文計畫寫三卷（一卷關於家養物種的變異，第二卷關於處於自然狀態的物種，最後一卷專門討論一般的物競天擇）。達爾文擔心自己的發現會被華萊士（Alfred Wallace）所取代，因此他只出版了他的暫時和部分著作。事實上，只有第一個出現在1868年的《物種起源》中，並附有對各種主題批評的回應[54]。

　　在第一版中，達爾文沒有使用「進化」一詞，而是使用「變異」或「變異性」一詞以表示小的連續變異與「關於連續微小變異的原則」[55]，

---

[53] Theodosius Dobzhansky, Nothing in Biology Makes Sense Except in the Light of Evolution, The American Biology Teacher, no 35, 1973, pp. 125-129

[54] E. Janet Browne, Charles Darwin: vol.1 Voyaging, Introduction, Jonathan Cape, Londres, 1995 p. 7

[55] Charles Darwin, On the origin of species, 1ère édition, pp. 845-960 édition numérique Feebooks

第二章的標題是「自然下的變異」，或者說「變化」這個詞是「自然選擇修正的後代理論」[56]。這本書的第六版是在十年後出版的，因此作者重複了「進化」這個詞：「通過自然選擇，事實對進化是致命的」[57]，或者「現在從根本上改變了事物，幾乎每個自然研究者都認識到進化論的偉大原理[58]。根據法國哲學家吉爾森（Étienne Gilson）[59]的說法，這是因為這個詞在十七世紀的轉變，它意味著預先定義的東西，而在達爾文時代，這個詞已經被英國哲學家斯賓塞用於關於生物的心理、社會和生物進化的哲學理論。然而，在公眾心目中，這個詞依附於他自己的學說，他自己也開始使用這個詞。然而，這並沒有改變進化本身[60]。

事實上，在十九世紀末，「進化」一詞在達爾文意義上具有當今物種進化的涵義，斯賓塞還抱怨說，公眾和科學家們把他提出的一般進化概念與達爾文思想所普及的生物進化的特殊意義混為一談。1895年12月，他用英文、德文和法文發表了一篇文章，以維護他的進化原理優先地位，對英國索爾茲伯里（Lord Salisbury）勳爵的回應，但無濟於事。

進化及其機制今天仍在廣泛研究。事實上，達爾文已經提出的關於進化機制的許多觀點尚未闡明；另一方面，達爾文主義從一開始就與進化論相結合：「即使在達爾文的一生中，即《物種起源》出版二十年後，達爾文主義這個詞實際上已經成為進化論的同義詞」[61]，指的是最終確定的和普遍化的進化，之後它在線上性進展的概念中被稀釋，越來越多地基於後天特徵的繼承概念。這種差異源於英國人魏斯曼和華萊士的貢獻，以及

---

[56] Charles Darwin, On the origin of species, 1ère édition, pp. 858-960, édition numérique Feebooks

[57] Charles Darwin, On the origin of species, 6ème édition, Edition numérique feedbooks, pp. 827-1269

[58] Charles Darwin, On the origin of species, 6ème édition, Edition numérique feedbooks, pp. 1217-1269

[59] 吉爾森（1884—1978年）是法國哲學家和歷史學家。

[60] Etienne Gilson, D'Aristote à Darwin, et retour, Vrin, 1971

[61] E. Janet Browne, Charles Darwin: vol.1 Voyaging, Jonathan Cape, Londres, 1995, p. 5

1900年奧匈帝國孟德爾（Mendel）定律的重新發現[62]。最後，「即使在今天，這些術語的使用仍然模棱兩可。對於當代生物學家來說，「達爾文主義」本質上一但並不總是一表示自然選擇理論，早在十九世紀末，進化論就出現了，最初被貶義為「新達爾文主義」[63]。

達爾文在他的《物種起源》一書中提出了一個理論，根據該理論，由於一個物種的所有個體彼此之間以及代代相傳都略有不同，並且這些個體中只有一部分能夠成功繁殖，只有最適合其環境的個體的後代才能通過在其生存過程中傳遞有用的變異來生存和繁殖[64]。因此，當被選中的個體將其基因傳遞給他們的後代時，物種會不斷進化並適應他們的環境。他稱之為「自然選擇」，即選擇最合適的個體。因此，概括地說，自然選擇指的是有利於生存和繁殖的基因的頻率從一代傳到下一代；它基於三個原則[65]：首先是變異原則，解釋了為什麼個體彼此不同，以及代代相傳，其次是適應原則（最適合環境的個體生存和繁殖更多）第三是遺傳原理，指出物種的基因是遺傳的。

達爾文提出了為生存而奮鬥或為生命而奮鬥的概念，這是自然選擇的核心原則。由於資源有限而發生的生存鬥爭可以通過多種方式進行：通過競爭或團結合作。這可能發生在一個物種內，就像群居動物的情況一樣，也可能發生在幾個不同的物種之間，比如共生體[66]。達爾文也有「性選擇」的概念。它也可以採取不同的形式：例如雄性競爭雌性（一些靈長類動物，鹿），女性更喜歡男性的某些特徵（例如孔雀輪，女性對有色男

---

[62] 孟德爾定律是由奧匈帝國植物學家孟德爾（1822—1884年）提出的。1900年孟德爾定律的重新發現，以及染色體作為遺傳物質載體的發現，是二十世紀初形式遺傳學的基礎。

[63] E. Janet Browne, Charles Darwin: vol.1 Voyaging, Jonathan Cape, Londres, 1995, p. 10

[64] 達爾文主義的出發點是觀察到，在家養的物種或變種中，沒有一個個體與另一個物種或變種完全相同。

[65] Ernst Mayr, Histoire de la biologie. Diversité, évolution et hérédité, éd. Fayard, 1989, p. 894

[66] E. Janet Browne, Charles Darwin: vol.1 Voyaging, Jonathan Cape, Londres, 1995, p. 21

性的偏好），或者男性更喜歡女性的某些特徵。他還提出了一個「分歧原理」，它特別解釋了物種的滅絕原因[67]。

通過自然選擇來發展物種的理論完全打破了目的論這個概念[68]。這意味著自然的進化將追求一個目的，或者是亞里士多德所看到的自然的內在意圖，或者是上帝的意圖。達爾文在這裡自始至終都是一位排他性科學家，他認為自然是一種只服從自然規律的機制，用自然來衡量：他駁斥了自然選擇是動物有意識的意圖的說法。關於自然或上帝：一些人反對自然選擇這個詞，意味著動物有有意識地選擇，這些選擇正在改變……自然選擇是一種積極的神聖力量。誠然，這個表達可能是錯誤的，但它是有用的。

從字面上說，毫無疑問，自然選擇是一個錯誤的術語。但他認為大多數科學術語也是隱喻：「每個人都知道這個隱喻表達的涵義是什麼；它們幾乎是專利所必需的[69]。即使達爾文所說的頻繁使用器官所獲得的特性也不能被視為動物的意圖。達爾文不知道孟德爾（Mendel）的工作，它是遺傳傳播的知識。為了反映生物和物種多樣性，如果沒有上帝的支持，僅僅以自然規律為基礎，發展一種非確定性和機械性的科學理論，將對人類、認識論和形而上學產生深遠的影響。

我們可以用雨果（Victor Hugo）的一句話來總結這些後果：「當一個嚴肅的英國人對我說：上帝讓你成為人，我讓你成為一隻猴子；現在就讓自己配得上這樣的恩惠吧！這個說法讓我有點夢幻[70]」。對於佛洛伊德（Freud）來說，地球繞太陽自轉的發現將是一個重要的自戀創傷[71]：人不是宇宙的中心，在創造秩序中沒有特權地位，因為自然不是為他創造的，

---

[67] E. Janet Browne, Charles Darwin: vol.1 Voyaging, Jonathan Cape, Londres, 1995, p. 23

[68] Philippe Solal, Darwin et la question de lafinalité, Miranda, janvier 2010, p. 22

[69] Charles Darwin, L'origine des espèces, édition de 1872, Chapitre IV, p. 93

[70] Victor Hugo, La Légende des siècles Nouvelles série, éd. 5e, Paris, C. Lévy, 1877

[71] Sigmund Freud, Introduction à la psychanalyse, 1916

他自己也不是有意創造的。達爾文的進化論為我們提供了一個論點，法國
生物學家莫諾（Théodore Monod）認為，人類就像所有事物一樣，只是偶
然性和必然性的產物。舊約的創造論被打破了；人類終於知道，他是孤獨
的，置身於他偶然出現的浩瀚無際的宇宙之中。他的命運，他的責任，也
沒有寫在任何地方[72]。

三、斯賓塞和進化論

　　英國哲學家斯賓塞從1857年開始捍衛進化論哲學。在他看來，進化
是從同質到異質，從不一致到一致的漸進過程。一種朝著日益分化和整合
（組織）的方向發展的現象，隨著時間的推移，進化的異質性變得越來越
複雜。因此，通過「階段」（étapes）逐步實現複雜化。

　　首先是普遍的進化規律—這是斯賓塞理論的基礎，下面的每一步驟
都是其應用的體現。為了解釋這統一的階段，有必要指出，它本身是在另
一個定律中找到根源的，斯賓塞認為這是唯一絕對第一定律：即能量守恆
定律。從這個假設出發，最初施加的力是恆定的，物質的靜態力和各種能
量的動態力，以及它們的恆定變換。因此，這種力量的轉變是通過尋求它
們的共同平衡而「被迫」的：在這定律中，它們相互碰撞，相互交換。然
後，這種交換產生了它們共同的、不斷增長的和漸進的變化（進化）。所
以用斯賓塞的話來說：進化是一種物質綜合，伴隨著運動引導。這樣，物
質的不確定和不一致的同質性就變成了確定和一致的異質性。在這個過程
中，被抑制的運動也經歷了類似的轉變[73]。

　　其次是物理和生物進化，不僅適用於無機物，也適用於有機物。然

---

[72] Jacques Monod, Le hasard et la nécessité: essai sur la philosophie naturelle de la biologie moderne, Seuil, 1970, pp. 224-225

[73] François Joseph Thonnard, Précis d'histoire de la philosophie, Paris, Tournai, Rome, Desdlé Co, (Société de S. Jean l'Évangéliste; Desdlé Cie, Éditeurs Pnotificaux) 1937, pp. 740-760

而，斯賓塞決定，他局限於強調現有的理論，拉普拉斯（Laplace）[74]的決定論假設使之成為可能，事實上，拉普拉斯認為物理世界「遵循非概率演化規律」。因此，這一理論與斯賓塞早期的觀點相對應並加以補充（根據物質守恆定律）。

就生物進化而言，達爾文的生物轉化理論很容易向斯賓塞證明並解釋了這一點。在這些情況下，胚胎發生有一個可以觀察到的事實：斯賓塞認為，胚胎發生是一個確定和證明進化的三個特徵的過程，即同質性轉化為異質性，整體得到鞏固，並確定一個更好的順序（平衡）。此外，達爾文的自然選擇基本定律，建立了適者生存和生命鬥爭的基礎，也很好地說明了斯賓塞的解釋。因此，如果所使用的力量是為生命而戰的力量，那麼強壯的個體會抓住它，因為他們比虛弱的個體更能抵抗分散，這就是為什麼斯賓塞把拉普拉斯和達爾文的理論變成一個更大的整體，斯賓塞的綜合理論。

斯賓塞是十九世紀進化論的主要推動者之一，他和達爾文在當時一樣有名。達爾文並不欣賞他和他的思想，斯賓塞提出了「進化」這個詞和「最強者的選擇」這個詞，他把這個詞與達爾文的自然選擇連繫起來[75]，特別是，他研究了這一概念在哲學、心理學和社會學等領域的擴展，他被認為是這些領域的創始人之一。他的理論後來被稱為「社會達爾文主義」或「有機理論」。斯賓塞和他前後的許多作家一樣[76]，認為社會是一個活的有機體或超有機體，但社會學更進一步，把自然選擇等自然規律作為社會進化的規律。根據物種的進化規律揭示社會的進化規律，他的思想是以進化論和還原論的觀點為基礎的。斯賓塞把社會歷史轉化為線性（非辯

---

[74] 拉普拉斯是拿破崙時期的主要科學家之一。事實上，他在數學、天文學和概率論的各個領域做出了根本性的貢獻。他是他那個時代最有影響力的科學家之一，特別是通過對決定論的確認。

[75] 斯賓塞在他的《生物學原理》中寫道：這種適者生存，我在這裡試圖用機械術語來表達，就是達爾文先生所說的「自然選擇」，或者說在生存鬥爭中保護受青睞的種族。

[76] 例如盧梭、亞當·斯密、喬治·威廉、黑格爾，以及其他各種不同的作家。

證）的自然歷史，對他來說，社會經歷了幾個階段，從萬物同質、簡單的原始階段，到特殊性、差異性、異質性爲特徵的的精細階段。

十九世紀末，社會達爾文主義擴展到國家關係，這一運動主要在盎格魯撒克遜國家發展，在俄羅斯的發展則較低，雖然這種思想通常不會導致好戰的態度，但在歐洲，情況並非如此，在那裡，「年輕」國家（如德國）和「老」國家（如法國）之間的衝突，前者被認爲是「頹廢」的，後者被認爲是「衰敗」的。它們的衝突被認爲是不可避免的。這一觀點必須放在當時的社會背景下看待。

此外，一個國家的「活力」幾乎完全由人口統計來衡量：一個國家的生產力越高，它就越強大。因此，俄羅斯和斯拉夫人作爲一個整體，德國領導人對他們人民的自然增長率感到恐懼，例如德國總理霍爾韋格（Bethmann Hollweg）認爲，這將不可避免地導致雙方暴力的衝突。在這個階段，社會達爾文主義與種族民族主義相遇。另一個例子是：少壯派的土耳其政黨領導人對其少數民族的意識形態立場特別敏感，這也導致對亞美尼亞人的種族滅絕[77]。

在二十世紀初，這種國家間關係的觀點主導了德國和奧地利，被認爲在第一次世界大戰中發揮了重要作用。1910年，俄羅斯社會學家諾維科夫（Jacques Novicow）發表了《社會達爾文主義批判》[78]，嚴厲批評了他那個時代的同行和其他學者將衝突和戰爭作爲是進化和社會進步的動力。「社會達爾文主義可以被定義爲集體殺戮是人類進步的原因的理論」。

社會達爾文主義引發了一戰的爆發是相對的，法國的席爾曼（Léon Schirmann）在研究了各交戰方的官方檔案後，確定了一戰的眞正責任，這確實是一個嚴重的衝突[79]，這種責任主要是政治性的，而非科學性的。

[77] Alexandre Adossidès, Arméniens et Jeunes-Turcs, les massacres de Cilicie, Paris, PY Stock, 1910

[78] Jacques Novicow, La critique du darwinisme social, Hachette, Paris, 2016

[79] Léon Schirmann, Mensonges et désinformation, août 1914, comment on vend une guerre, Éditions Italiques, 2003

裕仁的導師杉浦重剛[80]在他的著作中加入了自然選擇理論的元素，以證明日本種族的優越性及其統治遠東的權利。因此，社會達爾文主義以神道教的神話元素，在昭和時代入侵中國和東南亞國家。

第四節　對歷史決定論的質疑

　　歷史決定論經常被批評的是，它將導致一種像行星運動一樣簡單的機械的歷史觀。因此，歷史決定論不能反映參與者的主觀性，也不能代表某一特定時刻或事件的獨特性，在某種程度上，決定論的方法將事件簡化爲不可避免的原因和不可避免的關係。

　　馬克思和阿爾都塞（Althusser）[81]對黑格爾的回應是，歷史上主體意識的形成離不開絕對的必然性。對於黑格爾來說，文化的形成，民族文化的未來，被認爲是精神在歷史中的客觀實現。因此，人類的未來不是純粹的任意性，而是作爲宇宙辯證發展基礎的精神的實現。

　　馬克思總是說，不是人的意識決定了他的生活。從理性人的概念可以想像，他是人的命運和思想的主人，但人的物質生活決定了他的意識，人的意識是由物質生活方式決定的；相反地，馬克思主義提供了概念工具，以便能夠根據物質社會和歷史結構來思考它。

　　因此，物質以其古老的奴隸制度、封建制度和資本主義制度的形式，誘發了不同的心態、表現形式和思維方式。也就是說，即使你沒有意識到這一點，你的思維方式、觀點、信仰、品味和判斷都融入了整個歷史運動中。

　　雖然工業化進程在二十世紀進一步加速，人類生活在一個越來越不「自然」的環境中，而人工製品卻越來越多，哲學在知識份子中失去了意義，而社會科學正在發展，特別是社會學。目標不再是推測「歷史」或

---

[80] 杉浦重剛（1855－1924年），日本明治、大正時代的民族主義教育家和思想家。

[81] 阿爾都塞（1918－1990年），法國哲學家。他從結構主義的角度對馬克思主義思想進行了重大更新，結構主義是一九六〇年代的精神的理論特徵。

「進步」的問題，而是盡可能客觀地分析人在新環境中的行為：他們是創造者嗎？工業社會是否對一個經過深思熟慮和民主辯論的項目做出反應？還是他們被它的出現所壓倒，被迫適應它？他們是「決定」了自己的歷史還是這「決定」了他們？歷史決定論的概念，正如啟蒙運動的哲學家及其後繼者所理解的那樣，無論是充滿信心還是熱情的，都不再盛行，而社會科學恰恰相反，不斷受到質疑。這種懷疑氣氛在二十世紀末變得更加強烈，這可以用兩個截然相反的因素來解釋。

此外，科學界完全顛覆了時間概念[82]。事實上，科學的進步使得現在可以了解人類、我們的星球、太陽系和整個宇宙的起源。還可以對遙遠的未來甚至宇宙的終結[83]進行科學推論，從而繪製一個按時間順序排列的尺度，追蹤存在的起源直至其終結。在這方面，歷史決定論的概念變得絕對：人類的歷史完全由宇宙的歷史決定；相反地，技術進步如此之大，以至於一些超人類主義者認為它可以使人類塑造自己的狀況，達到永生的程度。在這個層面上，歷史決定論的概念已經失去了意義。在這兩個極端位置之間，支配著對相對主義歷史的看法。從本質上講，有兩個因素可以解釋這種情況。第一個原因涉及國際政治對思想史的影響，尤其是對觀念史的影響。所謂的「冷戰」事件發生在1945年（雅爾塔會議日期）和1991年（蘇聯解體）之間。在西方國家，輿論和知識份子之間出現了重大分歧，一方面反對社會主義和共產主義的支持者（左派）；另一方面反對資本主義的黨派（右派）。一九三〇年代的史達林主義清洗在一九七〇年代得到認可。隨後，大量哲學家分析了大眾媒體時代的極權主義現象、意識形態和宣傳以及信息處理的機制。這些不同方法的共同點是當時所謂「解

---

[82] Hervé Barreau, Aperçu sur l'histoire de la notion de temps, in Le Temps, 2009, pp. 3-20

[83] Fred C. Adams et Gregory Laughlin, A dying universe: the long-term fate and evolution of astrophysical objects (Un univers mourant: destin et évolution à long terme des objets astrophysiques), Reviews of Modern Physics, vol.69, 1997

構」[84]的普遍趨勢。這標誌著對特定類型的決定論，特別是歷史決定論的確定性的終結。

　　歷史決定論概念相對化的第二個原因是日常生活中的深刻變化，特別是人們聲稱在人口稠密的社會中脫穎而出，以及由於「技術進步」，他們中的絕大多數人都在尋求越來越多的物質享受，這導致了「消費社會」[85]概念的出現。在一九六〇年代初期，當這一概念出現時，個體與歷史的關係成為許多知識份子反思的主題。

　　歷史決定論的概念隨後受到兩個不同機構的質疑：一方面是社會科學的研究者；另一方面，大量個人被孤立地看待，因為部落格（blogs）和社交網絡等技術手段使他們有機會成為媒體創作者：不僅可以表達自己，而且可以從特定受眾中受益。

一、社會科學的貢獻

　　十九世紀，法國社會學家塗爾幹（Durkheim）呼籲歷史學家「將社會事實視為事物」：人類的現實、現象是知識主體面前提出的已知對象；這使得有一個合理的解釋成為可能。在他的方法中，塗爾幹不再考慮個人行為的可能的心理原因，包括多樣性和貧乏性。與此同時，另一位法國社會學家塔德（Gabriel Tarde）則認為，個體代理人是情感模仿的載體，這種模仿不知不覺地使他們採取某些行為、某些信仰。後來，在德國哲學家萊布尼茨（Leibniz）思想的基礎上，他發展了一種情感模仿的網絡思想，他們共同撰寫了影響政治經濟學的綱要，根據斯賓諾莎的概念重新審視晚期的思想。

　　在二十世紀後半葉，法國社會學家布迪厄（Pierre Bourdieu）[86]圍繞慣

---

[84] Laurent Carraz, Wittgenstein et la déconstruction, Antipodes, coll. Écrits philosophiques, 2000

[85] Thierry Paquot, De la société de consommation» et de ses détracteurs, Mouvements, 54, 2008

[86] 布迪厄（1930—2002年）。他被認為是二十世紀後半葉最重要的社會學者之一。他的著作《區別—判斷的社會批判》被國際社會學協會評為本世紀社會學十大著作之一。

習、社會領域和象徵性暴力的概念，在馬克思主義和韋伯傳統的交叉點上建立了一種新的社會空間理論。如果布迪厄的影響是爲當代社會學構建的，那麼許多批評家指責他的決定論思想，這使得該學科幾乎沒有自主性和主動性。

正如愛因斯坦在物理學領域所觀察到的那樣，社會科學領域的大多數學者拒絕任何一種整體主義的方法；相反地，他們主張某種相對主義。根據他們的說法，沒有任何理論（尤其是歷史決定論）能夠單獨解釋世界的演變。特別是三個因素挑戰了歷史決定論的概念。

首先，啟發人文科學的實證主義精神已經大大消退。人文學科的研究人員採用跨學科方法，決定論的概念趨於消失，取而代之的是在兩個相反方向之間搖擺不定的新思維模式：有些人恢復了個人和自由意志的概念；相反地，也有人提出了不安全、不確定性、偶然性、無序甚至混亂的概念……。

這兩個極點之間的中介一最終是數量最多的一堅持分析，其中不同類型的決定論被認爲是相互依存的，例如「歷史」和「社會學」之間的界限變得漏洞百出（即社會史和思想史）；尤其是在「生物決定論」、「歷史決定論」、「社會決定論」和「心理決定論」之間。「網絡理論」在這一潮流中占有重要地位。

第二個參數：在歷史學家中，這種觀點使學科的定義朝著兩個相反的方向發展，就像物理學中的「無限大」和「無限小」一樣：例如在一九二〇年代末，法國年鑑學派（École des Annales）（由法國人費弗爾和布洛赫推動）提出了一個全球性、整體性的，在時間（持續時間長）和空間（跨文化）上都有延伸；另一方面，其他歷史學家，如英國的湯普森（Edward Palmer Thompson）[87]，提倡「自下而上的歷史」，並且是

---

[87] 湯普森（1924─1993年）是一位英國歷史學家，專門研究英國的社會和文化史，尤其是工人階級的社會和文化史。他是一位受馬克思主義啟發的社會主義者、和平活動家和「堅定的知識份子」。

一九七〇年代微觀歷史出現的起源：任何事件，即使是最小的事件，都可以被視爲歷史事件並產生重大影響（「蝴蝶效應」）。

第三個也是最重要的決定因素是，隨著科技的發展（特別是在1945年發明了第一臺電腦之後，然後是「人工智慧」），各種科技評論家，特別是法國的埃盧（Jacques Ellul）支持「科技決定論」。科技已經成爲一種自主現象，「絕對超越了人類的方向和意志」[88]。人不再創造歷史，更不用說革命了。他們必須適應「數位革命」帶來的歷史。

二、個人與歷史的關係

在二十世紀下半葉，法國歷史學家布勞岱（Fernand Braudel）提出了一個確定歷史的意圖。布勞岱從歷史學家的角度區分了三個層次的因果關係。在最基本的層面上，歷史學家必須解釋與社會自然環境或被調查過程有關的因果決定。根據布勞岱的說法，這是一個緩慢的時間性地方、幾乎是一個靜態的過程，它解釋了歷史學家發現的歷史常數的轉變，或者更一般地說，是歷史常數向最相關的因果結構的轉變。這些原因是轉化率緩慢，儘管它們比那些更容易識別，最後，布勞岱認爲，有些「膚淺」（superficial）的決定與獨特的事件或現象有關。他認爲這是新聞的時間問題，歷史意義不大。

兩次世界大戰極大地推動了這個問題的更新：個人是積極地爲人類的「歷史寫作」作出貢獻，還是受到超越他們的事件的影響？社會學家普遍認爲，在二十世紀，這個問題變得極其複雜，因爲這個時代的特點是出現了兩個表面上對立的概念：個人主義和大眾社會。

1939年，德國社會學家埃利亞斯（Norbert Elias）是最早研究這個問題的學者一，他的論文《個人社會》（La Société des Individuals）將社會定義爲個人之間的一系列相互關係，他將其比作旋律音符之間的關係。他

---

[88] Jacques Ellul, Le bluff technologique, 1988. Réed. Hachette, coll. Pluriel, 2004, p. 203

說，使人類成爲動物的特殊之處在於他對不斷變化的關係模式的極端適應能力。

1968年，在布拉格之春的背景下，捷克哲學家科西克（Karel Kosik）從馬克思主義的角度探討了個人與社會之間的緊張關係問題[89]。後來，個人是歷史的「產物」還是「主體」的問題在知識份子中反覆出現[90]。

一九九〇年代，美國哲學家拉什（Christopher Lasch）認爲，在工業化國家，特別是在他自己的國家；人類，作爲一個整體（所有社會背景）都受到某種形式的享樂主義的驅使，他們比自己選擇的更屈服於這種享樂主義，因爲他們不得不屈服於科技進步對物質舒適性的日益增長的需求。他認爲，由於這種情況，人類維持了一種「自戀文化」，這種文化導致批判性思維的削弱，特別是「對一切的渴望[91]」，現在，在他看來，這是一個「自我崇拜和存在」的時代，所以這也是一個拒絕任何決定論的時代：每個人都被說服去建立自己的歷史，而人類歷史並不在乎。

在二十一世紀初，使一些國家陷於癱瘓的各種經濟危機，特別是由於工業化進程過度而影響到全世界的生態危機，往往導致某種形式的政治意識和集體恢復的意願。

結語

歷史決定論認爲人類歷史遵循一條可預測的道路。人類的選擇受到環境的極大限制和影響，因此歷史事件是由特定的環境來解釋的。典型的例子是因紐特（Inuit）[92]文化在極地地區的出現，荷蘭的圍墾模式，解釋爲

---

89 Karel Kosik, "L'individu et l'histoire" in L'Homme et la société, 1968, pp. 79-90

90 Michel Bonnette et Vincent de Gaulejac, Espace Temps, 1988, pp. 55-63

91 Christopher Lasch, La Culture du narcissisme, Flammarion, coll. Champs Essais, Paris, 2008

92 因紐特人是一群文化和歷史相似的原住民，傳統上居住在北美的北極和亞北極地區，包括格陵蘭島、拉布拉多省、魁北克省、努納武特地區、西北地區、育空地區、阿拉斯加州和俄羅斯楚科奇自治區楚科奇地區。因紐特人屬於愛斯基摩人的一支。

與水的鬥爭，每個人都必須共同努力，伊拉克的庫德人（Kurds）由於其多山的環境得以實現高度自治。它尤其與馬克思和唯物史觀有關。

馬克思是否眞的給了歷史一個決定性的過程，以及其背後的驅動力是什麼，這是一個有爭議的問題。馬克思的決定論解讀可以在馬克思主義者中找到，他們想從中吸取戰略教訓，爲他們的政治計畫服務；在實證主義者和分析者中，他們希望把馬克思的思想統一成一套封閉的、可證實的假設，然後他們可以證明或反駁這些假設。

馬克思和恩格斯在《共產黨宣言》中寫道：「迄今爲止，每一個社會的歷史……都是階級鬥爭的歷史」。資本主義內部階級鬥爭的結果在這裡被稱爲「必然」，是社會主義秩序。這場鬥爭如何展開是無法預測的，因此這裡的決定性方面是有限的。馬克思認爲，每一個無產階級都會爲自己的利益作出選擇，從而反對資本主義。關於階級鬥爭作爲歷史的動力，在古典馬克思主義、早期社會民主主義意識形態中占主導地位。但德國馬克思主義理論家伯恩斯坦（Eduard Bernstein）和列寧都強烈反對這一想法。在宣言的其他地方，甚至聲稱過去幾個世紀的階級鬥爭「總是以整個社會的革命變革或鬥爭階級的共同毀滅而結束」，這也是英國歷史學家霍布斯鮑姆（Eric Hobsbawm）完全質疑歷史決定論的理由。

美國學者哈維（David Harvey）以《資本論》第一卷爲基礎，發表了馬克思理論的演講，徹底消除了他的決定論。哈維指出，在這本書中，馬克思沒有把因果關係作爲整個歷史的一個因素，在任何情況下，因果關係都很少。哈維認爲，馬克思的資本主義演進過程中，可以區分六個重要因素：技術；生產方式（經濟組織）；與自然的關係；日常生活的再現；世界的心理表徵；社會關係。這六個因素列在一個註腳中，科技是「揭示」其他因素的因素，但沒有一個決定因素。根據哈維的觀點，這些因素應該被視爲相互關聯的，而不是因果結構。

氣候學是一個多學科研究領域，結合了來自文化、經濟史和氣候學、宏觀社會學、歷史過程的數學模型（mathematical models）以及歷史資料

庫分析的方法和概念；另一方面，氣候學將歷史視爲一門科學，用它來解釋動態過程，例如帝國的興衰、人口增長和衰退、宗教的傳播或內戰。然後將這些理論轉化爲數學模型，並用實際數據對其結果進行檢驗。對此最重要的是分析具有歷史和考古信息的廣泛數據庫。其中發現的結構和模式可以再次具有一定的預測價值。

地理決定論強調地理對人類歷史的影響，典型的例子是幼發拉底河、底格里斯河、印度河、尼羅河、黃河和長江流域出現農業和最早的古代文明。另一個例子是前面提到的伊拉克庫德人在他們多山的家園，美國的孤立主義以及伊朗在1980－1988年戰爭中成功地防禦了更好的武器裝備的伊拉克人。

美國歷史學家戴蒙德（Jared Diamond）是地理論述最著名的支持者之一。由於歐亞大陸有更多馴化的動植物，而且有東西走向的傾向，這片大陸擁有最有利於農業以及更複雜社會出現的因素，因此，歐亞大陸建立了領先的地位，使歐亞大陸人在數量、科技和生物（對人畜共患疾病的抵抗力）方面都優於其他民族。但包括布勞岱（Fernand Braudel）在內的學者也經常用地理因素來解釋現代歷史。

與歷史決定論相對應的是歷史意志論。其中，以人的自由意志爲出發點。歷史學家們總是將這種自由意志與決定性因素進行對比，例如史達林決定與德國締結互不侵犯條約、希特勒決定不遵循周邊戰略、塞拉耶佛的襲擊和隨後導致第一次世界大戰的政治決定，上述皆以人的自由意志爲出發點。

巧合也經常被認爲是一個決定性因素。希特勒至少兩次僥倖逃過暗殺一劫，這決定了數百萬人的命運。荷蘭學者庫珀（Abraham Kuyper）反對歷史決定論，例如在德國，希特勒提出了他的「爲生存空間而鬥爭」和一種取代階級鬥爭的種族對抗，以替代歷史決定論作爲對歷史發展的解釋。這種種族理論受到種族主義運動、社會達爾文主義和新興遺傳學的影響，可以看作是「生物決定論」的一種形式，其中種族按等級排列，最優越的種族有義務征服甚至消滅其他種族，繁殖，從而完善人類生物學。

第七章
歷史的因果關係

　　在歷史中，因果關係試圖確定歷史事件的原因。在他們試圖了解歷史的過程中，許多研究人員通過從觀察到的結果中回溯來研究原因。通過這種方法，歷史學家想要超越對一個事件的簡單描述，達到他對歷史的理解。事實上，要完全掌握過去的事實，重要的是要確定它是從什麼原因產生的。

　　許多學者強調這種因果關係在學科中的重要性。因此，法國歷史學家布洛克（Marc Bloch）認為，歷史學家需要「將因果關係用作歷史知識的工具」。英國歷史學家卡爾（Edward H. Carr）告訴我們，在歷史專業中，歷史學家「不斷地問自己為什麼」但這當然不是歷史學家可以致力的唯一工作。

　　歷史因果關係是歷史哲學家和知識論者[1]（Épistémologie）關注的一個重要問題。事實上，這個問題只是很少「被專業歷史學家如此主題化」，儘管它長期以來一直是歷史知識及其方法的必要步驟。從事知識論反思的「實踐者」和「分析者」之間的這種差距是傳統的。

　　歷史上對因果關係的探索由來已久。早在西元前二世紀，羅馬歷史學家波里比烏斯（Polybius）就已經思索歷史因果關係。他研究了布匿戰爭發生的原因。他利用這項研究建立了歷史因果關係理論。他說：「歷史的目的首先是了解真實的話語，了解它們的真實內容，其次是問自己什麼原因失敗了或成功了，說了什麼或做了什麼」，所說的或所做的，因為對

---

[1] 知識論主要是對科學知識的研究。它也是對某一特定科學的批判性研究，包括其演變、價值及其科學和哲學意義。

事件的粗略敘述是有吸引力的，但沒有必要，只有在研究原因的基礎上才能取得成果。主要原因在於行為人的設計、意圖（他們的道德傾向）。除此之外，波里比烏斯還區分了兩種其他類型的原因：結構性原因「藉口」和「開始」原因，也就是說標誌著事件開始的行為。根據這一原則，歷史學家通常會區分不同類型的因果關係：週期性和結構性；特殊性的和一般性。然而，真正的歷史因果關係直到十九世紀下半葉，通過塑造這一概念的各種辯論，才得以確立。

德國哲學家卡西爾（Ernst Cassirer）在他的《象徵形式哲學》（Philosophie des formes symboliques）第三卷中指出，任何純粹因果關係的敘述都會遇到困難，而這種敘述只有在他所依賴的零碎和有缺陷的材料基礎上才是可行的，它被視為一個整體的一部分；換言之，從連續性和連貫性的角度考慮。對於史學而言，這個問題出現在十七世紀末，一直是歷史學家和哲學家之間爭論的問題。最後一個解決這個問題的人是法國哲學家利科（Paul Ricoeur），他在《記憶、歷史、遺忘》（La mémoire, l'histoire, l'oubli）的著作中，發展了一種記憶現象學、歷史知識論和歷史條件詮釋學。然而，很少涉及獨立歷史知識論的問題。至於歷史學家，他們通常選擇對問題的各個方面進行敘事綜合，法國歷史學家布勞岱（Fernand Braudel）的作品就是一個成功的例子。

第一節　歷史因果關係概念的演變

十九世紀末至二十世紀中葉，歷史上因果關係的概念引起了許多爭論。從歷史作為一門科學的辯論的角度以及所謂的「詮釋和理解」的角度來看，因果關係的問題一直是大多數歷史爭論的核心。歷史詮釋是對事件和人物的時間性解釋，旨在構建事件的前因（背景、原因）和後果（結果、影響）之間的連繫。因果關係是歷史詮釋的基礎。

一、自然科學和人文科學

到十九世紀末，歷史開始成爲一門科學。在這種情況下，在德國，一場關於「自然科學」和「人文科學」之間對立的知識論辯論正在發展。德國歷史學家狄爾泰（Wilhelm Dilthey）首先將自然科學和人文學科區分開來。他認爲，人文科學應以「人類社會史」爲中心。對他來說，人文學科的研究涉及個人經驗的相互作用，對經驗的反思性理解，以及語言和藝術的心靈印記。他在1883年說：「我們解釋自然，我們理解精神生活」[2]。狄爾泰認爲，所有的教學都應該從歷史的角度來看待，否則知識和理解只能是片面的。

他終身關注的一個問題是爲「人文科學」（如歷史、法律、文學批評）建立適當的理論和方法基礎，與「自然科學」（如物理、化學）不同，但同樣是「科學的」。他認爲，人類的一切經驗自然地分爲兩部分：一部分是以「客觀必然性」爲規則的周圍自然世界的經驗，另一部分是以「意志的主權、行動的責任」爲特徵的內在經驗，在自己的自由堡壘裡，能夠征服一切，思考和抵抗一切[3]。

狄爾泰強烈反對使用完全由自然科學形成的模式，而是提議爲人文科學開發一個單獨的模式。他的論點圍繞著這樣一個觀點：在自然科學中，我們試圖根據因果關係，或者一般性和特殊性來解釋現象；相反地，在人文科學中，我們試圖根據部分和整體的關係來理解。簡單地說，人文科學試圖尋求理解思維作用而自然科學旨在解釋。

在社會科學中，我們也可以將這兩種方法結合起來，德國社會學家韋伯（Max Weber）強調了這一點。他的原則，即理解或理解的一般理論可以應用於從古代文學到藝術作品、宗教作品甚至法律的各種解釋。他對

---

[2] Sylvie Mesure, Compréhension, in Paugam Serge (dir.), Les 100 mots de la sociologie, Paris, Presses universitaires de France, coll. Que Sais-Je?, pp. 8-9

[3] W. Dilthey, Einleitung in die Geisteswissenschaften, 1972, p. 6

十七世紀、十八世紀和十九世紀各種美學理論的解釋，是他對二十世紀美學理論形態的思辨的先導。自然科學通過強調受科學定律支配的因果鏈來解釋物質現實。人文科學不能聲稱解釋，但它們尋求理解人和他們的行為[4]。

　　歷史學家們對自然科學定律的力量印象深刻，他們通過對原因的考察來肯定他們的學科是一門科學。該學科專家不再滿足於敘述、解釋，而是試圖理解事實。十九世紀末，德國歷史學家伯恩海姆（Ernst Bernheim）出版了歷史方法教科書。在他的作品中，他將歷史視為一門科學，擺脫了對史實的敘述性解釋[5]：必須超越歷史敘述才能達到歷史解釋[6]。

二、實證史學派與社會學家

　　二十世紀初在法國，實證史學派的歷史學家（以塞尼諾布斯（Charles Seignobos）為主要人物）和社會學家（特別是塗爾幹（Émile Durkheim）和西米安德（François Simiand）之間進行了一場辯論，他們主張歷史因果關係與科學因果關係「一致」。塞尼諾布斯告訴我們，在歷史中，與其他科學不同，我們不能用一種方法來找到原因。他拒絕任何外部原因作為對歷史事實的解釋（例如社會環境對個人的影響）。他捍衛了對這些問題的理智和理性的解釋：我們必須尋求代表人類的心理狀態（這些狀態給我們留下了他們活動的痕跡）。後者的有意識動機越能被察覺，就越能被解釋[7]。實證史學派把注意力集中在眼前的原因上；通常是事件參與者的意

---

[4]　J., Chapoutot, "Causes", dans Claude Gauvard et Jean-François Sirinelli, Dictionnaire de l'historien, Paris, 2015, p. 85

[5]　François, Simiand, "La causalité en histoire", dans Marina Cedronio, Méthode historique et sciences sociales, Paris, 1987, p. 211

[6]　Paul Harsin, Comment on écrit l'histoire, Liège, 1964, p. 199

[7]　Christian Delacroix, "Causalitéexplications", dans Christian Delacroix, dir., Historiographies: concepts et débats, t.2, Paris, 2010, p. 684

願[8]。

　　塞尼諾布斯認爲：「受過歷史教育的人知道，社會可以因意見而改變，意見本身不會自行改變，個人無法改變它。但他知道，在同一個方向上共同努力的幾個人可以改變意見。這種知識使他感受到自己的力量，意識到自己的責任和行爲準則，這有助於社會的變革，他認爲這是最有利的。他教給他最有效的方法，就是和其他志同道合的人相處，共同轉變觀點[9]。若歷史學家處於一個物理學家的位置，他只會從一個無知的、說謊者的實驗室男孩的報告中知道事實。歷史的目的是通過文獻來描述過去的社會及其變遷」[10]。

　　實證史學派認爲歷史是對特定事物的研究，而自然科學首先尋求制定定律。對於實證史學派來說，制定「定律」並達到歷史上的「一致性」是不可能的。最多可以將「內因」（意圖和動機）、物質原因和混合原因分開。

　　法國社會學家布爾多（Louis Bourdeau）在1888年出版《歷史學家的歷史》（Histoire des historiens）中對實證史學派進行了批評[11]。對他來說，後者受到法國哲學家孔德（Auguste Comte）實證主義的啟發，也就是說，歷史學家必須研究歷史的所有方面。他們還受到了蘭克（Leopold von Ranke）等德國歷史學家的啟發，他們提出了四個方法論規則：首先歷史學家既不能對過去進行判斷，也不能對過去進行解釋，而是要對過去進行準確的描述。其次歷史學家和歷史事實必須完全分離。第三歷史本身就存在，因此我們可以得出一個確切的歷史。最後歷史學家的任務是尋找

---

[8]　Serge Deruette, "La causalité dans l'étude de l'histoire", dans Robert Franck, dir., Faut-il chercher aux causes une raison? L'explication causale dans les sciences humaines, Paris, 1994, p. 369

[9]　Antoine Prost, L'enseignement de l'histoire comme instrument d'éducation politique, 1984 2 pp. 103-108

[10]　Christophe Charle, 103. Seignobos (Michel, Jean, Charles, Antoine), Publications de l'Institut national de recherche pédagogique, vol.2, no 1, 1985, pp. 163-165

[11]　Louis Bourdeau, L'Histoire et les historiens. 1 janvier 1888

和蒐集經證實的事件，以形成一個自我構建的歷史。

在《學生歷史研究指南》中，法國歷史學家朗格洛伊斯（Charles-Victor Langlois）和塞尼諾布斯定義了該學科的規則。歷史只是「檔案的執行」。實證史學派希望在歷史領域裡進行一項科學研究，排除一切哲學思辨，以絕對客觀性爲目標。就是要運用嚴格的方法來清點資料來源（這是歷史學家工作的基礎），對這些檔案進行嚴格處理，並對文獻進行客觀論斷[12]。

對於實證史學派來說，歷史不可能是一門眞正的科學，這標誌著與自然科學的決裂。他們意識到歷史是「痕跡知識」這一事實，這是指歷史學家由於時間的推移而無法與他們所研究的事實直接連繫。歷史學家的工作是剖析檔案的主觀性質，並了解它與事實之間的關係。

三、社會學家

社會學家與實證史學派不同，法國社會學家塗爾幹努力尋找定律和外部原因，並優先考慮「永久性的社會功能」[13]。塗爾幹呼籲歷史學家「將社會事實視爲事物」：人類現實與現象是擺在已知主體面前的已知對象；這樣就可以解釋原因了。在他的方法中，塗爾幹不再考慮個人行爲的可能或可能的心理原因，這些原因既有多樣性，也有困乏一面[14]。在社會學中，這一觀點開闢了以物理科學的方法制定定律的可能性。因此，它們由行爲方式、思維方式和感覺方式組成，這些方式對個人來說是外在的，並且被賦予了強制的力量，因此它們「強加於他身上[15]」。這就是塗爾幹對社會事實的定義。塗爾幹認爲，社會事實具有客觀現實，可以像物理學家

---

[12] Guy Bourdé et Hervé Martin, Les Écoles historiques, Seuil, 1997, pp. 188-189

[13] Christian Delacroix, "Causalitéexplications", dans Christian Delacroix, dir., Historiographies: concepts et débats, t.2, Paris, 2010, p. 685

[14] Alain Boureau, L'historien et le défi de la causalité, Revue des Etudes Slaves, 1994, p. 87

[15] Durkheim, Règles, p. 18

研究物理世界一樣進行研究。必須在這一定義中新增一個重要的推論，即社會事實也是個人內部的，只有通過個人，社會事實才能存在[16]。

由於社會事實是個人的外部事實，必須「通過內部社會環境的改變而不是個人意識的狀態」來解釋，以避免將社會事實與主體心理、家庭、文化背景等其他變數混淆。這些社會事實存在而我們不一定意識到它們的存在或它們的自主性。

事實上，社會事實可以獨立於個人，社會事實「獨立於個人表現」[17]。社會事實強加於個人，無論他喜歡與否。它是一個為社會建立的規範體系，只有在社會動盪的情況下才能改變；人在接受教育之初就獲得了許多知識，並傾向於將其中很大一部分內化。教育具有卓越的社會化機構的作用，它使兒童成為一個社會人。由於社會事實的約束性在兒童時期就存在，因此社會事實的約束性就變得不那麼明顯並成為一種習慣：這就是社會化的原則。

識別社會事實的標準之一是確定改變事物的阻力：「我們主要通過這種標誌來識別社會事實，即不能通過簡單的意志法令來改變它」[18]。這並不意味著他們不能改變，但要做到這一點需要付出艱苦的努力。社會事實的這種性質與它們在各種社會機構中的約束力有關，無論是正式的還是非正式的。另一種確定社會事實的方法是使用統計資料來抵消個人之間的差異，並最終研究一個由於上述變數而在社會上並不明顯的平均值。因此，社會事實代表著「集體靈魂的某種狀態」[19]。

通過提出社會事實的概念，塗爾幹展示了社會如何通過社會事實影響

---

[16] Robert Alun Jones. Emile Durkheim: An Introduction to Four Major Works. Beverly Hills, CA: Sage Publications, Inc., 1986. pp. 60-81

[17] Durkheim, Règles, p. 22

[18] Durkheim, Règles, p. 29

[19] Durkheim, Les Règles de la Méthode sociologique, Nouvelle Édition, Éditions Flammarion, Paris, 2010, p. 108

個人的思維方式和存在方式。儘管在他職業生涯的開始，塗爾幹主要關注社會事實的約束性，因此是消極的，但在他後來的作品中，他逐漸傾向於社會事實的積極方面，即它們的解放性。正如英國政治和社會理論家盧克（Steven Lukes）所指出的，塗爾幹（Durkheim）探索的社會事實，例如在《形式》（Les Formes）著作中，展示了個人如何以不同的方式思考或感受。了解和重視某些事情並據此採取行動的。在他成熟的作品中，「約束」這個詞甚至已經不存在了[20]。

　　通過他的工作，塗爾幹展示了如何對社會事實進行社會學分析。在《社會分工論》一書中，他考察了人口統計、交通和通信技術如何改變一個社會的集體意識。在研究自殺的過程中，塗爾幹試圖證明這個社會事實，它似乎如此依賴於我們的意志，我們的行動自由，也依賴於社會因素。塗爾幹試圖通過這部著名的作品來尋找這些因素。在《社會分工論》中，他將宗教、邏輯思維和語言視為社會根源的社會事實。他還多次將道德作為一種社會事實來研究，包括在他的1906年論文《道德事實的確定》中。

　　與此同時，法國社會學家和歷史學家西米安德（François Simiand）的主要目的是證明，在歷史科學中，研究人員求助於一種與自然科學類似的解釋。1903年，在他發表在綜合歷史評論上的文章《歷史方法和社會科學》中，他反對實證史學派為捍衛他們的歷史解釋觀而提出的論點，例如所研究現象的「個人」和心理性質[21]。他認為，實證史學派的方法仍然有限，只注重描述偶然事件，而不是了解真正的原因[22]。對於西米安德來

---

[20] Robert Alun Jones. Emile Durkheim: An Introduction to Four Major Works, SAGE Publications, 1986, p. 108

[21] Quentin Deluermoz et Pierre Singaravélou, Des causes historiques aux possibles du passé? Iimputation causale et le raisonnement contrefactuel en histoire, Labyrinthe, 2012, p. 59

[22] Christian Delacroix, "Causalitéexplications", dans Christian Delacroix, dir., Historiographies: concepts et débats, t.2, Paris, 2010, p. 686

說，歷史的原因與自然科學的原因沒有本質的區別。他將原因定義爲現象的前因，通過最普遍的關係與它連繫起來。對於所研究的現象，這個前因必須是最不可替代的。

根據法國社會學家弗羅伯特（Ludovic Frobert）的說法[23]，他是「知道如何交替進行理論反思和公共機構的具體責任的法國知識份子」。他還是一名教師，曾在多家機構任職。正如他在法蘭西學院的開學典禮上所宣稱的那樣，他的反思只有一個目標：引導他進入經濟問題的核心和他那個時代的工作問題。因此，他對方法的重視幾乎是癡迷的……彷彿這是一種帶有科學性印記的思想的保證[24]。

西米安德急於將社會學家塗爾幹提出的社會事實分析原則應用於經濟現象的研究。他認爲，人們爲解釋自己的行爲而給出的理由，很少能表達制度的眞正原因：「認爲人類行爲意識到其眞正原因是一種偏見」。他的方法重視統計資料的使用，並表現出他將經濟科學植根於歷史的一貫願望。他特別研究了三個主題：煤炭週期、長期經濟週期和進步，以及作爲「社會現實」的貨幣。在他於1911年發表的論文中[25]，他反對生產力理論，通過分析事實確立了「員工首先努力捍衛他已經達到的生活水平。因此，在經濟蕭條時期，當他面臨薪水下降的威脅時，他的生產力比他本可以期待更高薪水的繁榮時期更高[26]。」

1911年，他在《經濟學的實證方法》中公開了他分析經濟現象的方法。與法國社會學家和經濟學家勒·普萊（Frédéric Le Play）所闡述的保守傾向相反，西米安德在經濟學中提倡的是塗爾幹在十九世紀末創立的社會學派—實證史學派與社會學家，根據這一學派，社會事實具有自主權，必須作爲「事物」來研究。他對工資的研究確實顯示了社會學和心理學方

---

[23] L. Frobert, Le Travail de F. Simiand, Economica, Paris, 2000

[24] L. Frobert, op. cit

[25] Les Salaires de ouvriers des mines de charbon, Th Lettres, 1911

[26] A Piettre, Pensée économique et théories contemporaines, Thémis 1979

法的優勢，但也顯示了它的局限性[27]，因為它「聲稱將社會事實視為化學事實，把統計資料疊加在統計資料上，把不同的人放在一起觀察他們的反應」。

四、演繹定律

在1940－1950年間，關於因果關係的爭論主要集中在定律解釋上。這種定律的捍衛者，有德國哲學家亨佩爾（Carl G. Hempel）和英國學術和社會評論家波普爾（Karl Popper），他們的反對者是方法二元論的捍衛者，如加拿大哲學家德雷（William Dray）。

亨佩爾的目標是證明歷史上有一些普遍定律，它們的功能與自然科學定律非常相似。對他來說，普遍定律可以從一個特殊的事件中得出[28]。以西米安德的方式，過去的事件被被簡化為一種定律性的形式，如果得到證實，則等同於定律[29]。

波普爾《歷史主義的苦難》和《開放社會及其敵人》，都是在第二次世界大戰期間寫成的。其焦點是對歷史主義及其政治理論的批判。在法文版的序言中，波普爾解釋說：我只需說，我所說的歷史主義是指一種影響所有社會科學的理論，它將歷史預測作為其主要目標，並教導我們，如果我們發現「節奏」或「主題」（模式），「定律」，就可以實現這一目標，這是歷史發展背後的「定律」或「大趨勢」。

哲學家德雷對這種定律模式提出質疑。德雷贊成理性解釋，並為自然科學和人文科學之間的方法二元論提出了新的辯護。它的目的是證明，在歷史上，人們無需求助於普遍定律就可以進行解釋。理由解釋是指重新構

---

[27] R Marjolin, Prix, Monnaie et Production, 1941, p. 800

[28] Carl Hempel, The function of general laws in History, The journal of Philsosophy, 1942, pp. 35-36

[29] Christian Delacroix, "Causalitéexplications", dans Christian Delacroix, dir., Historiographies: concepts et débats, t.2, Paris, 2010, p. 687

建歷史的決定性人物的行為邏輯、目標和路徑，並解釋行為的適當性[30]。他認為，自然科學中使用的解釋模式不適合人文科學。

五、敘述歷史和概率論點

敘述歷史主要是從盎格魯撒克遜人中發展起來的：它聲稱歷史不能通過它所描述事件的真實性質與小說區分開來。因此，無論是真實的還是虛構的，事件在其發生的敘述之外沒有任何意義。只有情節才能區分歷史和編年史[31]。利科（Paul Ricoeur）將這些盎格魯撒克遜論述介紹到法國。他看到了這方面的兩大成就：首先，敘述主義者表明，敘述就是解釋。然後，他們將敘述內部的豐富解釋資源與解釋模式的多樣性進行了對比[32]。

在歷史撰述中，敘述主義者通過敘述來記錄歷史事件和人類事實，以便於理解。因此，敘述主義者的工作包括兩個階段：一是史實的確立；其次是這些事實的敘述建構[33]。對於敘述主義者來說，歷史必須按照因果關係來書寫[34]：歷史事件在時間軸上相互關聯，從而形成一個連貫的整體。按照法國歷史學家福雷（François Furet）的說法，一個事件本身沒有任何意義，除非它被綜合到一系列事件中，這些事件通過因果關係連繫在一起[35]。

敘述主義者使用文學寫作風格來塑造這種因果關係敘述。這種對歷

---

[30] Christian Delacroix, "Causalitéexplications", dans Christian Delacroix, dir., Historiographies: concepts et débats, t.2, Paris, 2010, p. 689

[31] Fl. Hulak, "Réel", dans Claud Gauvard et Jean-François Sirinelli, Dictionnaire de l'historien, Paris, 2015, p. 584

[32] François Dosse, L'Histoire, Paris, 2000, p. 109

[33] Dray H. W., Narrative versus analysis in history, dans BURNS Robert (éd.), Historiography. Critical concepts in historical studies, vol. IV, London, New York, Routledge, 2006

[34] Lorenz Chris, Can histories be true? Narrativism, positivism, and the "metaphorical turn", dans History and theory, vol.37, no 3, 1998, pp. 309-329

[35] Furet François, From narrative history to history as a problem, First Published March 1, 1975

史書寫方式的改編使其更具吸引力，從而使歷史能夠接觸到更廣泛的讀者[36]。它被認為是回顧性的，因為它試圖以人們體驗過去的方式重現過去[37]。敘述歷史雖然不是以研究對象來定義，而是以歷史書寫方式來界定，它主要研究事件、政治和傳記等領域。它側重於歷史的決定性人物和事件，尤其是戰爭[38]。

在敘述歷史中可以區分兩種趨勢。一方面，所謂的「傳統」敘述主義者對歷史的時間順序更感興趣，關注與個人、組織有關的事件和行動。在這個問題上，他們質疑現代主義；他們認為他們過於關注那些在歷史上無關緊要的數據，甚至為讀者解釋基本事件的數據；另一方面，所謂的「現代主義」敘述主義者專注於歷史結構和對總體趨勢的觀察，其中年表並不總是占有一席之地；這使他們遠離傳統主義者。他們發現，傳統主義者對「為什麼」和原因的理解不夠深入，把歷史鎖定在預先設定好的框架中，從而犯了錯誤。

在概率論點中，利科強調了歷史因果關係的重要性（從修正過去的事件來寫歷史原則）。歷史真相的這種變化具有根據概率試驗各種可能性的功能，以再次檢查歷史事件的真實重要性。利科肯定地說：「正是這種概率想像結構，一方面提供了與情節的雙重親和力，這也是一種可能性想像的結構；另一方面也提供了定律解釋」[39]。

1983年，利科在《時間與敘述》中強調了歷史編纂的時間性與文學話語的時間性之間的接近性。在這裡，我們發現利科希望把對歷史本質的

---

[36] Abrash Barbara et Walkowitz Daniel, Narration cinématographique et narration historique. La (sub)version de l'histoire, dans Vingtième siècle, revue d'histoire, année 1995, volume 46, no 1, pp. 14-24 (numéro thématique: Cinéma, le temps de l'histoire)

[37] Stone Lawrence, The revival of narrative: reflections on a new old history, No.85, 1979, pp. 3-24, Published By: Oxford University Press

[38] Furet François, From narrative history to history as a problem, dans BURNS Robert, op. cit.

[39] Marc Gaudreault, «Temporalité du récit historique: confronter Ricoeur», Postures, 2007, p. 27

哲學思考與語言和詩意的方法連繫起來。利科沒有實踐歷史哲學，而是從哲學的角度對歷史感興趣。在《歷史與眞相》中，他試圖定義歷史中眞理概念的本質，並將歷史中的客觀性與所謂的精確科學中的客觀性區分開來。多年後，他以現象學和詮釋學的方法致力於文化和歷史問題。

第二節　歷史單一事件的因果關係

歷史單一事件的因果關係歸因，是從敘述因果向詮釋因果關係過渡的詮釋過程[40]。然而，因果關係歸因問題給歷史學家帶來了一個問題。法國歷史學家韋恩（Paul Veyne）在《歷史的寫作方式：知識論》[41]中詳細闡述了這一點。爲了理解因果關係推理的問題，他從一個非常簡單的單一歷史事件開始：歷史學家只能獲得了解過去所需信息的一小部分，「對於其他一切，他必須堵住漏洞」[42]。在這種史學應用中，他稱之爲「追溯」歷史。

爲了更好地理解這一點，韋恩提出了一個非常簡單的歷史假設：「路易十四變得不受歡迎，因爲稅收太重」。這種說法可能來自兩個不同的原因：首先歷史學家從史料中知道稅收是國王不受歡迎的原因，其次他有兩條截然不同的資料，即重稅和國王的逐漸不受歡迎[43]，因此，歷史學家進行了追溯，因爲他回到了路易十四被證明不受歡迎的地方，給出了一個假定的原因，即財政壓力。

對於維恩來說，在史學運用中始終存在著一個不可迴避的悖論：歷史顯示了缺失。過去的人留在那裡，作爲歷史故事或歷史小說中的缺席

---

[40] Paul Ricoeur, Temps et récit, t.1: L'intrigue et le récit historique, Paris, 1983, p. 256

[41] Quentin Deluermoz et Pierre Singaravélou, Des causes historiques aux possibles du passé? Imputation causale et raisonnement contrefactuel de l'histoire, Labyrinthe, 2012, p. 69

[42] Paul Veyne, Comment on écrit l'histoire, Paris, 1996, p. 177

[43] Quentin Deluermoz et Pierre Singaravélou, Des causes historiques aux possibles du passé? Imputation causale et raisonnement contrefactuel de l'histoire, Labyrinthe, 2012, p. 69

者[44]。由於缺乏存在和聲音，所有這些消失的東西都被視爲另一個，「史學的幻想」[45]。詩歌寫作是學科實踐的一部分，因爲它允許從過去的缺席轉變爲現在的表現[46]。在論述歷史在有文化人的一般形成中的作用及其具體用途時，他認爲這門科學的主要優點是成爲知識文化的工具，使頭腦習慣於批判方法，對所說的和所寫的進行推理[47]。他還認爲宗教是文明的一個組成部分，而不是它的母體。這是人類學引入的文化概念的基礎。宗教必須與文化保持一種關係，這種關係或多或少是積極的[48]。

　　在他的著作《麵包和馬戲團》中。作爲政治多元化的歷史社會學，古羅馬的行善者既沒有獲得地方官的獎賞，也不是在推動「社會和平」的財富再分配[49]。行善者並不是爲了通過他們的財富獲得他們已經擁有的權力，事實上，他們試圖通過在自己城市的「公民記憶」中記錄他們的各種慷慨好施來維護自己的社會優勢。維恩論證的另一個重要觀點是，他們給予了公民，而不是窮人[50]。窮人被公民吸收和掩蓋，儘管相當多的公民也是窮人。行善者與基督教慈善毫無關係，基督教捐贈者的目的是獲得天堂，而行善者則試圖通過他的捐贈來實現一個更爲具體的目標。

---

[44] Pierre Michel Grenon, Paul Veyne et Guy Dhoquois: Science" historique et projets d'historiens, Revue d'histoire de l'Amérique française, vol.28, no 2, 1974, pp. 259-269

[45] Claude Dubar, Veyne Paul, "Comment on écrit l'histoire. Essai d'épistémologie", Revue française de sociologie, vol.14, no 4, 1973, pp. 550-555

[46] Mathieu Devinat, Réflexion sur l'apport de l'ouvrage. Comment on écrit l'histoire sur la formation à la recherche en droit, Les Cahiers de droit, vol.52, nos 3-4, 2011, pp. 659-670

[47] François Hartog, Paul Veyne naturaliste: l'histoire est un herbier, Annales. Économies, Sociétés, Civilisations, vol.33, no 2, 1978, pp. 326-330

[48] Virginie Larousse, Paul Veyne: La question des origines chrétiennes de la France est un faux débat, sur lemondedesreligions. fr, 12 décembre 2016

[49] lana Friedrich Silber, Entre Marcel Mauss et Paul Veyne: Pour une sociologie historique comparée du don, Sociologie et sociétés, vol.36, 2004, pp. 189-205

[50] Jean Andreau, Alain Schnapp, Pauline Schmitt-Pantel, Paul Veyne et l'évergétisme, Annales. Économies, Sociétés, Civilisations, vol.33, no 2, 1978, pp. 307-325

一、回溯歷史

　　前面提到的例子使我們能夠引入回溯歷史的概念。事實上，回溯歷史在於從結果回到原因，但不可能通過實驗證明這樣或那樣的現象必然會導致另一種現象，因為事件已經無可挽回地結束了[51]。然而，回溯歷史的基礎並不是所謂的因果一致性，也不是歸納的基礎，即自然現象的定律性[52]。事實上，回溯歷史是經驗性的，也就是說歷史上有習俗和儀式。由於人們有風俗習慣並遵守，因此我們可以回溯歷史的可能原因的數量是有限的。

　　此外，由於人類歷史在不同時期會在某些點重複，因此對這些重複的了解使得回溯成為可能。然而，有必要區分是否發生在重複發生的區域[53]。一個特定時期的歷史是通過一系列的檔案和回溯來重建的。然而，大多數歷史事實通常是結論性的，其中包含了大量的回溯，比例比文獻中要大。事實上，一個事件從來沒有在文件中得到完整的解釋。這解釋了為什麼歷史學家訴諸回溯[54]。

　　歷史不是一門科學，它的解釋方式是讓人們了解，講述事情是如何發生的；這與我們日常生活中每天早上或晚上所做的事情沒有本質上的不同：這是為了總結（其餘部分是評論和學術的部分）。如果是這樣的話，為什麼歷史的總結很難逐步和有爭議地進行，歷史學家在羅馬帝國衰亡的原因或內戰的原因有分歧？造成這種困難有兩個原因。一個問題是，很難從概念上確定具體內容的多樣性。另一個原因是歷史學家只能直接接觸到他所掌握的檔案所提供的一小部分內容；不管怎樣，他都得把洞堵上。這種填充是有意識地完成了很小的一部分，即理論和假設的部分；在很大程

---

[51] Antoine Prost, Douze leçons sur l'histoire, Paris, 1996, p. 173

[52] Paul Veyne, Comment on écrit l'histoire, Paris, 1996, p. 185

[53] Paul Veyne, Comment on écrit l'histoire, Paris, 1983, p. 186

[54] Paul Veyne, Comment on écrit l'histoire, Paris, 1983, pp. 187-188

度上，它是無意識地完成的，因為它不言而喻的……，在日常生活中也是如此；如果我在一份檔案中讀到國王在喝酒，或者我看到一個朋友在喝酒，我仍然可以推斷他們喝酒是因為他們渴了，但我可能錯了。

　　歷史的總結不過是這個填充操作；我們將稱其為回溯歷史，借用概率論這一缺乏知識的理論。當你考慮即將發生的事件時，有一個預測：在撲克中，我或可能擁有多少王牌方塊？相反地，回溯歷史問題是原因概率的問題，或者更確切地說，假設的概率問題：事件已經發生，什麼是好的詮釋？國王喝酒是因為他渴了還是因為禮節要求他喝酒？

　　歷史問題，當它們不是關鍵歷史問題時，就是回溯歷史問題，這就是為什麼詮釋這個詞很受歷史學家的歡迎：詮釋是為了他們找到正確的解釋，堵住一個漏洞，例如阿拉伯的興起致使東西方關係的斷裂，這使我們了解了隨後的歐洲經濟衰退。因此，任何回溯歷史都會帶來一種因果詮釋（口渴使國王喝水），甚至可能（至少有人聲稱）是一種真正的定律（誰口渴誰就會喝水，如果他可以的話）。研究歷史綜合或回溯，就是研究歸納法在歷史中所起的作用以及「歷史因果關係」的構成……[55]。

二、虛擬史學

　　虛擬史學，是一種試圖回答「如果」問題的史學形式，被稱為虛擬史學[56]。從根本上說，它是對沒有發生的事情或可能發生的事情進行推測的想法，以了解確實發生了什麼。該方法旨在探索歷史和歷史事件，通過推斷某些關鍵歷史事件，沒有發生或與實際發生的結果不同的時間線來推斷歷史事件。他創造了一種文學體裁，被稱為另類歷史、思辨歷史或假設

---

[55] Paul Veyne, Comment on écrit l'histoire suivi de Foucault révolutionne l'histoire, Le Seuil, 1971, collection, Points-Histoire, 1978, pp. 97-98

[56] Martin Bunzl, "Counterfactual History: A User's Guide," American Historical Review (2004) 109, 3 pp. 845-858 in JSTOR

歷史[57]。它包括從眞實的情況想像替代的歷史發展（參考文獻所期望的）（例如高盧入侵後羅馬共和國的衰落及其可能的後果）。有可能引發這種反思的問題。這種方法也出現在文學、哲學、經濟學（影響評估）和物理學中。

　　虛擬史學提供了一種獨特的方法來解決歷史因果關係、想像力的作用、歷史的寫作和政治作用等問題[58]。這不是一個改寫或反駁官方對過去事件的敘述的問題，而是從史學的角度來理解其機制、因果因素、作用力量，甚至個人或群體決策的相對重要性，取決於他們的權力。

　　歷史是虛擬的，因爲「沒有其他方法來確定因果關係，只能將自己帶入過去的想像中，並問自己，根據假設，事件的進程是否會是……。同樣的，如果這樣或那樣的因素被孤立地考慮的話，會是不同的……[59]。事實上，要解釋一個非常具體的事件，研究人員不可能考慮所有的原因；然後，歷史學家將從無窮大中選擇一個或多個確定因素[60]。這就是韋伯稱之爲思維過程的虛擬方法。因此，對於研究人員來說，這是一個通過減去一項或多項元素來創建的「假想表」以構建新的事件過程的問題。正是對這些可能性的分析，使研究人員能夠找出不同的原因，理清它們並確定它們的優先次序。

　　然而，這種尋找原因的虛擬方法帶來了兩個主要問題。首先，它提出了一個問題：「你如何具體地給每一個客觀可能性分配一個適當的概率？」。第二個問題在於選擇最相關的前因，實質上這種選擇是標誌著虛

---

[57] Arnold, Martin. "Making books: The 'What Ifs' that fascinate". New York Times. Retrieved 25 June 2012

[58] Définition proposée lors du séminaire de recherche de Quentin Deluermoz et Pierre Singaravélou What If...? Apports, limites et enjeux de la démarche contrefactuelle en histoire, EHESS, 2010

[59] Antoine Prost, Douze leçons en histoire, Paris, 1996, p. 178

[60] Quentin Deluermoz et Pierre Singaravélou, Des causes historiques aux possibles du passé? Imputation causale et raisonnement contrefactuel en histoire, Labyrinthe, 2012

擬調查開始的確切時刻,即轉捩點[61]。例如當我們思考第一次世界大戰爆發時間的問題時,不可能給出一致的時間。事實上,有些人會認爲爆發時間點是奧地利大公斐迪南在塞拉耶佛遇刺,而另一些人會認爲一戰的點燃是從奧地利向塞爾維亞發出最後通牒開始。

從古代到十九世紀的西方,許多作家都採用了一種簡單的虛擬方法,即離題的形式。例如古羅馬歷史學家李維(Livy)、近代英國歷史學家吉本(Edward Gibbon)或法國哲學家帕斯卡(Blaise Pascal)。在十九世紀,出現了一種新的文學體裁:虛構概念,其想法是通過修改歷史事件來寫小說,以分散注意力,同時也支持政治事業。然後,在二十世紀初,歷史學家希望爲他們的著作提供科學基礎,這可能會使他們遠離虛構的概念。但是社會學家韋伯證明了虛擬史學在歷史科學中的重要性,這種方法可以衡量歷史的意義,建立客觀的可能性,從而使評估一個事件的範圍成爲可能[62]。

第三節 歷史多重原因的因果關係

第一個是區分根本原因和表面原因。事實上,根本原因對事件的影響將遠遠大於表面原因。在強調這兩種類型時,首先要確定原因的優先次序。但另一個區別也很重要。這包括最終、物質和偶然原因。前者,即最終原因,「是意圖,是根據理性判斷的行爲。」其次,物質原因構成了被認爲是解釋事實的客觀數據。在討論這些物質原因時,我們也可以使用「條件」一詞,因爲它們並不能以不可避免的方式確定事件,即使沒有它們,事件可能不會發生[63]。最後,意外原因完全取決於偶然性,它們

---

[61] Quentin Deluermoz et Pierre Singaravélou, Des causes historiques aux possibles du passé? Imputation causale et raisonnement contractuel en histoire, Labyrinthe, 2012, p. 63

[62] Deluermoz Quentin, Singaravélou Pierre, Explorer le champ des possibles. Approches contrefactuelles et futurs non advenus en histoire, Revue d'histoire moderne et contemporaine, 3, 2012 (n° 59-3), pp. 70-95

[63] Antoine Prost, Douze leçons sur l'histoire, Paris, 1996, p. 171

起到了觸發作用。爲了說明這三種類型的原因，法國歷史學家普羅斯特（Antoine Prost）以礦井爆炸爲例。在他看來，「點燃火藥的火花是偶然的原因；物質原因有：爐膛開裂、爐膛周圍岩石緻密、粉末充填等。最終的原因是決定引爆地雷的原因，例如道路拓寬工程。

一、遠因與近因

當人們試圖區分遠因和近因時，也會對兩種類型的原因進行區分。遠因指的是「在一定時期內使事件成爲可能，甚至有時是不可避免的事件」。除此之外，近因是在特定時間發生的決定決定性影響的事件[64]。比利時歷史學家哈辛（Paul Harsin）以第一次世界大戰爲例，遠因是爆發戰爭之前的二十年同盟國與協約國之間對立，民族主義興起，軍備競賽和經濟帝國主義和殖民擴張；另一方面，近因可以被視爲向塞爾維亞發出最後通牒[65]。如果要優先考慮這兩個原因，似乎很難說。

事實上，遠因完成了近因，反之亦然。第一個，即遠因，給出超越事件的一般條件。此外，第二個堅持一個事實，這將被視爲事件的導火線。哈辛在他的著作中說：想要將一切歸結爲遠因，就是用一種不可避免的必然性來表現歷史事件，這種必然性在當今社會的許多生活環境中幾乎不會出現。

二、標誌的歷史事件

在這裡，我們只想就一個微妙的問題發表幾點意見，這個問題已經引起了許多發展，但歷史學家在日常工作中往往掩蓋了這一點。研究人員都面臨著同樣的問題。他們分析了一個事實，用法國哲學家雷蒙·阿倫（Raymond Aron）的話來說，「總是有多種前因」[66]。通常情況下，歷史

---

[64] Paul Harsin, Comment on écrit l'histoire, Liège, 1964, p. 121

[65] Paul Harsin, Comment on écrit l'histoire, Liège, 1964, p. 122

[66] Raymond Aron, Introduction à la philosophie de l'histoire. Essai sur les limites de l'objectivité historique, Paris, Gallimard, 1986, p. 199

學家必須問自己「如何確定眞正的原因」。例如在1952年，英國哲學家加德納（Patrick Gardiner）想知道斐迪南大公被暗殺與第一次世界大戰之間的關係，第一次世界大戰與共產主義興起之間的關係，或者更廣泛地說，新教的興起與資本主義的發展之間的連繫，以及盧梭有關人權的著作和羅伯斯比（Robespierre）的政府之間關係等[67]。這些不同的例子提出了專業史學術語的問題：什麼叫做歷史事實、歷史事件、歷史效果等？另一方面，這些不同因素之間是否存在眞正的因果關係？

　　這個問題由來已久。歷史作爲一門學科很快就被定義爲研究過去事件的原因。因此，在西元前二世紀，古羅馬歷史學家波利比烏斯（Polybius）試圖對與布匿戰爭發生的原因進行研究，並以此爲基礎，設計了一個特殊原因和一般原因的理論。眞正的原因在於將領自身的道德約束和意圖[68]。但它也考慮到了羅馬人和迦太基人之間衝突的一個結構性原因：即羅馬憲法效果。按照亞里士多德和波里比烏斯所闡述的這一模式，歷史學家傾向於區分不同的因果關係，包括週期性和結構性、特殊性和一般性；不同的因果關係，指的是不同時間的結合。歷史學家認爲，查明所謂的根本原因是最危險的做法，但這是必要的，因爲這些結構性原因往往被認爲是最重要的。因此，這種歷史因果關係的研究導致了因果關係的等級劃分，這似乎是歷史學家相對於科學家的一種特殊性。

　　一旦獲得了多種原因的想法，一系列的緊張局勢就會繼續存在。其中之一反對決定論和偶然性，或者更準確地說，提出了一個從一個到另一個的連續性問題。直到十九世紀，歷史學家都承認他們的敘述是基於歷史定律的。然而，在許多情況下，這些定律代表了一種慣例，爲不太確定的因果邏輯形式提供了一個實用的框架。波利比烏斯就是這樣，他在憲法生死

---

[67] Patrick Gardiner, The Nature of Historical Explanation, Oxford, 1952

[68] Polybius, Histoires, III, 6; voir Paul Pédech, La méthode historique de Polybe, Paris, Les Belles Lettres, 1964

存亡的歷史定律的框架內，考慮了政治領袖的心理。文藝復興和啟蒙運動的哲學家和歷史學家也遵循這種確定性的歷史定律，他們借鑑了自然科學的模式。因此，從法國哲學家布丹（Jean Bodin）到孟德斯鳩，論證的主要原則之一具有生態學性質：環境決定了歷史的演變[69]。

　　十九世紀，偶然性的概念得到了更有力的解釋和論證。法國哲學家古諾（Antoine Cournot）在1872年發表的《思想與事件的演變》一書中指出，歷史是一種「將必然性和偶然性結合起來的現象的特殊方式」。事實上，歷史不可能是一系列事件，「必然地、有規律地，借助於不變的定律，相互衍生」。否則，未來是可以預測的。歷史也不能是「一系列互不相關的事件」，就像彩票結果一樣，不能構成歷史敘述。古諾認為，歷史介於這兩種形式之間，介於必然性和偶然性之間。更準確地說，偶然性不再是我們對原因的無知所採取的形式；它變成了一種相遇，是「兩個獨立的因果序列」的不可預知的干擾，它們根據部分或完全隨機的過程被闡明。偶然因果的概念由此產生：在這個複雜的因果系統中，一個偶然的原因，一個次要的原因可以決定連鎖關係，從而深刻地改變整體[70]。

　　古諾把歷史定義為一個線性的概念。事實上，他寫道：「歷史……包含了一系列事件。」事件將以時間順序的方式發生，根據他的說法，科學將是一個週期性的概念。他還寫道：「科學描述了日食的連續性（天文學）、聲波的傳播（物理）、疾病的過程（醫學）」。這兩個概念之間的唯一連繫是時間。因為，歷史會隨著時間的推移而演變，而科學也會隨著時間的推移而重演[71]。

---

[69] Jean Bodin, Méthode pour une facile compréhension de l'histoire, dans Œuvres philosophiques, 1566, Paris, PUF, 1965; Montesquieu, De l'Esprit des lois, 1748, XIX, 4, Paris, Les Belles lettres, 1961

[70] Thierry Martin, La philosophie de l'histoire de Cournot, Revue d'histoire des sciences humaines, 12/1, 2005, pp. 141-162

[71] Antoine-Augustin Cournot, Essai sur les fondements de nos connaissances et sur les caractères de la critique philosophique, t.2, Librairie de L. Hachette et Cie, 1851, p. 200

　　決定論和偶然性之間的這種緊張關係週期性地重新出現，就像實證史學派和塗爾幹學派之間的爭論那樣。法國歷史學家朗格洛伊斯（Langlois）和塞格諾博斯（Seignobos）捍衛歷史是對偶然性、單一性的研究，與首先尋求建立定律的自然科學相對立。塗爾幹學派社會學家西米安德（François Simiand）在1903年發表在綜合歷史評論上的有爭議的文章《歷史方法和社會科學》中，攻擊了法國實證史學派，因爲他認爲，他們只重視對偶然事實的描述，而不去理解眞正的原因。西米安德試圖促進「因果研究」，這將強烈影響年鑑學派（École des Annales）的一部分。

　　歷史的連續性和斷層之間的另一種定律的張力構成了歷史話語。基於歷史事實之間連續性的預設，直到第二次世界大戰之前，歷史寫作一直以線性敘述的形式占據主導地位，這是布勞岱提出的：它涉及社會學、地理學、經濟學和人類學等所有人文學科，這些學科與歷史不同，側重於連續性而不是變化[72]。

　　布勞岱通過揭示不同的時間性、短時間、中時間、長時間的不同來質疑歷史事實的線性連續性的想法。但是，出於同樣的原因，他避免分析變化和重新思考事件。幾年後，法國歷史學家福柯（Michel Foucault）開啟了線性歷史的另一個突破口，他讚揚了歷史的不連續性[73]。

　　就福柯而言，他打算打破當時盛行的思想史：一個致力於分析連續性和通過圍繞人和作品的同心圓傳播思想的子學科；相反地，知識考古學試圖通過剪切來思考變化、轉變和斷層，這些斷層導致新話語和新社會角色的突然重組。這種對不連續性的分析表明了新穎性。它還使理解新對象成爲可能，例如情感、敏感性或更廣泛的表現。這些過程沒有線性的概念，

---

[72] Fernand Braudel, La Méditerranée et le monde méditerranéen à l'époque de Philippe II, Paris, Armand Colin, 1949; id., Histoire et sciences sociales: la longue durée, Annales. Économies, sociétés, civilisations, 13/4, 1958, pp. 725-753

[73] Michel Foucault, L'Archéologie du savoir, Paris, Gallimard, 1969

因此不屬於因果機制邏輯。是故，歷史學家可以識別出，出現和當代的現象，同時對可能連接兩個連續或同步的歷史現象的因果關係進行批評。

結語

歷史上的虛擬歷史是矛盾的：在歷史著作中無處不在，它的明確使用會引發許多風險，但允許研究人員重新審視基本問題，例如因果關係和決定論。虛擬歷史確實不僅僅是想像的問題。儘管看起來很奇怪，但它在提出假設和尋找因果關係方面的作用，與歷史更科學的層面同樣相關。歷史因果關係或因果歸責問題是一個廣泛的問題，一直困擾著歷史學家和知識論者。儘管真正研究過這個問題的歷史學家並不多見，但「因果關係的重建」確實是過去最常用的可理解性形式之一，無論是明示或暗示的、有意識的還是無意識的。

在日常生活中，歷史學家確實花費了很大一部分精力來確定「原因」並確定它們的優先順序。研究人員有時會被所謂的事後推理所欺騙，這些謬論在現象中只看到前因或推論時才看到原因。然而，今天的歷史學家對這種線性因果關係的形式更加懷疑，並放棄了單一因果關係的解釋（A型給出B型），轉而分析歷史現象的多重原因。同樣，從二十世紀初開始，實證主義的定義，即科學分析可以完全理解歷史事實的存在理由，歷史事實的詮釋已經被一種建構主義的觀點所取代，這種觀點認為因果關係是兩個因素之間的連繫，在這種情況下是兩個歷史事實之間的連繫。

然而，在所有情況下，虛擬歷史似乎在因果關係理論中無處不在：當人們打算考慮時間元素（事實、行為、思想、現象、動態……）之間的關係時，這似乎是不可避免的。因此，作為一項原則，它是不確定的，這就解釋了為什麼它也是因果關係危機的核心。從這個意義上說，虛擬歷史既是一種揭示者，也是一種工具，可以以各種方式使用，隱含或展示，簡單化或複雜化，但也可以開闢因果關係的新概念。

因此，歷史敘述通常是由一連串的事件和「轉折點」構成的，這些

「轉折點」決定了歷史發展的延續。然而，正如沒有偶然事件這樣的事情一樣，在特定的詮釋系統中只有一個轉折點。「轉折點」是歷史範式、敘述模式和研究者世界觀的產物。這些歷史轉折點以及偶然現象屬於為歷史哲學的敘述過程。歷史學家需要選擇並按時間順序闡明事件和結構，以構建引人入勝的情節。研究人員經常迴避對「原因」的分析，而傾向於對「效果」的描述，在這種情況下，虛擬歷史分析使我們能夠揭示為歷史話語提供信息的潛在理論模型。通過這種方法，歷史學家可以證明他的敘述比所有其他虛擬歷史和另類歷史更可信。因此，虛擬歷史必須考慮變化和持久性。絕不能保證由此確定的關係的嚴密性或正確性；另一方面，它可以幫助理解複雜的關係，在不放棄確定問題的前提下擺脫因果關係的束縛。

第八章

年鑑學派

　　年鑑學派是二十世紀法國最重要的史學團體。它建立了新的史學方法和新史學。其三大創新是關注經濟和社會，可量化資料和長期發展方向。德國歷史學家蘭普雷希特（Lamprecht）的方法論對他們至關重要。年鑑學派名稱來源於於1929年布洛赫（Bloch）和費弗爾（Febvre）創辦的《經濟與社會歷史年鑑》期刊。該期刊在幾次改名後一直存在到今天，自1994年以來一直被稱爲年鑑學派。《經濟與社會歷史年鑑》期刊，由法國高等社會科學院（EHESS）出版。

　　年鑑學派的歷史不關心政治事件，而是關心社會過程、結構，他用社會科學的方法研究廣泛的主題。在這一趨勢中，歷史學家從解決或回答問題的角度堅持一種史學立場，一種繼承自精確科學的立場，其次是社會科學。此外，與傳統史學不同的是，這些作者意識到，他們不是通過忠實地再現歷史來書寫歷史，而是從自己的概念和主體性出發，從理論出發，對歷史現象進行解讀，編寫歷史。

　　關於資料來源，年鑑學派擴大了可合理利用的資源範圍。雖然書面檔案在其實證基礎上仍然是一個非常重要的因素，但所有可能在研究中提供有用證據的因素都已包括在內。它產生了地理學、社會學、經濟學、文化學、人口學、心理學、人類學和政治學，其涵義也與傳統歷史不同。

　　年鑑學派的出現對二十世紀社會科學研究的分析具有重要意義，爲歷史領域各種方法的出現開闢了道路。這種學科的原子化將導致方法論與認識論的重大衝突，並導致後現代批判的危機。儘管年鑑期刊一直在尋求更新，但他們的努力不得不等待第二次世界大戰的結束。布洛赫是法國抵抗運動的一名成員，也是一名猶太人，他遭到蓋世太保成員的酷刑和謀殺，

費弗爾在一九四〇年代繼續出版年鑑期刊。在這些年裡，他教授布勞岱，
並成爲年鑑學派最著名的代表人物之一。

　　布勞岱（Fernand Braudel）的著作定義了年鑑學派的「第二代」，這
在一九六〇年代非常有影響力。布勞岱創新了歷史領域，在解釋歷史事實
時引入了「持續時間」（短、中、長）。1945年，布勞岱在發表了《菲利
普二世時期的地中海和地中海世界》的論文後[1]，他成爲了年鑑學派的最
高代表，也是費弗爾的繼任人選，費弗爾在1956年去世之前一直是他們的
領導人。1949年，他成爲法蘭西學院（College de France）的教授，並於
1956年接替了費弗爾。面對他的權力逐步鞏固，因而產生了自願分裂的曼
德魯（Robert Mandrou）和淨化；並強加給他的忠誠學生，如費羅（Marc
Ferro）或勒戈夫（Jacques Le Goff）。它逐步的控制法國獎學金和部分國
際獎學金，也確立其在法國的學術霸權和掌控國際衛星和洛克菲勒基金
會。

　　布勞岱爲支持費弗爾的提議而提出方法論，將以空間和地緣政治融
入歷史論述爲基礎。對於法國中世紀歷史學家格雷奧（Alain Guerreau）
來說，布勞岱以其「三衝程發動機」（three-stroke engine）爲理論的困境
提供了一條出路。在菲利普二世時期的地中海和地中海世界的著作，布勞
岱提出了一種以不同進化速度爲特徵的結構。它的基礎是「地理歷史」，
即人與周圍環境的關係。然後是「集體命運和集體運動」的社會結構，分
爲經濟、帝國、文明、社會和戰爭形式。最後，布勞岱將「事件、政治和
人物」視爲泡沫一樣衝擊著岩石結構。這種結構的問題在於它創建了一個
整體方案，在該方案中我們沒有發現其各部分之間的因果關係。通過用確
定性的解釋來構建一切，他幾乎沒有提供從封建主義到資本主義過渡的數
據。

　　1979年，布勞岱出版了《十六到十八世紀的物質文明、經濟和資本

---

[1]　菲利普二世（1527－1598年）西班牙、那不勒斯和西西里國王。

主義》。在這部著作中，他進行了方法論上的革新，主要受美國社會學家沃勒斯坦（Immanuel Wallerstein）理論的影響。在這裡，他根據經濟活動的不同特徵來構建這部作品。這種劃分的特點是以基本文明或「物質」為特徵，在這種文明中，所有逃避市場的基本活動都是經濟本身。第三個領域是「積極的社會等級制度」，壟斷和特權的博弈。布勞岱的「資本主義」，逃避市場規則，是投機的同義詞，從商業角度強調社會關係，忽視了秩序、等級和從屬關係，把剝削關係從分析中轉移出去。

因此，布勞岱面臨著一項任務，即通過假設結構的必然性，為費弗爾的功能主義遺產帶來一致性。儘管如此，年鑑學派仍然保持著它的嚴謹性。當過渡到第三代時，拋棄理論的風險將得到證明，法國歷史學家多塞（François Dosse）稱之為「轉向」。一九七〇年代初，布勞岱因內部分歧而退出年鑑學派。第三代人的特點是異質性，在方法論、政治或知識上沒有共識。然而，可以突出一些特點：學術和社會存在的新增以及對文化研究的興趣。

這些歷史學家在勒戈夫（Le Goff）和諾拉（Nora）的領導下，創造了一個專有名詞「新歷史」，對他們自己的作品進行分類，試圖標記他們所設想的史學新穎性。根據勒戈夫的說法，新歷史的誕生是為了回答更廣泛歷史學者的新問題，並將人類學的方法內化。現在人們對這一事件、政治史、精神和表達的再發現史以及整個歷史感興趣。他們因「錯誤資訊」而受到批判，即研究對象的無序擴散。

在這場危機的背景下，萊佩蒂（Lepetit）作為年鑑學派出版品的祕書，於1988年春季發表了一篇社論，宣布了這一新的轉捩點。法國歷史學家沙蒂爾（Roger Chartier）被認為是第四代年鑑學派的最重要代表。

第一節　起源與發展

在十九世紀到二十世紀之交，法國歷史學家發現自己受到了相關學科代表的大規模抨擊。歷史被認為是過時的，因為它總是只描述典型的個

案，而不是理論性的。未來，它只能爲社會學提供例子。與此同時，法國
地理學家白蘭士（Blache）描述了環境對人類發展的影響。

歷史學家布洛赫（Bloch）和費弗爾（Lucien Febvre）隨後成功地將
這些相關學科應用於歷史。一九二〇年代，他們在斯特拉斯堡大學期間，
與社會學家和地理學家密切合作，並將這些方法帶入了歷史學界。最後，
他們以1903年以來一直存在的《德國社會和經濟史季刊》爲模式創立了
年鑑期刊。比利時歷史學家皮雷納（Pirenne）在經歷了第一次世界大戰
後，放棄了德國社會和經濟史季刊歷史學派，並推動了布洛赫和費弗爾項
目，他的支持也產生了重大影響。

第二次世界大戰後，年鑑學派於1947年在巴黎建立了一個學術機
構，成立高等研究應用學院第六組，1975年成立法國社會科學高等研究
院（École des hautes études en sciences sociales），是法國巴黎的一個大學
院。它具有高度的選擇性，被認爲是法國最負盛名的研究和高等教育機構
之一。它在宗教研究和歷史方面的學位在世界上名列前茅。在亞洲和伊斯
蘭研究方面不斷培養出世界一流的專家，其中包括專門從事這些領域的投
資銀行家、外交官和軍官。

在接下來的一段時間裡，它成爲法國歷史上最具影響力的潮流，並在
國際上產生了巨大的影響。許多重要的職位（索邦大學和法蘭西學院）都
被該校代表占用。此外，在法國公眾對歷史的介紹中，主要出版商的系列
叢書、法國主要報紙，如《世界報》和《新觀察家報》關於歷史的文章到
法國文化的《歷史報》等電臺廣播，年鑑學派占據了主導地位[2]。

一、高等教育實踐學院

高等教育實踐學院（École pratique des hautes études）是法國一所大
型高等教育機構，專門從事生命與地球科學、歷史與語言學和宗教科學。

---

[2] Robert Deutsch, La Nouvelle Histoire, the story of a success, Historical Journal, Volume 223, 1981, p. 108

它作爲大型研究機構的地位使其能夠有選擇地招收學生。高等教育實踐學院在相關科學領域的法定任務包括通過研究實踐發展—研究和培訓[3]，它是巴黎科學與人文學院[4]（PSL）的「組成部分」。它也是康多塞校區（Campus Condorcet）公共機構（EPCA）的創始成員。

　　高等教育實踐學院成立於1868年，現在由三個部門（生命和地球科學、歷史和文獻科學以及宗教科學）和四個研究所（歐洲宗教科學研究所（IESR）、太平洋珊瑚礁研究所（IRCP）、跨學科老齡化研究所（ITEV）和稀有語言研究所（ILARA）組成。

　　由布勞岱（Braudel）領導的前第六部門（經濟和社會科學）於1975年成爲一個獨立機構，即法國社會科學高等研究院（EHESS）。高等教育實踐學院自成立以來一直設在索邦大學，隸屬於高等教育、研究和創新部，也是索邦大學一個「校外」機構，主要在巴黎的不同大學和研究中心開展活動，但也在整個大城市地區（蒙彼利埃、佩皮尼昂、波爾多、里昂、第戎、迪納爾和卡昂）和法屬波利尼西亞（莫雷阿）。

1. 創建原因

　　1864年，雷南（Ernest Renan）在《兩個世界》（Revue des deux Mondes）雜誌[5]上發表了一篇文章，將德國大學與法國高等教育進行了比較，後者是「最富有的智力激盪」，「與其說是現代科學，不如說是西元四、五世紀的修辭學科學」，雷南抱怨說，由於對修辭學的重視，法國的哲學和科學教育水準已變得平庸，損害了學術和科學研究[6]。

[3]　Décret n° 2005-1444 du 24 novembre 2005 relatif à l'École pratique des hautes études

[4]　Décret n° 2019-1130 du 5 novembre 2019 portant création de l'Université Paris sciences et lettres (Université PSL) et approbation de ses statuts, 5 novembre 2019

[5]　Ernest Renan, L'instruction supérieure en France: son histoire et son avenir, La Revue des deux Mondes, t. LI, 1er mai 1864, pp. 73-95

[6]　Serge Nicolas, Études d'histoire de la psychologie, Paris, L'Harmattan, 2009, p. 245

　　杜魯伊（Victor Duruy）自1863年6月起擔任拿破崙三世的教育部長，他對雷南的論點和塔內（Hippolyte Taine）的教育思想非常敏感。此外，考慮到法國大學相對於德國大學的地位[7]，委託他的政府對法國、英國、比利時、荷蘭以及德國的高等教育機構進行比較調查。1868年公布的《高等教育統計數據》列出了一系列重大缺陷和各種功能失調，包括所有教育資源不足、椅子太少、建築物破舊、缺國際化，師資力量、圖書館和研究人員的貧乏。此外，索邦大學、巴黎師範學院或法蘭西學院最著名的教授必須滿足提供一門大師級課程，該課程整合了他們擔任教席的主題的知識。高等研究應用學院的創建在很大程度上歸功於當時為高等教育改革而奮鬥的學者，如雷南、布特米（Boutmy）、拉維塞（Lavisse）、貝瑟洛特（Berthelot）和巴斯德（Pasteur）。

　　杜魯伊決定變更法國新大學的教育，而不是從內部改造，因為他知道他將遇到不可戰勝的反對，而是通過在舊大學中新增一個外圍的創造物，正如我們所說的。例如法蘭西學院的創立。杜魯伊在創辦中並沒有掩飾自己的雄心壯志，他後來宣布：「高等教育實踐學院是我在索邦大學種下的一粒種子」；事實上，通過從德國式的研討會中汲取靈感，大學忽視了促進課程和教學方式的問題。高等教育實踐學院（EPHE）必須是一個獎學金和研究機構，負責引導學生以身作則到實踐（因此得名）。

　　高等教育實踐學院是以實踐報告為基礎進行研究的。從一開始，它就致力於知識的產生和傳播，為學生提供學術界人士（博士和博士候選人）和實驗室科學家（自然科學或人文社會科學）的研討會。實際上研究主任是私人和公共機構的學者或研究專業人員。這種類型的招聘（學術界／研究領域公認的專業人士）現在在商學院和工程學院中是獨樹一幟的，對高等教育實踐學院來說非常古老。

---

[7]　Terry N. Clark, Prophets and Patrons: the French University and the Emergence of the Social Sciences, Harvard University Press, 1973, pp. 42-45

　　高等教育實踐學院是根據1868年7月31日的一項法令設立的，該法令第1條規定：它成立於巴黎，它應在教育部下屬的科學機構內設立高等教育實踐學院，目的是在理論教育之外設立高等教育實踐學院。可以加強和擴大它的實踐。

　　該機構被視爲一個行政實體，負責爲純研究和培訓提供資金。例如1888年，高等教育實踐學院從培訓和高級研究部獲得329,600法郎，此外，巴黎市還提供了36,000法郎的獎學金[8]。一方面，它允許沒有國家論文的科學家能夠接受高水平的高等教育；另一方面是爲了發展大學知識的實用性或適用維度，以及大學知識的新分支。

　　爲了招聘研究員並組建不同於大學教授的團隊，如果在他們研究的科學領域招聘專業人員，則不需要國家博士學位（事實上，許多教師擁有博士學位並在應用研究機構擔任專業人員）；並非所有研究員都有「教授」（Professeur）的頭銜，而是「研究主任」（directeur d'Étude）的頭銜。

　　與法蘭西學院一樣，主席（Chaires）的名稱隨著研究的發展而變化。這使得高等教育實踐學院能夠在每一次新招聘中，從當選候選人提出的主題開始，保持在實踐研究的前沿。根據研究主任的工作進度定期更換的課程張貼在海報上向學生公布。

2. 開始和發展

　　高等教育實踐學院最初由四個部門組成（1868年）：數學（第一部門），由瑟雷特（Serret）、布里奧特（Briot）和普伊索（Puiseux）策劃；物理和化學（第二部門），由巴拉德（Balard）、沃茨（Wurtz）和賈明（Jamin）領導；自然科學與生理學（第三部門），由愛德華茲（Edwards）、德凱恩（Decaisne）和伯納德（Bernard）、貝瑟洛特

---

[8]　Harry W. Paul, From Knowledge to Power: The Rise of the Science Empire, Cambridge University Press, 2003, p. 50

（Berthelot）（生物化學系統方法的先驅之一）指導；第四部門新增了歷史文獻和宗教科學（第四部門）。從那時起，歷史學科在法國被視爲一門實用科學，現在被列爲社會科學[9]。不久將增加第五部門（1869年）[10]，內容如下：

經濟和行政科學，涉及對公共事務及其管理工具的思考。由於戰爭和法蘭西第二帝國的垮臺，它將沒有未來，1873年成立的自由政治科學院將接管該項目。由於沒有特定的場所，因此啟動了一項擴建巴黎索邦大學、博物館和醫學院的方案，以便爲它提供空間。在開幕式上，400人申請免費課程，264人被錄取（第一部門37人，第二部門75人，第三部門94人，第四部門68人）。學校最初提供42門課程，1872年新增到60門課程，其中15門課程在各省。1872年，巴黎有20個研究單位，各省有8個，巴黎有36個「教學實驗室」，各省有5個。

1886年，高等教育實踐學院成立了一個新的部門：宗教科學（第五部門）。1947年，在歷史學家布勞岱（Braudel）的指導下，經濟和行政科學部門被重新命名爲「經濟和社會科學（第六部門）[11]。這一部門後來獨立，並於1975年成爲一個大型的獨立機構，即法國高等社會科學院。1986年，第一部門和第二部門被廢除，並附屬於大學或國家科學研究中心[12]。

二、法國社會科學高等研究院

法國社會科學高等研究院（EHESS）是一所高等學院。它位於巴黎，提供各種社會科學的研究和培訓：歷史、考古學、社會學、統計學、

---

[9]　Jacques Revel(dir.) et Nathan Wachtel (dir.) (préf. Marc Augé, section de l'EPHE), Une école pour les sciences sociales: de la VIe Section à l'École des hautes études en sciences sociales, Paris, éditions du Cerf, 1996, p. 554

[10]　Décret du 30 janvier 1869

[11]　Décret du 3 novembre 1947

[12]　Décret du 14 mars 1986

法律、政治學、人口學、經濟學、人類學、民族學、地理學、哲學、語言學、文學理論、藝術（在其理論和實踐形式）。由於其學生人數相對於大量研究人員人數少，其研討會非常專業化以及所提供課程的獨創性，法國社會科學高等研究院在教學和研究領域占有特殊的地位。因此，博士生占學生總數的比例遠遠高於法國高等教育機構的平均水平。

1947年，在美國自由高等教育學院（ELHE）解散後，法國社會科學高等研究院（EHESS）在巴黎成立。美國自由高等教育學院於1942年在紐約成立，由施特勞斯（Strauss）、科恩（Cohen）、福西隆（Focillon）、馬里坦（Jacques Maritain）和佩林（Perrin）領導。在美國政府和洛克菲勒基金會的後勤和財政支持下，它作為紐約新社會研究學院的巴黎分部。其學術團體由二戰期間流亡大西洋彼岸的猶太人、抵抗運動者和共產主義知識份子菁英組成。

科雷（Koyré）和幾名前美國自由高等教育學院成員於1947年搬到巴黎，成立了社會科學高等研究院（EHESS），作為高等教育實踐學院（EPHE）的一個部門。社會科學高等研究院對應於高等教育實踐學院的第六部門，即所謂的經濟和社會科學；因此，它包括更廣泛意義上的人文社會科學。它是根據1947年11月3日的法令正式設立的[13]，該基金會滿足了自高等教育實踐學院成立以來經常表達的將社會科學教育結合起來的需求。

它最初由歷史學家費弗爾（Febvre）領導，1956年去世後由布勞岱（Braudel）領導。在一九六〇年代，它通過將不同的社會科學結合起來，成為一個跨學科和方法論的反思中心。一九五〇年代中期，布勞岱與伯傑（Berger）一起，在福特基金會（Ford Foundation）的資助下，開發了一個人類科學之家的項目，並逐步在拉丁文區和拉斯派爾大道（Raspail

---

[13] Décret du 3 novembre 1947 portant modification du nom d'une section créée à l'École pratique des hautes études

Boulevard）設立了多個研究小組。該科正式開展面向研究的國際招聘。
戈夫（Goff）於1972年接替布勞岱。

　　如上所述，1975年，第六部門從高等教育實踐學院獨立出來，成為社
會科學高等研究院。它具有公共機構的地位，並有權授予國家博士學位。
現在擁有大量涵蓋所有社會科學的研究中心。1984年它成為一個「大型機
構」，就像高等教育實踐學院或法蘭西學院一樣。

三、年鑑學派的創始成員

1. 蘭普雷希特

　　蘭普雷希特（Karl Lamprecht）[14]的著作一方面致力於德國的歷史；另
一方面致力於歐洲的社會經濟史，特別關注中世紀時期。他對歷史的跨學
科研究以及他對社會、環境甚至心理因素的歷史作用的觀察在德國學術界
引發了爭議；他雄心勃勃的《德意志科學史》，一部涵蓋過去所有方面的
德國同步歷史，提出了多年的方法論衝突（Methodenstreit）。蘭普雷希
特主要受到法律史學家和憲法學者的批判，他們像梅內克（Meinecke）和
馮・貝婁（von Below）[15]一樣，批評他「缺乏嚴謹性」，忽視政治背景和
意識形態。事實上，蘭普雷希特和他的學生直到一九六〇年代都被排除在
學術界之外，社會和跨學科歷史在德國仍然是一個禁忌。

　　根據美國歷史學家布雷薩克說法（Ernst Breisach），蘭普雷希特將心
理阻力視為歷史上起作用的主要力量。但它來自於每個民族特有的心理，
而不是個人的融合[16]。蘭普雷希特的思想和方法在法國和美國受到了熱烈
的歡迎[17]。早在1904年，他就應邀在哥倫比亞大學發表了一系列演講，

---

[14] 蘭普雷希特（1856—1915年）是普魯士歷史學家，他的跨學科史學方法，在法國年鑑學派的形成中
　　發揮了重要的方法論作用。

[15] 馮・貝婁（1858—1927年）德國保守派歷史學家。

[16] Ernst Breisach, Historiography, p. 279

[17] Karl Lamprecht, Revue germanique internationale, no 10, 1998

1905年翻譯並出版了《什麼是歷史》。他沒能說服其他歷史學家，但他的
觀點人民的靈魂（Soul of the People）的一種變體干擾了法國史學，並影
響了來自費弗爾（Febvre）[18]著作的心態和敏感性的概念。

　　然而，然而蘭普雷希特的著作對法國社會史學家布洛赫以及年鑑學派
的思想也產生了深遠的影響。他的學生之一是蔡元培，後來擔任北京大學
校長，對現代中國思想產生了巨大影響。

2. 費弗爾的歷史觀

　　費弗爾（Lucien Febvre）希望在他有生之年改變歷史學家的史觀。他
認為，要做到這一點，首先必須脫離上一代人（傳統歷史學派）的歷史
觀，因為在他看來，它不再能夠解釋現代世界的變化。事實上，他拒絕了
一些學派所採用的決定論，而支持法國地理學家拉布拉赫（la Blache）提
出的可能性理論。因此，他希望一勞永逸地消除對自然環境決定論的依
賴，以解釋社會的演變。並認為，我們還必須把重點放在一個以現在為基
礎的「歷史問題」上。

　　因此，他主張的歷史不是對某事物的描述，而是對某事物的解釋，為
了實施這種方法，我們必須選擇事實，組織它們並從中得到一些東西。他
提出了一種新的知識理論。最後，費弗爾試圖尋求社會科學的結合。為了
實現這一目標，他主張將學科（地理學、社會學、經濟學等）對立起來。
事實上，我們可以說費弗爾試圖將歷史合法化，使之成為一門社會科學，
因此是一門關於社會、經濟以及政治和文化的科學。

　　這些歷史的特徵在今天看來是理所當然的，但在當時，採用這些特徵
顯示出一定的勇氣，因此它在法國史學中占有一席之地。我們需要知道，
這位歷史學家並不總是被提及。布洛克最近的英雄事蹟（因為他在戰爭期
間參與了抵抗運動）是以犧牲費弗爾的後續努力為代價的。事實上，正

---

[18] Ernst Breisach, Historiography, pp. 342-343

如波里耶（Poirrier）在他的《史學導論》中指出的那樣，在過去的15年裡，歷史學家傾向於強調布洛克而忘記費弗爾。例如年鑑學派本能地與布洛克連繫在一起，但不一定與費弗爾連繫在一起。

3. 布洛克的歷史觀

布洛克（Marc Bloch）在奧斯陸的演講，名為「走向歐洲比較歷史」[19]，構成了他的下一本書《法國鄉村歷史的起源》的基礎。同年他與費弗爾共同創辦了年鑑期刊（Annales）。其目的之一是抵制傳統歷史學派，英國歷史學家戴維斯（Robert Davies）稱其「犯了清空人類歷史的重大錯誤」。在布洛克（Marc Bloch）看來，糾正這種趨勢是他的職責。布洛克和費弗爾都試圖將法國歷史重新聚焦於社會史而非政治史，並促進社會學方法的使用[20]。該雜誌幾乎完全避免了敘述歷史。

《年鑑》期刊創刊號闡述了編輯的基本目標：反對任意和人為地將歷史劃分為不同的時期，將歷史和社會科學統一為一個整體，並促進所有其他史學流派的接受。因此，年鑑學派經常包含對當代事件的評論，而不僅僅是對歷史事件的評論。編輯該期刊使布洛克與歐洲不同領域的學者建立了密切的專業關係[21]。《年鑑》學派是唯一擁有先入為主的方法論觀點的學術期刊。布洛克和費弗爾都不想呈現中性的外觀。在它出版的十年中，它保持了堅定的左翼立場。

撰寫比較歷史的比利時歷史學家皮雷納（Henri Pirenne）大力支持新期刊。戰前，他以非官方身分充當法國和德國史學流派之間的橋梁。布勞岱（Fernand Braudel）在第二次世界大戰後成為年鑑學派的重要成員，後

---

[19] Schöttler, P., After the Deulge: The Impacht of the Two World Wars on the Historical Works of Henri Pirenne and Marc Bloch", 2010, p. 415

[20] Stirling, K., Rereading Marc Bloch: The Life and Works of a Visionary Modernist. History Compass., 2007, 5: p. 530

[21] Epstein, S. R., Marc Bloch: The Identity of a Historian. Journal of Medieval History., 1993, 19: p. 274

來成爲年鑑期刊的負責人。

　　使用比較方法使布洛克能夠發現社會各個方面的獨特性，他主張將其作爲一種新的歷史。根據美國歷史學家里昂（Bryce Lyon）的說法，布勞岱和費弗爾「承諾自己完成所有繁重的任務」，要求皮雷納成爲年鑑期刊的主編，但無濟於事。然而，皮雷納仍然是一個堅定的支持者，並於1929年在第一卷中發表了一篇文章[22]。他與布洛克和費弗爾成爲了親密的朋友。他對布洛克特別有影響力，布洛克後來說皮雷納的方法應該成爲歷史學家的榜樣，「當時他的國家正在與法國並肩作戰，爲正義和文明而戰，在囚禁中寫下了歐洲的歷史」。直到1935年皮雷納去世，這三個人一直保持著定期通信。

　　1923年，布洛克出席了在布魯塞爾舉行的國際歷史研究大會（ICHS）的成立大會，會議由皮雷納（Pirenne）主持。布洛克是《年鑑》期刊的多產評論家，在一九二〇年代和一九三〇年代，他貢獻了700多篇評論。這些都是對具體作品的批評，但更籠統地說，代表了他自己在這一時期的流動性思維。這些評論顯示了他在特定主題上思想的轉變程度[23]。

　　綜觀上述《年鑑學派》由布洛克和費弗爾於1929年創立，當時他們在斯特拉斯堡大學任教，後來在巴黎任教。這些學者，前者是中世紀歷史學家，後者是近代歷史學家，很快將自己與《年鑑》的獨特方法連繫起來，該方法結合了社會學年刊（Année Sociologique）的地理、歷史和社會學方法（其中許多成員是他們在斯特拉斯堡的同事），拒絕了十九世紀和二十世紀初許多歷史學家對政治、外交和戰爭的普遍關注，由費弗爾稱之爲索邦派（Les Sorbonnists）歷史學家領導；相反地，他們開創了一種研

---

[22] Lyon, B., "Marc Bloch: Did He Repudiate Annales History?", Journal of Medieval History, 1985, 11: p. 182

[23] J. H. Hexter, Fernand Braudel and the Monde Braudellien, Historians, p. 61

究事件和政治變革的長期歷史結構的方法。地理、物質文化，以及後來年
鑑學派稱之爲精神論或時代心理學，也是研究的特色領域。年鑑學派的目
的是推翻索邦派的傳統史學，使法國歷史學家從狹隘的政治和外交歷史轉
向社會和經濟歷史的新視角[24]。

　　布洛克是一位典型的現代主義者，曾就讀於高等師範學院，並在斯特
拉斯堡大學擔任教授，直到1936年被巴黎索邦大學聘爲經濟史教授。布洛
克的興趣是高度跨學科的，受拉布拉赫（la Blache）[25]的地理學和塗爾幹
（Durkheim）的社會學的影響。他自己的思想，特別是在他的著作《法
國鄉村歷史》和封建社會中表達的思想，被布勞岱領導的第二代年鑑學派
所吸收。

第二節　布勞岱時期

　　在年鑑學派的第二代中，布勞岱繼續朝著經濟和社會歷史年鑑期刊的
方向發展。布勞岱對於時間和地理歷史概念的創新具有重要意義。正如布
勞岱所說，歷史是其時代的產物。因此，他的觀點與他那個時代已經發生
和正在發生的研究有關。德國歷史學家蘭克（Ranke）對歷史這門學科的
影響被認爲是負面的，他通常被認爲是「科學史」之父[26]，蘭克爲許多歷
史著作提供了基調，引入對歷史研究中使用科學方法至關重要的理念，如
優先使用原始資料，強調敘事歷史[27]，尤其是國際政治，以及承諾展示眞
實的過去。布勞岱認爲在他的理解下產生的歷史是一個沒有背景的故事，
與歷史哲學和永恒回歸的理念相連繫。

　　儘管蘭克謙遜，但他仍然是一位一流的歷史學家，從根本上影響了德

---

[24] J. H. Hexter, Fernand Braudel and the Monde Braudellien, Historians, p. 61

[25] Jason Hilkovitch, Max Fulkerson, Paul Vidal de la Blache: A biographical sketch" at "Archived copy.

[26] Von Ranke, Leopold, Scientific Historiography and the Philosophy of Science, History and Theory, February 2006

[27] Von Ranke, Leopold, German history in the age of the Reformation, éd. 1925-1926t. I, p. 6

國和法國的歷史科學。他是現代大學教育方法的奠基人，對西方史學產生了非常強大的影響。有人解釋說：他在柏林大學的學生，後來成爲歷史學家和教師，傳播他們導師的思想和技巧。因此，蘭克發展了研討會制度，這是一個十八世紀在德國成立的高等教育組織，教授根據他正在進行的研究工作向有限數量的學生教授一門學科。這種模式在法蘭西第二帝國時期由杜魯伊（Victor Duruy）建立的法國高等教育實踐學派中產生了重大影響。

在他的方法的核心，蘭克不同意一般理論可以超越時間和空間的想法；相反地，他寫下了時間並引用了主要來源的引述。蘭克說：「我對『主要思想』的看法是，它們只是每個世紀的主導趨勢。」然而，這種趨勢只能描述；蘭克否認歷史哲學，特別是黑格爾所奉行的歷史哲學，稱他忽視了人類在歷史中的作用，這太重要了，不能「僅以一個概念或詞爲特徵」或「受一個概念的限制」[28]。這種缺乏對統一理論或主題的強調，導致一些人批評了他的「毫無疑問的經驗主義」。

在十九世紀，蘭克的著作非常流行，他關於歷史學家應該如何處理資料的理論被大多數歷史學者所採納。在二十世紀初期，一些歷史學家如布勞岱和英國歷史學家卡爾（EH Carr）認爲蘭克的想法幼稚、乏味、過時。然而，一些歷史學家仍然使用蘭克的理論，特別是在政治史領域，他的方法和技巧至今仍被幾乎所有專業歷史學家使用。

前述布勞岱的第一本書是1949年出版的《菲利普二世時代的地中海和地中海世界》，這是他最具影響力的一本書。對於他來說，沒有一個單一的地中海。那裡有許多海洋，事實上是一片「大而複雜的廣闊區域」，人們在其中活動。地中海上的生活：人們旅行，捕魚，打仗，淹沒在不同的環境中。大海與平原和島嶼相連。平原上的生活是多樣而複雜的；貧窮的南方受到宗教多樣性（天主教和伊斯蘭教）以及來自北方的文化和經濟入

---

[28] Von Ranke, Leopold, The Theory and Practice of History, Bobbs-Merrill, 1973, p. 27

侵的影響。換言之，地中海無法獨立於它之外的東西來理解。任何對邊界
的嚴格遵守都會歪曲形勢。

　　1966年的第二版帶來了一些變化，但這部主要著作的大部分內容都
得到了保留。他把時間分成三個部分[29]：幾乎靜止的歷史，波動幾乎察覺
不到的「地理時間」，涉及人與環境的關係；緩慢激動的歷史，「社會時
間」，社會歷史，與人類群體有關；事件的歷史，「個人時間」，表面動
盪的的歷史。

　　首先，它不僅僅是一個地理框架，而是對山脈、半島、海洋、邊界
的研究。在本章中，他討論了人類遷徙和遊牧之間的差異，並首次討論
了氣候變化問題（當時的革命性問題），1961年，法國歷史學家拉杜里
亞（Emmanuel Ladurie）將研究道路和城市網絡問題，題爲「千年氣候歷
史」[30]。

　　其次，布勞岱重點講述了國家、社會、文化等更大結構的歷史。它
對地中海的所有經濟活動進行了評估，其中部分包括區域和地方的詳細研
究。它涉及貴金屬、貿易、貨幣波動、香料價格……但它既不忽視帝國、
社會、文明，也不忽視不同的危機。這是一個緩慢發展的歷史時期，是一
個主要的社會、文化、經濟和政治結構的時期，可以包括一個或兩個世
紀。這是關於人與農民、城市與土地商品之間的關係。

　　第三，事件、政治和個人。它基於傳統的史學，強調政治和軍事事
件；布勞岱反覆將個人行爲的重要性相對化。在地中海歷史上，主要講的
是西班牙與鄂圖曼帝國之間的鬥爭，導致了（Battle of Lepanto）勒班陀海
戰[31]。因此，《菲利普二世時代的地中海和地中海世界》是一個認識論和

---

[29] Fernand Braudel, Histoire de la civilisation moderne, 1950-1972

[30] Fernand Braudel, Histoire et Sciences sociales: La longue durée, Annales. Économies, Sociétés, Civilisations, vol.13, no 4, 1958, pp. 725-753

[31] 勒班陀海戰是1571年10月7日發生的一場海戰，當時由教皇庇護五世安排的天主教國家聯盟神聖同盟的一支艦隊在帕特雷灣對鄂圖曼帝國的艦隊造成了重大失敗。

歷史學的豐碑，最能代表年鑑學派的作品，也許是二十世紀最重要的歷史著作。然而，當我們事後來看，它並非沒有一些批評。

　　例如有人反對將時間劃分為連續的階段，因為這些階段之間缺乏溝通和橋梁。問題是如何解釋這些連續的「地層」之間的相互作用，而布勞岱可能給人的印象是，它過於分散了時間。一個常見的例子是：小冰河期（氣候、持續時間長）與由此產生的歉收（經濟、平均時間）之間的相互作用，這本身就是法國大革命爆發的因素之一（短時間、事件）。在這個例子的基礎上，或許布勞岱的分層過於僵化，並且在《地中海》中提出的互動次數很少。

　　繼《菲利普二世時代的地中海和地中海世界》之後，布勞岱最著名的作品是《文明與資本主義》，第十八卷（十五到十八世紀的文明與資本主義）。第一卷出版於1967年，並於1973年翻譯成英文。這部三卷書中的最後一卷出現在1979年。以稱為氣候學的方法學派要求的微小細節呈現，並關注於普通人如何使經濟運轉。與布勞岱的所有主要作品一樣，這本書將傳統的經濟資料與經濟事件對日常生活各個方面（包括食品、時尚和其他社會習俗）的社會影響的詳細描述結合在一起。第三卷，副標題為「世界觀」，深受桑巴特（Werner sambart）等德國學者的影響。他採納了桑巴特的觀點，認為資本主義起源於地中海地區[32]。在這本書中，他追溯了西方資本主義中心對世界其他地區的影響。根據韋伯（Max Weber）看法，他的這個系列著作，既是為了解釋現代方式，也有部分是為了反駁馬克思主義的歷史觀[33]。在卷1.日常生活結構；2.交換遊戲[34]（Les jeux de l'échange）；3.世界觀（Les temps du monde）中他考察了經濟制度的發

---

[32] Lutz Raphael, Classic of history, 2006

[33] Gwynne Lewis, Braudel, Fernand, in The Encyclopedia of Historians and Historical Writing, Chicago, Fitz Roy Dearborn, 1999, p. 114

[34] 文明與資本主義，第二卷交換遊戲

展和分類：貿易和小市場的地方經濟，市場經濟作爲正常競爭條件下的補
償制度，資本主義和世界經濟都是反經濟的。只有這三個層面都能發揮作
用，經濟體系才能發揮最佳作用。這一觀點可以作爲區域和結構政策的出
發點。

　　布勞岱討論了資本主義經濟長期週期的概念，他認爲這一概念在十二
世紀在歐洲發展起來，後來的特定城市和民族國家先後成爲這些週期的中
心：十三世紀至十五世紀的威尼斯；十六世紀安特衛普和熱那亞，十六到
十八世紀阿姆斯特丹；十八世紀和十九世紀的倫敦（和英國）。他用「結
構」一詞來指代各種社會結構，如有組織的行爲、態度和習俗，他認爲，
中世紀在歐洲建立的結構有助於今天歐洲文化的成功。這在很大程度上是
由於城邦長期獨立的結果，城邦在很大程度上是一個獨立的國家。雖然後
來被更大的版圖國家征服，但並不總是被完全壓制，也許是出於效用的原
因。

　　布勞岱認爲，資本家通常是壟斷者，而不是人們普遍認爲的在競爭市
場中經營的企業家。他認爲資本家沒有專業化或使用自由市場，因此偏離
了自由主義（亞當斯密）和馬克思主義的解釋。在布勞岱布看來，資本主
義的國家是壟斷者的保障者，而不是通常所描述的競爭的保護者。他聲稱
資本家在對抗大多數人的同時有權力和狡猾[35]。農業結構是布勞岱對該概
念的理解中的一個長期結構。在更大範圍內，土地結構更依賴於區域、社
會、文化和歷史因素，而不是國家開展的活動[36]。

　　他的最後一部大型著作是關於法國歷史的，不幸的是，他只能完成
第一卷：《法國的身分》（L'identité de la France），於他去世一年後的
1986年出版。這又是一部三部曲。第一卷（空間和歷史）展示了法國的空

[35] Wallerstein, Immanuel, Braudel on Capitalism, or Everything Upside Down, Journal of Modern History, 63(2), 1991, pp. 354-361

[36] M. Pietrzak, D. Walczak, The Analysis of the Agrarian Structure in Poland with the Special Consideration of the Years 1921 and 2002, Bulgarian Journal of Agricultural Science, Vol 20, No 5, pp. 1025-1038

間結構，村莊和城市的多樣性，第二卷（人和物）人口發展。然而，它開始於史前時期，並爲高盧羅馬時代投入了大量篇幅。在最後的問題中，他提到了針對移民的種族主義，他將其歸因於不相容的文化。在第三卷（物與人）中，現代的經濟結構被解釋爲基礎結構和上層結構：布勞岱在致力於法國資本主義的興起之前，一直強調農民經濟的永久核心。

　　二戰之後，年鑑學派的繼承人特別是布勞岱、古伯特（Goubert）和拉布盧斯（Labrousse），他們創造了一部非常經濟的歷史，對長期發展有著更大的興趣，這使得人們可以關注社會的演變，而不是事件的短期發展。法國歷史學家杜比（Georges Duby）在他的著作《布汶的星期天》（Le Dimanche de Bouvines）的前言中寫道：他和他的歷史學家同事所做的歷史「把事件放在一邊，他們不喜歡敘述，旨在從長期和中期觀察經濟、社會和文明的演變」。」杜比是布洛赫和費弗爾的繼承人，屬於第二代年鑑學派，並於1973年通過撰寫《布汶的星期天》中徹底改變了這一體裁。他將這一事件重新引入史學，打破了年鑑學派最初的精神。比布勞岱年輕二十歲的法國歷史學家夏努（Pierre Chaunu）對年鑑學派負有很大責任；他創立了數量史研究中心，被認爲是數量史和系列史的創始人之一[37]。1959年至1963年，菲利普（Robert Philippe）是一位專門研究能源科技的中世紀學者，他的導師布勞岱委託他擔任高等教育實踐學院歷史研究中心的主任，並協調歷史部門。

　　根據布勞岱的說法，在年鑑學派之前，歷史寫作的重點是短期或歷史的事件。他的支持者讚賞他使用長期方法來強調空間、氣候和技術對過去人類行爲的緩慢且往往難以察覺的影響[38]。年鑑學派在經歷了兩次世界大戰和法國的大規模政治動盪後，對多重斷裂和間斷創造歷史的觀念感到非常不安。他們傾向於強調慣性和長期性，認爲社會最深層結構的連續性是

---

[37] 數量史是一種經濟和社會史流，以其研究方法，即統計來源的使用而著稱。

[38] Wallerstein, Time and Duration, 1997

歷史的核心。他們認爲，制度或社會生活上層結構的劇變沒有什麼意義，因爲歷史超出了有意識的行動者的能力範圍，尤其是革命者的意志。他們拒絕了馬克思主義的觀點，即歷史應該被用作煽動和促進革命的工具[39]。作爲歷史唯物史觀的支持者，他拒絕馬克思的唯物主義，強調基礎設施和上層結構的同等重要性，兩者都反映了持久的社會、經濟和文化現實。布勞岱的心理和環境結構決定了事件的長期進程，其方法是在足夠長的時間內限制人類的行爲，從而超越相關參與者的意識。

第三節　地域主義

　　1912年費弗爾以關於菲利普二世和弗朗什—孔泰（Franche-Comté）的博士論文徹底打破了傳統史學範式。該地區的地理和社會結構決定了國王的政策。年鑑歷史學家並沒有試圖複製布勞岱在地中海地區的廣闊地域；相反地，他們長期關注法國地區。最重要的是布勞岱的明星學生和繼任者拉杜里（Ladurie）對朗格多克（Languedoc）農民的研究[40]。地域主義傳統在一九六〇年代和一九七〇年代尤其盛行，主要體現在古伯特（Goubert）於1960年在博韋（Bouvais）和普羅旺斯（Provence）著作。一九七〇年代和一九八〇年代的年鑑歷史學家轉向城市地區，包括德永（Deyon）（亞眠）、佳汀（Garden）（里昂）、巴代（Bardet）（魯昂）、弗雷什（Freche）、漢隆（Hanlon）和佩羅（Perrot）。到一九七〇年代，經濟史開始向文化史和心理學轉變[41]。

　　年鑑學派有系統地嘗試在其他國家產生影響。它的成功有很大的不同[42]。年鑑學派在義大利和波蘭尤其受歡迎。布雅克（Bujak）和魯特科夫斯基（Rutkowski）是波蘭現代經濟史和社會經濟史編年史期刊的創始

---

[39] Olivia Harris, Braudel: Historical Time and the Horror of Discontinuity, History Workshop Journal, (57), 2004, pp. 161-17

[40] Emmanuel Le Roy Ladurie, The Peasants of Languedoc, 1966

[41] Ernst Hinrichs, Provinces, Landscapes, Regions in Modern French History, Ein Essay, 130: 1994, pp. 1-12

[42] Burke, French Historical Revolution, 1990, ch 5

人，他們被年鑑學派的創新所吸引。魯特科夫斯基與布洛赫等人有過接觸，並在年鑑期刊上發表。一九四〇年代共產黨掌權後，波蘭學者更傾向於研究中世紀和近代史，而不是當代歷史。1956年「波蘭十月事件」之後，巴黎高等教育實踐學院（EPHE）迎來了波蘭歷史學家，年鑑學派和波蘭學者之間的交流一直持續到一九八〇年代初。法國年鑑學派和波蘭史學界之間的互動在布勞岱的中世紀和近代的研究中尤為明顯[43]。

　　在南美洲，年鑑學派變得流行起來。從一九五〇年代起，菲格羅亞（Figueroa）就是委內瑞拉新史學的創始人，該史學主要基於年鑑學派的思想。菲格羅亞將他對這一領域的概念帶到了大學研究的各個層面，強調對歷史採取系統和科學的方法，並將其直接放在社會科學中。西班牙史學受到（1950年）由維維斯（Vives）創立的「年鑑學派」的影響。在墨西哥，流亡共和黨（Exiled Republican）知識份子擴展了年鑑學派，特別是從拉丁美洲主要研究生院墨西哥學院（Colegio de México）的歷史研究中心開始。

　　除了少數馬克思主義者外，英國歷史學家普遍持敵對態度。一些歷史學者堅決支持埃爾頓（Elton）的《歷史的實踐》和卡爾（Edward Carr）的《什麼是歷史》。羅珀（Hugh Roper）是為數不多友好的年鑑學派英國歷史學家之一。美國、德國、印度、俄羅斯和日本的學者普遍對年鑑學派都有認識。中國、香港、臺灣學者也有文章或專書介紹。美國學者從完全不同的根源發展出他們自己的「新社會歷史」。美國歷史學家和年鑑學派都採用了法國人口學家路易・亨利（Louis Henry）重建家族的重要方法[44]。儘管巴斯[45]（Bernard Bath）本人強烈反對建立定量史學「學派」的想法，但以巴斯為中心的瓦赫寧根（Wageningen）學派在國際上仍被視為

---

[43] Anita Krystyna Shelton, The Democratic Idea in Polish History and Historiography, 1989

[44] Burke, French Historical Revolution, 1990, p. 56

[45] 他是荷蘭社會歷史學家，以其1960年的著作西歐農業史（500-1850）享譽國際，並被認為是定量社會史的開創者。

荷蘭的年鑑學派。社會學家沃勒斯坦（Wallerstein）將其視爲世界體系理論發展中的關鍵影響。

時至今日，年鑑學派意義上的史學意味著各種方法和對新事物的開放，因此很難談論具體的年鑑學派。然而，年鑑學派的主要重點是結構歷史：導致這些事件的非個人力量比事件更重要。布羅勞岱研究了地球「跨越時間和空間界限」的歷史對人類生活的意義，他將這些漫長的週期稱爲長週期。

年鑑學派還必須不斷爲其問題尋找新的來源－年鑑學派第一次系統地調查了遺囑、結婚證書和樣本紀錄，以便通過統計了解更多關於普通人生活的資料。阿里埃斯（Philippe Aries）用肖像來調查孩子在社會中的地位，與考古學的連繫點也多次出現。法國中世紀考古學在其最初階段就得益於此，因爲人們對農村地區歷史的興趣也隨之產生。例如除了布洛赫和拉杜里（Emmanuel Ladurie）之外，杜比（Duby）也談到了這個問題。年鑑學派影響了眾多歐洲和以外地區人文學科和學派的研究人員，如德國社會史或美國世界體系理論、世界史和環境史等。

一些歷史學家批判年鑑學派，背離事件的歷史，背離政治、外交和軍事史，例如它在德國特別代表從基於他們的理論所期望的，而過分忽視政治因素。他們有時與事實相距太遠，不合時宜地爭論。由於其理論的不眞實性，年鑑學派對事實的假設太多。這一基本的方法論分歧尚未解決[46]。

《年鑑學派》在一九六〇年代末從經濟和人口史演變爲文化和人種學史，被稱爲「新歷史」。期刊從一個布勞岱式的概念轉變爲一個由布爾吉（Burguière）、拉杜里亞（laduria）、勒戈夫（Jacques Le Goff）、費羅（Ferrero）和里維爾（revere）組成的團體。

1971年，《歷史與結構》雜誌特刊增刊，《年鑑學派》受到施特勞

---

[46] Werner, Main currents of recent French research on the Middle Ages, Die Welt als Geschichte 13, 1953, pp 187-197

斯（Strauss）的結構人類學的啟發，對集體實踐的隱含意義感興趣，而不僅僅局限於過於僵化的模式。布爾吉埃超越了布勞岱風格的長期歷史，並結合歷史學、社會學、民族學和人口學的方法勾勒出歷史人類學課程的輪廓。它與劍橋大學社會歷史小組拉斯萊特（Peter Laslett）一道，納入了定量方法、習慣法、譜系，為具有跨學科和國際抱負的家族史奠定基礎。

1971年，諾拉（Pierre Nora）創立了以福柯（Michel Foucault）的認識論為標誌的「歷史圖書館」藏書，這一歷史視野的多元化延伸延伸到考古學。1974年，諾拉和勒戈夫（Jacques Le Goff）出版了《歷史三部曲》，《新歷史憲章》。1978年，「新歷史」也將是一本百科全書性的集體著作的標題，總結了50年的研究[47]。

這個新歷史的另一個主要趨勢是，除了歷史人類學之外，心理學史採用了布魯爾（Bruhl）在二十世紀初使用的術語，並通過行為、敏感性和集體的表達來探索人類的「心理」。由阿里埃（Ariès）、杜比（Duby）、沃維爾（Vovelle）、曼德羅（Mandrou）和勒戈夫領導的這段思想史將取得巨大成功，並為年鑑學派提供最引人注目的國家和國際影響力。隨著歷史被越來越多的學科和歷史著作打破，年鑑學派正試圖通過實施一個決定性轉捩點來回應這種熱情，該轉捩點是由該雜誌編輯人員在萊佩蒂（lepetit）的倡議下於一九八〇年代末發起的。

勒戈夫說，歷史的傳統領域正在通過新歷史的方式得到更新。還開發了新的研究課題。1974年，由勒戈夫和諾拉（Pierre Nora）在許多法國歷史學家的合作下，出版了一本關於新歷史的書。目的是「闡明和促進一種新歷史」。這個版本由三卷組成，每一卷都涉及新歷史的一個方面：它的問題、它的方法、它的主題。這裡我們試著簡單總結一下：

新問題：新歷史的目標是什麼，如何挑戰歷史？

新方法：如何豐富和改變傳統的歷史領域？這本書的主題是：考古

---

[47] Le Goff, Nouvelle Histoire, Ed. Retz, 1978

學；經濟；人口統計；宗教人類學和宗教史；文學；藝術；科學；政治。

　　新主題：什麼是新主題？與新歷史的回歸有關的一系列新主題或例子：氣候、無意識和賣淫、神話、心理、語言和歷史、書籍、青年、烹飪、輿論（包括民意調查的發展）、電影，法國大革命時期的節日等[48]。

　　最近，一個類似的項目分為兩卷。2010年出版，題為《歷史》。概念和辯論，法國當代歷史學家德拉克羅瓦（Christian Delacroix）、多塞（François Dosse）、加西亞（Patrick Garcia）和奧芬斯塔特（Nicolas Offenstatt）的目的是提供自一九七〇年代以來歷史研究的最新情況。第一部分涉及有問題的方法，第二部分涉及研究對象。

　　從支持者的角度來看，新歷史有很多優勢：它提出問題和強調問題；它拒絕任何歷史哲學；它涉及其他學科，並與之合作；他否定實證主義歷史學家的線性解釋和馬克思主義歷史學家的還原論觀點；它是無國界的[49]，簡言之，新歷史的目的是取得進展。它與其他人文學科相結合，在歷史研究中重新評估人類學，在數量史上重新審視文獻。其目的是研究所有可能的檔案（文學、藝術作品等），並對其進行批判[50]。

　　因此，新歷史非常成功。在法國，新歷史對人文科學或社會科學起到了「指導」作用，特別是通過建立良好的史學傳統。這一傳統受到保護，不受歷史哲學各主要人物的影響，而不陷入純粹的民族主義歷史。

結語

　　一九三〇年代至一九六〇年代發生在法國的史學革命與1929年布洛赫和費弗爾在斯特拉斯堡創辦的《經濟與社會歷史年鑑》雜誌有著不可磨滅的關係。該雜誌很快搬到巴黎並繼續出版到1939年。在戰爭和德軍占領

---

[48] Jacques Le Goff et Pierre Nora (dir.), Faire de l'histoire (3 vol.), Paris, 1784

[49] Pierre Chaunu, Certitudes et incertitudes de l'histoire. Trois colloques sur l'histoire de l'Institut collégial européen, Paris, 1987, pp. 208-209

[50] Jacques Le Goff, L'histoire nouvelle, dans La Nouvelle Histoire, Paris, 1988, p. 63

法國期間，它以《社會歷史年鑑》和《社會歷史期刊》的形式出現。1944年，它被有效地重新命名為《年鑑：歷史、社會科學》。在此期間，該雜誌一直是歷史寫作運動的中心，希望通過將歷史轉化為人文科學其他領域的概念和發展，包括地理學，社會學和人類學。與年鑑學派相關的各種實踐和方法的核心是歷史觀，它尋求對歷史變化的最廣泛的觀點。這需要更廣泛地理解導致歷史變化的複雜因素，包括心理、文化、經濟和環境因素。

　　人類行為的問題是這一問題的核心，但在《年鑑學派》傳統中，人的行為只能通過研究人類意識和活動中的集體要素來理解，任何對個人行為的分析都必須與之相比較，其結果是擴大了歷史研究的時間順序和方法論方法。這意味著歷史研究主題的擴展和歷史研究主題的新方法。一項主要關注於研究權力和權力菁英的歷史實踐，重新強調了以前被忽視的人類歷史經驗領域，在這些領域，二十世紀初人文科學其他領域的新發展似乎提供了更加有趣和深刻的前景。

　　因此，重新制定歷史研究領域，重新強調集體研究和個人程式，重點關注明確確定的問題和主題，是年鑑學派方法論的核心要素。但是，除了讓這個領域接受各種新方法的參與之外，年鑑學派還帶來了歷史學家對歷史時間和分期的思考方式的重大變化。再次強調在這方面重新評估人類主觀性作用的重要性，特別是考慮到與年鑑期刊相關的幾代人擴大了歷史研究的時間限制，從長期變化的角度評估現象和過程，它超越了個人的意識或主觀性。

　　年鑑學派感興趣的是確定其背後的結構，對人類個體代理人或當代歷史參與者來說，這些因素以無形的方式塑造了人類社會的深刻變化。這種對深層結構的關注在一定程度上是由對經濟歷史和長期週期的承諾所決定的，這些週期可通過對經濟資料的系列研究來識別，後者的發展結果使定量方法成為二十世紀中葉年鑑學派的中心，這與拉勃魯斯（Labrousse）和布勞岱的方向一致。對定量方法、連續史的強調，以及對長期變化和不動的深層次結構的研究，代表了第一代費弗爾和布洛赫關注的演變，也與

年鑑學派在法國歷史建制中的主導地位相一致。

　　經濟和統計方法在最初項目的心理和文化因素上的主導地位，揭示
了在歷史因果關係和社會歷史方面，關於什麼是主要和次要的不同觀點之
間的內在緊張關係。從最廣泛的意義上講，對心理的研究是一部集體表徵
的歷史，是在社會和歷史背景下個人意識的演變，它從一開始就作爲年鑑
學派主題的核心部分存在，但由於數量歷史的影響而變得模糊。然而，從
一九六〇年代開始，總體方法的包容性、年鑑學派創始人的特點以及戰
後時期的雄心壯志，顯然仍在對物理和環境結構的研究與文化形式和集
體心態分析之間產生建設性的互動。各種區域研究，最著名的是拉杜里
（Ladurie）關於朗格多克的研究，見證了年鑑學派發展的進一步轉變。

　　在某種程度上，這反映了對「總體歷史」項目的長期承諾，在該項
目中，即使是最嚴格的結構和定量方法也被採用，因爲他們相信這些方法
最終是理解整個人類經驗的基礎，包括精神和文化經驗和結構，而不是一
種決定論。因此，歷史可以被視爲在不同的層面上表現出來，從地窖到閣
樓，即從基本的環境和經濟約束到人類精神和社會組織的典型形式，最終
是集體和個人的人類經驗。這一延伸當然包括對分析和描述的概念工具的
相當完善。在這方面，年鑑學派在戰後幾十年中對人文科學理論發展的持
續參與也在研究範圍的完善和擴展中發揮了作用。因此，歷史人類學、心
理學史和文化史成爲與年鑑學派相關的第三代歷史學家最令人印象深刻的
貢獻。

　　所有這些領域，人們還可以指出戰後法國人文科學的歷史方法的一
致發展，這與《年鑑學派》的歷史學家的工作平行。到二十世紀末，即使
是年鑑學派的一些最具特色的元素也受到了第三代實踐的挑戰。微觀和案
例研究與之前強調的集體和匿名形成了對比，一九八〇年代歷史敘事的復
興似乎與一九二〇年代對歷史的反應背道而馳，它將新歷史與其他人文學
科，特別是社會學相結合。

第九章
唯物史觀

唯物史觀，後來被稱爲歷史唯物主義，是馬克思和恩格斯在十九世紀中期提出的一種歷史哲學，根據這一哲學，歷史事件不是由思想決定的，而是由社會關係（特別是社會階級之間的連繫）和生產資料演變對心理的影響決定的。因此，它指的是人類實際經歷的情況。

這種方法使經濟在世界轉型中發揮了重要作用[1]。奧地利馬克思主義歷史學家魯貝爾（Maximilien Rubel）將其定義爲「了解和解釋社會和歷史現實的工具」。它可以被視爲「歷史經濟學觀」和「經濟史觀」[2]。

它不僅揭示了資本主義的基礎，而且揭示了生存資料的生產，破壞了人類在自然中的地位的方式[3]，從而完整地融入了馬克思和恩格斯的哲學。作爲所謂科學社會主義學派的一個組成部分，它構成了馬克思主義的社會學方面。

對於馬克思和他一生的合作者恩格斯來說，唯物史觀是「在社會經濟發展、生產方式和交換方式的變化、社會分化爲不同階級以及這些階級相互鬥爭的過程中，尋求所有重大歷史事件的最終原因和巨大動力的歷史觀[4]。」

儘管馬克思從未在一部出版的作品中對唯物史觀進行過正式或全面的描述，但他的關鍵思想從一八四〇年代起就融入到了各種著作中。自馬克思時代以來，這一理論得到了不斷的修改和擴展。它現在有許多馬克思主

---

[1]　Gilles Candar, Le Socialisme, Milan, coll. Les essentiels, 1996, pp. 16-17

[2]　Maximilien Rubel, Karl Marx, essai de biographie intellectuelle, Rivière, 1957, p. 171

[3]　Pascal Charbonnat, Histoire des philosophies matérialistes, Syllepse, 2007, p. 477

[4]　Jayapalan, N. Comprehensive History of Political Thought. Atlantic Publisher Distributors. 2001, p. 248.

義和非馬克思主義的變體[5]。

第一節　起源和定義

　　馬克思和恩格斯在1845－1846年撰寫《德意志意識形態》時，開始構建一個連貫的歷史概念。這本書長期未出版，直到1932年才完整出版。然而，這種反思的效果，最終導致了唯物主義歷史觀基本原則的闡述，從《共產黨宣言》起草之時起，就在後來的著作中感受到了。馬克思打破了黑格爾和法國社會主義者蒲魯東（Pierre Proudhon）[6]對歷史運動的「唯心主義」概念。他自己沒有使用「歷史唯物主義」一詞，而是使用「唯物主義歷史觀」一詞。1859年，馬克思在他的《政治經濟學批判》第一期寫了一篇序言，在序言中他詳細介紹了這部著作的「主線」的內容。

一、社會願景

　　馬克思和恩格斯試圖分析社會變化的原因。他們認為，人類的生活條件和社會階層之間的關係，對事件的進程有決定性的影響[7]。

　　根據他們的觀點，生產模式的演變總是由利益關係產生的，因此是支配關係的結果。他們認為階級鬥爭是政治經濟學的關鍵和歷史的主要驅動力，是結構性的、普遍的（它存在於所有社會中，除了沒有階級的原始社會）。在資本主義社會中，它反對無產階級（提供勞動力）和資產階級（擁有資本並讓無產階級為其利益工作）[8]。迄今為止，每個社會的歷史都是階級鬥爭的歷史。

　　法國經濟學家皮埃特（André Piettre）的觀點，在這一馬克思主義觀

---

[5]　Berlin, Isaiah. Karl Marx with a foreword by Alan Ryan (5th ed.). Princeton University Press. 2013, p. 112

[6]　Georges Labica et Gérard Bensussan, Dictionnaire critique du marxisme, Presses universitaires de France, 1982, p. 1240

[7]　Henri Lefebvre, Le Marxisme, Presses universitaires de France, 1948, p. 127

[8]　Dmitri Georges Lavroff, Les Grandes étapes de la pensée politique, Dalloz, coll. Droit public, science politique, 1999

點中，經濟關係是根據權力關係的辯證法演變的，遵循強者和弱者的永久鬥爭，前者利用後者：歷史不是由思想運動主導的，而是首先由物質數據及其內部鬥爭驅動的[9]。根據荷蘭歷史學家潘內科克（Anton Pannekoek）的說法，「歷史唯物主義回到了這些思想產生的原因：由社會形式決定的社會需求[10]。」

　　從這個角度來看，歷史最終源於人類與自然的聯結：一旦第一個工具被創造出來，自然環境的轉變就開始了。當該工具的創建導致文化變革時，故事才真正開始，該工具最初是為了滿足基本需求。因此，馬克思和恩格斯的方法是技術批判的：人類社會的文化演變與科技之間的關係密不可分，因此與經濟和社會結構的發展密不可分[11]。個人進入特定的關係，即社會關係，他們的存在最終取決於社會關係：這些關係不是由他們的意識創造的，而是構成每個人的社會存在。根據馬克思的說法，「不是意識決定生活，而是生活決定意識。」對於「生命」我們應理解為「存在」人是環境的產物。人創造了自己的存在，因而超越了（自然）動物生命的階段，但卻無法完全擺脫與自然的關係：因此，每個社會的基本關係都是生產關係，它有三種秩序：自然條件、科技、社會勞動的組織和分工。

　　生產力包括無產階級（工人、直接勞動）和資本（機器、工具、間接勞動，資本構成物質生產力）。生產關係往往保持不變，而物質生產力因技術進步而不斷變化。因此，生產關係成為歷史的煞車，必須加以修改才能使其正常運作。這些生產關係的劇變可能意味著一個新階級的非官方統治（自十七世紀以來，資產階級事實上控制著歐洲各國的經濟生活），然後轉化為這個新階級的官方和政治統治。法國大革命被馬克思視為資產階

---

[9]　André Piettre, Marx et marxisme, Presses universitaires de France, 1966

[10]　Anton Pannekoek, Le Matérialisme historique, 1919

[11]　Georges Labica et Gérard Bensussan, Dictionnaire critique du marxisme, Presses universitaires de France, 1982, p. 1240

級革命，因爲它推翻了封建主義和貴族統治，預示了共產主義的統治。

　　因此，社會就像一座建築，其基礎設施或基礎以經濟力量、生產活動和周圍的一切爲代表；政治和法律上層建築對應於個人意識的特定狀態。而上層建築（即建築物本身）則對應於思想、道德、政治和宗教制度等[12]。這是一種傳遞給人民的階級文化，它使生產活動的形式得以延續，確立了有關階級的統治地位，並證明事物秩序的合理性[13]。義大利馬克思主義哲學家葛蘭西（Antonio Gramsci）後來將他的大部分工作用於分析上層建築。

　　因此，社會由三個要素組成：生產力、生產方式、上層建築。它們是不同的，但發現自己處於不斷的相互作用和衝突之中：每種生產方式都透過複雜因素的矛盾、衝突和相互作用而被推動，推向其成長、頂峰，然後走向衰落。生產力在其成長的每一時刻都爲建立生產關係提供了基礎；正是在這個基礎上，社會上層建築才得以發展[14]。

二、馬克思主義的歷史觀

　　簡而言之，馬克思主義的歷史觀基於以下原則：歷史的驅動力是物質生產力的演變，即社會的「經濟結構」。每一種生產力狀況都對應著一定的生產關係狀況，即生產資料所有制（土地、原材料、機器、運輸工具和生產工具、通訊等）。或存在一個所有者，經營者階層和一個被剝削階層。生產關係的每一種情況也都對應著一個「法律和經濟上層建築」而「法律與經濟上層建築」又對應著「社會意識的確定形式」[15]（宗教、藝術、哲學、政治理論）。這些是統治階級爲了使其統治合法化而制定的。

---

[12]　André Piettre, Marx et marxisme, Presses universitaires de France, 1966

[13]　Dmitri Georges Lavroff, Les Grandes étapes de la pensée politique, Dalloz, coll. Droit public, science politique, 1999

[14]　Henri Lefebvre, Le Marxisme, Presses universitaires de France, 1948, p. 127

[15]　Karl Marx, Contribution à la critique de l'économie politique, 1859

　　雖然物質生產力在技術進步的影響下不斷演變，但生產關係和上層建築（占主導地位的制度和理論）趨向於保守。這些關係的維持成為歷史自然進程的「障礙」。生產力的發展與維持生產關係和上層建築不變之間的矛盾只能透過階級鬥爭，更準確地說是應該從新的生產報告中受益的階級的自覺行動來解決。這種唯意志主義行動並不一定包含暴力元素，儘管馬克思就是這樣解釋革命的必要性的。革命使生產關係（所有權模式）和社會上層建築能夠適應物質生產力的狀態[16]。

　　根據歷史唯物主義，馬克思主義作家將人類歷史分為五個主要階段，每個階段對應於生產力和生產關係發展的特定階段：

1. 在史前時代，被認為是原始共產主義時期，勞動是共同完成的，這導致了生產資料和生產成果的共同所有權。因此，沒有社會階層。

2. 然而，父權制生產模式的出現，很快就導致了一種確定的生產形式（廣義上的家庭財產）以及功能和階級的分化（男性統治、族長或父親的權威……）。

3. 技術進步（農業和畜牧業、冶金和陶瓷、貿易、分工）使得財富累積到某些人手中，從而形成一個社會階層的所有者。他們以奴隸制的形式成為主要生產力量—人類的所有者。這是古代，或者說「奴隸制」，在這種制度下形成了一個主人階級。

4. 技術進步要求工人有更多的智慧和動力，這導致新主人，封建領主，透過將奴隸地位轉變為農奴地位，給予他更多的自主權。從這個意義上講，在中世紀早期活躍的基督教只是為統治階級服務的社會上層建築的一個要素。這是中世紀，或稱為「封建政權」：在封建經濟下，軍事（戰士）階級剝削大量依附於土地的孤立生產者[17]。

5. 然後，技術進步（農業和工業機械）需要有教養和自由的工人來理解

---

[16] Karl Marx, Préface de la Critique de l'économie politique, 1859

[17] Henri Lefebvre, Le Marxisme, Presses universitaires de France, 1948, p. 127

和有效地操作機器。自由資產階級革命（如1789年的法國大革命）將
實現這種（正式的）法律解放。所有者將放棄對人的財產，以保留對
生產力：機器的所有權。因此，工人的經濟從屬關係仍然存在。這就
是「資本主義制度」。這是一個非常普遍的模式，因為繼承順序僅在
理論上和最佳歷史條件下的西歐發生[18]。

　　從十九世紀下半葉開始，技術進步使得集體生產力（大公司、大型工
廠）得以建立，而生產資料的所有權仍然是私有的。因此，在馬克思主義
理論中，歷史的下一步發展必然是用集體生產關係來取代這些關係：生產
關係的不適應證據可以在經常震動資本主義世界的經濟危機中找到。這些
功能失調是由於產品分配不當和利潤率下降的趨勢造成的，將導致資產階
級透過先前允許資產階級取代貴族的經濟武器而消失[19]。

　　鑑於資本主義上層建築（國家）的抵抗，這種推翻必須透過涉及暴力
的無產階級革命來實現。必須建立一個短暫的無產階級專政，以鞏固其權
力：這種專政必須廢除生產資料的私有制，這一措施將具有廢除社會階級
（更多所有者和更多被剝削者）的效果。人類歷史將發生新的轉折。用恩
格斯的話來說，所有階級的消失將「同時永遠使整個社會擺脫剝削、壓迫
和階級鬥爭」[20]。從建立這個無階級社會開始，「建設社會主義」的漫長
階段就開始了。在這一階段結束後，國家，以前的統治工具，由於其日益
無用，可能會慢慢解散，讓位於共產主義社會的「最高階段」，即第一個
意義上的整體共產主義。由於環境決定了個人的良知，一個基本上良好的
社會，擺脫了與財產有關的所有誘惑，以工作和利他主義為價值觀，看到
了一個新的利他主義和善良的人的出現。國家不再有任何任務要完成，它

---

[18] Henri Lefebvre, Le Marxisme, Presses universitaires de France, 1948, p. 127

[19] Dmitri Georges Lavroff, Les Grandes étapes de la pensée politique, Dalloz, coll. Droit public, science politique, 1999, p. 439

[20] Friedrich Engels, préface de l'édition allemande de 1883 du Manifeste du Parti communiste, édition allemande de 1883

已經變得無用，可以解散。這是整個共產主義事業的最後階段，它繼承了前兩個階段：無產階級專政和社會主義建設[21]。

第二節　啟蒙運動的歷史觀

馬克思的歷史觀是由他參與被稱為啟蒙時代的知識和哲學運動，以及十六、十七和十八世紀英國和歐洲其他地區發生的深刻的科學、政治、經濟和社會變革所形成的[22]。

一、自由精神

啟蒙思想家透過促進個人自由、攻擊宗教教條和國王的神聖權利來回應世俗變革。一群脫離教會的思想家，包括霍布斯、孟德斯鳩、伏爾泰、史密斯（Smith）、杜爾哥（Turgot）和孔多塞對世界的解釋，並提供了對人性、歷史、經濟和社會的新科學研究[23]。一些哲學家，如義大利的維科（Vico）、德國的赫爾德（Johann Herder）和黑格爾，試圖發現人類歷史的組織主題、意義或方向[24]。對許多啟蒙哲學家來說，思想的力量成為理解歷史變遷和文明興衰的主要動力。歷史是「自由精神」的逐步推進，或是民族主義、民主、理性和法律的發展。這種歷史觀至今仍很流行[25]。

馬克思拒絕接受啟蒙主義的觀點，即思想本身就是社會的驅動力，或者王國、帝國和國家興衰的根本原因是社會上層人士的行為：國王、王后、皇帝、將軍或宗教領袖。十九世紀蘇格蘭哲學家卡萊爾（Thomas Carlyle）推廣了「偉人」和偶爾「偉大」的觀點，他寫道：「世界歷史不

[21] Dmitri Georges Lavroff, Les Grandes étapes de la pensée politique, Dalloz, coll. Droit public, science politique, 1999, pp. 444-447

[22] Hankins, Thomas, Science and the Enlightenment. Cambridge University Press, 1985, pp. 1-16

[23] Porter, Roy, Enlightenment. Penguin Books, 2001, pp. 12-14

[24] Philosophy of History, Metaphysics Research Lab, Stanford University, 2020

[25] Durrant, Will, The Greatest Minds and Ideas of All Time, 2002

過是偉人的傳記」[26]。根據馬克思的說法，這種歷史觀只不過是「諸侯國的高調戲劇」的集合[27]。

二、唯物史觀

在啟蒙思想家，特別是法國哲學家孔多塞（Nicolas de Condorcet）的啟發下，烏托邦社會主義者聖西蒙（Henri de Saint-Simon）制定了自己的唯物主義歷史解釋，類似於後來在馬克思主義中使用的解釋，根據技術和組織層級分析歷史時期，並將其劃分為奴隸制、農奴制和最終的雇傭勞動時代[28]。根據社會主義領導人饒勒斯（Jean Jaurès）的說法，法國作家巴納夫（Antoine Barnave）是第一個提出經濟力量是歷史驅動因素的理論的人[29]。

在柏林大學學習期間，馬克思遇到了黑格爾哲學，這對他的思想產生了深遠而持久的影響。黑格爾對啟蒙哲學的主要批評之一是……，儘管思想家們經常能夠描述是什麼使社會從一個時代到下一個時代有所不同，但他們很難解釋為什麼會發生變化[30]。

古典經濟學家提出了一種基於普遍不變的人性的公民社會模式。黑格爾對這一觀點提出了質疑，認為人性以及藝術、科學和國家機構及其準則、法律和規範的表述都是由其歷史所定義的，只有通過考察其歷史發展才能理解[31]。黑格爾將哲學思想歷史化，並將其視為特定文化的表達，而

[26] MarcCulloch, Diarmaid. "Is There Still Value in 'Great Man' History?". History Today. Retrieved 20 May 2022. Published in History Today Volume 69 Issue 9 September 2019

[27] Marx, Karl. Feuerbach. Opposition of the Materialist and Idealist Outlook: B. The Illusion of the Epoch

[28] Ko akowski, Leszek, Main Currents of Marxism: The Founders, the Golden Age, the Breakdown. W. W. Norton Company, 2005., pp. 154-156

[29] Guthrie, William Buck, Socialism Before the French Revolution: A History. Macmillan, 1907, pp. 306-307

[30] Berlin, Isaiah, Freedom and Its Betrayal: Six Enemies of Human Liberty, Princeton University Press, 2014, p. 90

[31] Pradella, Lucia. Hegel, Imperialism, and Universal History. Science Society. 78(4): October 2014, p. 428

非永恆的眞理。因此：「哲學是自己時代的理解」[32]。

在每個社會中，人類「生來自由」，但受到「殘酷魯莽的激情」和「不受約束的自然衝動」的限制，這導致了不公正和暴力[33]。只有透過更廣泛的社會和國家，在每個歷史時代透過「時代精神」、集體意識或精神來表達，「自由」才能實現[34]。對黑格爾來說，歷史是人類越來越意識到支配社會發展的理性原則的過程的高潮。

從一八五〇年代末開始，馬克思和恩格斯回歸了源自黑格爾的辯證法，這種方法隨後滲透到了馬克思主義中。因此，歷史的運動也可以概括爲與三元論相對應的形式：正題—對立—綜合：每一個運動（正題）都產生其矛盾（對立），並通過否定（綜合）之否定進入上層。在最初的原始共產主義理論之後，出現了生產資料私有制的對立，階級鬥爭和整個經濟和社會歷史由此產生。這種對立最終將讓位給無階級社會的綜合，這將形成新的共產主義[35]，其定義是生產力不受內部限制的發展、社會階級的克服以及與水平相適應的生產關係的合理組織。理性知識主導整個過程，使得最終解決社會矛盾成爲可能[36]。

馬克思和恩格斯也承諾在哲學中採納他們唯物主義歷史觀的教義，客觀地評估意識的形成，並將其與眞實的社會基礎連繫起來。馬克思去世後，這項工作導致了辯證法的唯物主義闡述，後來被稱爲辯證唯物主義，這是一個與馬克思主義的哲學方面相關的概念[37]。

黑格爾哲學的涵義是煽動性的，每一種社會秩序，無論多麽強大和

[32] Winter, Max, Philosophy is its own time apprehended in thoughts: Hegel on Time and Concept, 2016. Revista Portuguesa de Filosofia. 72 (2/3): pp. 339-349

[33] Hegel, Georg Wilhelm Friedrich, The Philosophy of History. Canada: Batochhe Books, 2001

[34] What did Hegel mean by Geist?, Social Theory Applied

[35] André Piettre, Marx et marxisme, Presses universitaires de France, 1966

[36] Henri Lefebvre, Le Marxisme, Presses universitaires de France, 1948, p. 127

[37] Henri Lefebvre, Le Marxisme, Presses universitaires de France, 1948, p. 127

安全，最終都會消亡。這些思想啟發了馬克思和年輕的黑格爾派，他們試
圖對普魯士當局進行激進的批判，並痛斥未能引入憲法變革或改革社會制
度[38]。然而，在馬克思看來，黑格爾關於思想或「時代精神」驅動歷史的
論點是錯誤的，馬克思寫道：黑格爾「陷入了將現實視爲思想產物的幻
覺……」相反地，馬克思認爲，歷史的引擎應該在對社會的唯物主義理解
中找到—生產過程和人類滿足需求的勞動方式。馬克思和恩格斯在1845年
的《德意志意識形態》中首次提出了唯物史觀。這本書是對馬克思和恩格
斯的青年黑格爾派和同時代的德國哲學家路德維希（Ludwig Feuerbach）
的長篇論戰。

三、生產活動

　　馬克思透過關注人類存在的基本現實，勞動以確保物質生存的必要
性，來支撐他的歷史理論。只有當這一點得到保證時，人類才能追求政
治、科學、藝術、宗教等。因此，人類勞動構成了社會的唯物主義基礎，
是馬克思歷史敘述的核心。因此，縱觀歷史，在所有社會和所有生產方式
中，從最早的舊石器時代狩獵採集者，到封建社會和現代資本主義經濟，
都存在著一種「自然強加的永恆人類生存條件」，它迫使人們加入其中。
社會上共同生產他們的生存資料[39]。馬克思在《德意志意識形態》中寫
道：第一個歷史行爲是生產滿足物質需求的手段；這是：「所有歷史的基
本條件，今天和數千年前一樣，每天和每小時都必須滿足，只是爲了維持
人類的生存[40]。」

　　黑格爾的辯證法把世界呈現爲一個複雜的整體。這意味著社會的所有
部分，例如科學、藝術、法律、勞動和經濟、國家和家庭等，都是相互關

---

[38] Berlin, Isaiah, Karl Marx: Thoroughly Revised Fifth Edition, Princeton University Press, 2013, pp. 57-61

[39] Karl Marx, 7: The Labour-Process and the Process of Producing Surplus-Value. Capital. Vol. One: The Production of Absolute Surplus-Value, 1867

[40] Karl Marx, 1: Feuerbach Opposition of the Materialist and Idealist Outlook, The German Ideology, 1845

聯和相互影響的，因此不能孤立地正確理解或分析[41]。制度和機構從來都不是靜止的，隨著時間的推移，它們會經歷一個不斷的修改和發展過程。根據黑格爾的觀點，在任何特定的時間點上，社會都是競爭力量的混合體，一些力量促進穩定，另一些力量則致力於變革。導致轉變的不僅僅是外部因素，還有內部衝突。這種動力的不斷驅動力是由努力實現目標的眞實人們所發揮出來的。其結果是社會的思想、制度和機構被重新配置成表達新特徵的新形式。在歷史的某些決定性時刻，在重大衝突時期，「偉大的歷史人物」的行動可以與「時代精神」相一致，從而實現自由的根本進步[42]。

馬克思確定了兩個相互依存的結構來描述人類如何與自然相互作用，並在創造生存的過程中，創造了越來越複雜的規則和制度來管理他們彼此之間以及與環境之間的互動。這些就是生產力和生產關係。

生產力是人類用來製造社會需要的東西的一切。它們包括人力和生產所需的原材料、土地、工具、儀器和知識。舊石器時代晚期早期人類發明的燧石鋒利的長矛和魚叉都是生產力。隨著時間的推移，生產力往往會隨著新技能、知識和科技（例如木製刮犁和較重的鐵犁）的使用而發展和擴大，以滿足人類的需求[43]。科技技能、不斷發展的實踐傳統和機械創新代代相傳。今天，人類的生產力十分巨大，並且不斷發展壯大。

馬克思隨後擴展了這個前提，指出以下事實的重要性：爲了進行生產和交換，人們必須進入非常明確的社會關係，或者更具體地說，「生產關係」。然而，生產並不是抽象地進行的，也不是隨意選擇的任意或隨機關

[41] Rees, John, The Algebra of Revolution The Dialectic and the Classical Marxist Tradition, London: Routledge, 1998, pp. 45-47

[42] Hegel, Georg Wilhelm Friedrich, The Philosophy of History. Canada: Batoche Books, 2001, p. 44

[43] Lin, Justin Yifu, The Needham Puzzle: Why the Industrial Revolution Did Not Originate in China" (PDF). Economic Development and Cultural Change, 1995, 43 (2): pp 269-292

係，而是由現有生產力量的發展決定的[44]。

　　生產關係是由歷史上任何時期存在的生產力的水平和性質決定的。在所有社會中，人類集體對自然進行勞動，但特別是在階級社會中，人類所做的工作並不相同。在這樣的社會中，存在著一種分工，在這種分工中，人們不僅從事不同種類的勞動，而且基於這些差異占據不同的社會地位。最重要的這種劃分是體力勞動和智力勞動之間的劃分，即一個階級生產特定社會的財富，而另一個階級能夠壟斷對生產資料的控制。透過這種方式，兩者既治理社會，也依靠勞動階級創造的財富生活[45]。

　　馬克思認爲社會的生產關係（在一定的生產力基礎上產生）是社會的經濟基礎。他還解釋說，在經濟基礎的基礎上，產生了一定的政治制度、法律、習俗、文化等，以及思想、思維方式、道德等。這些構成了社會的政治、意識形態「上層建築」。這種上層建築不僅起源於經濟基礎，其特徵也最終與經濟基礎的特徵和發展一致，即人們組織社會的方式、生產關係和生產方式[46]。

　　加拿大政治哲學家柯恩（G. A. Cohen）在馬克思的《歷史理論：一種辯護》中認爲，一個社會的上層建築穩定或鞏固了其經濟結構，但經濟基礎是首要的，上層建築是次要的。也就是說，正是因爲上部結構對基礎的影響很大，所以基礎才選擇了上層建築。正如加拿大哲學家查爾斯·泰勒（Charles Taylor）所說：「這兩個影響方向遠非競爭對手，它們實際上是互補的。功能性解釋要求次要因素往往會對主要因素產生因果影響，因爲這一傾向性事實是解釋的關鍵特徵[47]。正是因爲這兩個方向的影響是不對稱的，所以談論主要因素和次要因素才有意義。」

---

[44]　Karl Marx, "48". Capital: Critique of Political Economy, 1999, Vol.3.

[45]　Callinicos, Alex, The Revolutionary Ideas of Karl Marx. Chicago: Haymarket Books, 2011, p. 99

[46]　Karl Marx, Stanford Encyclopedia of Philosophy. The Metaphysics Research Lab, Center for the Study of Language and Information (CSLI), Stanford University

[47]　Charles Taylor, Critical Notice, Canadian Journal of Philosophy 10, 1980, p. 330

　　總而言之，歷史是根據以下的觀察發展：社會進步是由社會所擁有的物質生產力（技術、勞動力、資本等）的進步所推動的。人類不可避免地參與生產關係（粗略地說是經濟關係或制度），這些關係構成了最具決定性的社會關係。這些關係隨著生產力的發展而發展。它們在很大程度上是由勞動分工決定的，而勞動分工又往往決定社會階層。

　　生產關係是由生產方式和生產力量決定的，也決定其發展的條件。例如資本主義傾向於提高力量發展的速度，並強調資本的積累。生產關係定義了生產方式，例如資本主義生產方式的特徵是社會兩極化爲資本家和工人。

　　上層建築，社會的文化和制度特徵及其意識形態資料，最終是社會賴以建立的生產方式的表現。每一種類型的國家都是統治階級的強大機構；國家是一個階級用來確保其統治、加強其偏好的生產關係及其對社會的剝削的工具。國家權力通常只是通過社會和政治動盪從一個階級轉移到另一個階級。

　　當某種特定的生產關係不再支持生產力的更進一步時，任何更進一步都將被扼殺，要麼必須發生「革命」。實際的歷史過程不是預先確定的，而是取決於階級鬥爭，特別是階級意識的提升和工人階級的組織。

第三節　研究和理解歷史的關鍵意義

　　許多作家指出，歷史唯物主義代表了人類思想的一場革命，打破了以前理解各種人類社會變化的根本基礎的方式。正如馬克思所說：「人類歷史上出現了一種連貫性」[48]，因爲每一代人都繼承了以前發展起來的生產力，並反過來進一步發展它們，然後將其傳遞給下一代。此外，隨著生產力的發展和擴大，這種一致性越來越多地涉及更多的人類，從而將人們在生產和交換中連繫在一起。

---

[48] Marx, Engels, p. 660

　　這種理解反駁了這樣一種觀點，即人類歷史只是一系列的意外事件，要麼沒有任何根本原因，要麼是由超自然存在或力量對社會行使意志造成的。唯物史觀認為，歷史是根植於潛在經濟基礎的不同社會階層之間鬥爭的結果。根據馬克思的《歷史理論：辯護》一書的作者科恩（Cohen）的說法，社會生產力（即社會的技術力量，包括工具、機械、原材料和勞動力）的發展水準決定了社會的經濟結構，因為它選擇了一種最有利於進一步科技成長的經濟關係結構。在歷史解釋中，生產力的整體首要性可以用兩個關鍵論點來理解：

1. 生產力往往在整個歷史過程中趨於發展。
2. 一個社會的生產關係的性質是由其生產力的發展水準來解釋的[49]。

　　科恩對馬克思的解讀並不是說生產力總是發展的，也不是說生產力永遠不會衰退。它們的發展可能會暫時受阻，但由於人類對發展控制與外部自然互動的能力以滿足其需求有著合理的興趣，因此歷史趨勢強烈傾向於進一步發展這些能力。

　　從廣義上講，歷史研究的重要性在於歷史解釋當下的能力。美國歷史學家約翰・福斯特（John Bellamy Foster）斷言，唯物史觀在從科學角度解釋歷史方面很重要，遵循科學方法，而不是像創造論和智慧設計（intelligent design）[50]這樣的信仰體系理論，因為它們的理論信念不基於可驗證的事實和假設[51]。

---

[49] G. A. Cohen, Karl Marx's Theory of History, Princeton: Princeton University Press, 1978, p. 134

[50] 智慧設計（ID）是對上帝存在的偽科學論證，其支持者將其描述為「關於生命起源的基於證據的科學理論」。支持者聲稱「宇宙和生物的某些特徵最好用智慧原因來解釋，而不是像自然選擇這樣的無向過程。」

[51] Foster, John Bellamy; Clark, Brett, Critique of Intelligent Design: Materialism versus Creationism from Antiquity to the Present. New York: Monthly Review Press, 2008

一、生產方式

馬克思確定的主要生產方式包括原始共產主義、奴隸社會、封建主義、資本主義和共產主義。在生產的每個階段，人們都以不同的方式與自然和生產互動。該生產的任何盈餘都以不同的方式分配。馬克思提出，人類首先生活在原始的共產主義社會中，其次是希臘、羅馬等以公民統治階級和奴隸階級爲基礎的古代社會，然後是以貴族和農奴爲基礎的封建主義，最後是資本主義它以資產階級和工人階級爲基礎。在他關於未來共產主義社會的思想中，馬克思解釋說，階級將不復存在，因此，一個階級被另一個階級剝削的現象將被廢除。

二、原始共產主義

對於歷史唯物主義者來說，狩獵採集社會，也被稱爲原始共產主義社會，其結構使得經濟力量和政治力量是一體的。社會通常沒有國家、財產、金錢，也沒有社會階層。由於生產手段（狩獵和採集）有限，每個人只能生產足夠的食物來維持生計，因此沒有剩餘就沒有什麼可剝削的。此時的奴隸只不過是另一張需要餵飽的嘴。這本質上使他們的生產力雖然原始，但社會關係卻是共產主義的。

奴隸社會是一種古老的生產方式，是隨著生產力的發展而形成的，即由於農業及其隨之而來的豐富，導致了遊牧社會的放棄。奴隸社會的特徵是使用奴隸制和少量私人財產；用於使用的生產是主要的生產形式。歷史唯物論者認爲奴隸社會是第一個由公民和奴隸組成的階級社會。農業的剩餘部分被分配給公民，他們剝削在田裡工作的奴隸[52]。

封建生產方式產生於奴隸社會（例如羅馬帝國滅亡後的歐洲），與生產力的進一步發展相一致。封建社會的階級關係以根深柢固的貴族和農奴制爲標誌。簡單的商品生產以工匠和商人的形式存在。這個商人階層的規

---

[52] Harman, C. A People's History of the World.

模會越來越大，最後形成資產階級。然而，生產仍主要用於使用。

三、資本主義生產方式

　　當正在崛起的資產階級壯大到足以改變生產力時，資本主義生產方式就實現了。資產階級的主要生產形式是商品，即他們生產的目的是交換他們的產品。隨著商品生產的發展，舊的封建制度與新的資本主義制度發生了衝突；隨著資本主義的出現，封建主義被拋棄了。資產階級的影響力不斷擴大，直到商品生產完全普遍化：工業生產由封閉的行會壟斷的封建工業體系，現在無法滿足新市場日益增長的需求。製造系統取而代之。行會被製造業的中產階級排擠到一邊；面對每個車間的分工，各行會之間的分工消失了[53]。

　　隨著資產階級的興起，出現了民族國家和民族主義的概念。馬克思認為資本主義把經濟和政治力量完全分開了。國家是這種分離的標誌，它的存在是為了處理資本主義社會中無產階級和資產階級之間出現的大規模利益衝突。馬克思指出，民族是在資本主義出現時出現的，其基礎是經濟生活、領土、語言、某些心理特徵以及日常生活和文化傳統的共同體。馬克思和恩格斯在《共產黨宣言》中解釋說，民族國家的產生是階級鬥爭的結果，特別是資本主義試圖推翻前統治階級的體制的結果。在資本主義之前，國家不是主要的政治形式[54]。列寧對民族國家有著相似的看法。

　　資本主義國家的發展有兩種相反的趨勢。其中一個表現為激活民族生活和反對壓迫者的民族運動。另一個則表現為擴大國家之間的連繫，打破國家之間的壁壘，建立統一的經濟和世界市場（全球化）；第一種是低級資本主義的特徵，第二種是更高級的形式，進一步促進了國際無產階級的團結。在這種發展的同時，農奴制被迫從農村轉移到城市，形成了一個

---

[53] Karl Marx, 1848, The Communist Manifesto

[54] Dixon, Norm. Marx, Engels and Lenin on the National Question.

新的無產階級。這導致農村開始依賴大城市。隨後，新的資本主義生產方式也開始擴展到其他尚未發展出資本主義體制的社會（例如爭奪非洲）。《共產黨宣言》指出：由於資產階級的發展、商業自由、世界市場、生產方式和相應的生活條件的統一，各國人民之間的民族差異和對抗日益消失。無產階級的霸權將使他們消失得更快。至少主要文明國家的聯合行動是無產階級解放的首要條件之一。當一個人對另一個人的剝削結束時，一個國家對另一個國家的剝削也就結束了。隨著國家內部階級之間的對抗消失，一個國家對另一個國家的敵意也會消失[55]。

在資本主義條件下，資產階級和無產階級成為兩個初級階級。這兩個階級之間的階級鬥爭現在很普遍。隨著資本主義的出現，生產力得以蓬勃發展，引發了歐洲的工業革命。然而，儘管如此，生產力最終達到了無法再擴張的地步，導致了封建制度結束時發生的同樣的崩潰：現代資產階級社會，其生產關係、交換關係和財產關係，一個創造了如此巨大的生產和交換手段的社會，就像一個巫師，他無法再控制他用咒語召喚的幽冥世界的力量。〔……〕社會支配的生產力不再傾向於進一步發展資產階級財產的條件；相反地，他們變得過於強大，無法承受這些束縛他們的條件，一旦他們克服了這些束縛，他們就會給整個資產階級社會帶來混亂，危及資產階級財產的存在[56]。

四、共產主義生產方式

正如馬克思在《共產黨宣言》中所說的那樣，資產階級「製造了使自己死亡的武器；它也創造了那些將要使用這些武器的人；現代工人階級，無產階級[57]。歷史唯物主義者從此認為，現代無產階級相對於資產階級來說是新的革命階級，就像封建制度下資產階級相對於貴族來說是革命階

---

[55]　Karl Marx, Chapter I. Bourgeois and Proletarians. The Communist Manifesto, London, 1848

[56]　Karl Marx, The Communist Manifesto, London, 1848

[57]　Karl Marx, The Communist, 1848

級。因此,無產階級必須在無產階級專政中作爲新的革命階級奪取政權。在資本主義社會和共產主義社會之間,存在著從一個社會向另一個社會革命轉變的時期。與此相對應的還有一個政治過渡時期,在這個時期,國家只能是無產階級的革命專政[58]。

馬克思還描述了一個與無產階級專政同時發展起來的共產主義社會:

在生產資料共同所有制的合作社會中,生產者不交換其產品;正如產品上使用的勞動力在這裡很少作爲這些產品的價值,作爲它們所擁有的物質產品出現一樣,因爲現在,與資本主義社會相比,個體勞動不再以間接的方式存在,而是直接作爲勞動力總量的組成部分。「勞動收益」一詞,今天也因其歧義而令人反感,因此失去了所有意義。我們在這裡要面對的是一個共產主義社會,不是它在自己的基礎上發展起來的,而是它從資本主義社會中產生的;因此,在經濟、道德和智力的各個方面,它仍然帶有舊社會的胎記。

因此,個體生產者從社會中得到的回報,在扣除之後,正是他所給予社會的。他所付出的,是他個人的勞動量。例如社會工作日由個人工作時間總和組成;個體生產者的個人勞動時間是他貢獻的社會工作日的一部分,他在其中所占的份額。他從社會獲得一份證明,證明他提供了一定數量的勞動(扣除他爲共同基金所做的勞動後);有了這張憑證,他就可以從社會消費資料存量中提取與勞動成本相當的金額。他以一種形式向社會提供了同樣多的勞動,他又以另一種形式得到了回報[59]。

根據馬克思的觀點,共產主義社會的這一較低階段類於資本主義社會的較低階段,即從封建主義向資本主義的過渡,因爲這兩個社會都「帶有舊社會的胎記」。強調生產方式不是孤立存在的,而是從先前的存在中具體化出來的,這是唯物史觀的核心思想。

---

[58]　Karl Marx, Critique of the Gotha Programme

[59]　Karl Marx, Critique of the Gotha Programme

　　共產主義者對這個社會的性質有相當大的爭論。一些人，如史達林、古巴卡斯楚（Fidel Castro）和其他馬列主義者，認爲共產主義的下層構成了自己的生產模式，他們稱之爲社會主義而不是共產主義。馬克思列寧主義者認爲，這個社會可能仍然保持著財產、貨幣和商品生產的概念[60]。

　　對馬克思來說，共產主義社會的最高階段是生產者的自由聯合體，它成功地否定了資本主義的所有殘餘，特別是國家、民族、性別歧視、家庭、異化、社會階級、金錢、財產、商品、資產階級、無產階級、勞動分工、城市和農村、階級鬥爭、宗教、意識形態和市場的概念。這是對資本主義的否定[61]。

　　馬克思對共產主義社會的最高階段作了如下評論：在共產主義社會的最高階段，在個人對勞動分工的奴役性服從，以及隨之而來的腦力勞動和體力勞動之間的對立消失之後；當勞動不僅成爲一種生活手段，而且成爲生活的首要需求；生產力也提高了，個人全面發展了，合作社財富的源泉更加充沛了，才能徹底跨越資產階級權利的狹隘視野，社會才能銘刻在它的旗幟上：各盡所能，各取所需[62]！

五、馬克思之後

　　然而，從一八八〇年代到一八九〇年代，馬克思主義的歷史觀被馬克思的追隨者，特別是法國的蓋德主義者（guesdistes）[63]機械地解釋。1890年，恩格斯在信中批評了「年輕人」過度「過於重視經濟面」的傾向。對恩格斯來說，他和馬克思提出經濟方面的目的是強調他們的政治對手所否認的基本原則。但唯物主義方法一旦被使用，就「變成了它的對立面」，不是作爲歷史調查的主線，而是作爲一個現成的模式。認爲經濟因素是唯

---

[60] Stalin, Economic Problems of Socialism in the USSR

[61] Karl Marx, Idealism and Materialism, 1845

[62] Karl Marx, Critique of the Gotha Programme

[63] 蓋德主義（Guesdism）得名於社會主義領袖朱爾斯·蓋德（Jules Guesde，1845─1922年）。

一的決定因素，等於把唯物主義概念簡化爲一個空洞和荒謬的概念：恩格斯強調了社會上層建築各組成部分的相對自主性，在這種情況下，「經濟運動最終使其成爲其自身的一部分」，並警告不要試圖在經濟和社會的知識生產之間建立直接和單方面的關係[64]。

　　馬克思和恩格斯去世後，關於歷史唯物主義的理論爭論與革命運動中提出的戰略和戰術問題密切相關。因此，俄國革命家普列漢諾夫（Plekhanov）[65]和列寧的干預與社會主義運動內部的鬥爭連結在一起[66]。德國馬克思主義理論家伯恩斯坦（Eduard Bernstein）特別在十九世紀末倡導的「修正主義」方法也對馬克思對資本主義衰落的分析和預測提出了質疑，並預測了大多數歐洲社會主義運動將向改良主義過渡[67]；相反地，在史達林主義下，歷史唯物論，從屬於辯證唯物主義，辯證唯物主義本身被視爲科學作爲一個整體從屬於的學說，被嚴格解釋：在史達林1938年出版的《辯證唯物主義和歷史唯物論》中，列寧主義被凍結在一系列重複公式和機械因果關係中[68]。

結語

　　歷史唯物主義一詞概括了馬克思和恩格斯根據「唯物主義歷史觀」發展起來的解釋社會及其歷史的理論：唯物主義歷史觀的基礎是這樣的原則：生產以及僅次於生產的產品交換是所有社會秩序的基礎；在每一個歷

---

[64] Georges Labica et Gérard Bensussan, Dictionnaire critique du marxisme, Presses universitaires de France, 1982, pp. 573-574

[65] 普列漢諾夫（1856—1918年）是俄國革命家、哲學家和馬克思主義理論家。他是俄羅斯社會民主的創始人，也是最早自稱為「馬克思主義者」的俄羅斯人之一。

[66] Georges Labica et Gérard Bensussan, Dictionnaire critique du marxisme, Presses universitaires de France, 1982, pp. 574-575

[67] Georges Labica et Gérard Bensussan, Dictionnaire critique du marxisme, Presses universitaires de France, 1982, pp. 794-796

[68] Pascal Charbonnat, Histoire des philosophies matérialistes, Syllepse, 2007, pp. 518-520

史社會中，產品的分配以及隨之而來的社會階級劃分，都取決於生產什麼、如何生產、生產的產品如何交換。據此，一切社會變遷和政治動亂的根本原因不在於人們的思想，不在於人們對永恆眞理和正義日益增長的洞察力，而在於生產和交換方式的變化；它們不是存在於哲學中，而是存在於那個時代的經濟學中。」

歷史唯物論將歷史進程視爲由經濟過程所決定的人類社會的發展。不同發展階段社會形態的社會經濟矛盾和「對立面的鬥爭和統一」（馬克思和恩格斯的辯證法）被視爲社會發展的物質動力。各自社會制度固有的對立矛盾的解決，自然會導致社會變革，形成新的社會形式。唯物主義歷史觀將自己視爲對黑格爾唯心主義的辯證克服，認爲精神或觀念及其思維首先帶來了歷史或構成了歷史。

透過工作改變環境，人使自己成爲一個客觀的社會存在。爲了重現他的生活，他與其他人建立了歷史決定的關係；這些社會條件影響著他，最終構成了他的歷史本質或說他的特殊性。歷史唯物論不僅試圖解釋過去的歷史進程，也爲階級社會的對抗性矛盾可能產生的人文社會制度勾勒出輪廓。

第十章
史學與史學家

　　史學是對歷史書寫方式過去發展的研究。它涉及對象的演變、來源和歷史學家的方法。歷史研究的對象是多種多樣的：一個或多個事件、個人或社會生活方式。研究可以基於書面、口頭或非口頭來源（貨幣、考古遺跡）、私人或公共、原始或非原始來源。將這些知識帶給公眾的方式可以是書面的或非書面的、個人的或集體的、物質的或非物質的（書籍、新聞文章、網站）。此外，史學本身也可以成為歷史研究的主題[1]。

　　歷史學家是透過發表尊重科學方法的演講或文章來研究或出版歷史的人。它的任務是透過報告過去的事實，對其進行分類，然後在知情公眾的控制下，提出一個平衡的解釋，並由來源證明。歷史學家的頭銜並沒有專業認可，而是依賴同行的認可。歷史學家經常被比作調查記者、偵探或調查法官，他對遵循公認的方法非常感興趣。其貢獻和結論的可信度取決於此。

　　在社會中，歷史學家的角色被認為是廣泛的。他被要求介入審判、藝術鑑定、紀念、歷史古蹟清查、街道名稱分配、遺產繼承等。他還可能被要求揭示和證明出於黨派或意識形態目的，對歷史的工具化和操縱。以及圍繞其工作的不同方面也發生了變化。

第一節　古代與中世紀─文藝復興到啟蒙史學

　　中國最早的史學有著豐富而持久的編年史傳統，越來越重視歷史作為道德典範。最早的中國歷史學家顯然是寺廟史學。第一批中國歷史學家顯

---

[1]　Milica Vasievna Netchkina, L'histoire de l'historiographie: Problèmes méthodologiques de l'histoire de la science historique, Storia della Storiografia, Milan, Jaca Book, no 2, 1982, pp. 108-111

然是寺廟檔案員。隨著中國國家官僚結構的發展，歷史學家占據了高階職位。歷史因孔子的思想而獲得聲望，傳統上，人們認爲他寫了《春秋》和詩、書、禮、易、樂，但可能是錯誤的。正如這些著作所闡述的那樣，中國歷史思想具有強烈的道德性：美德被認爲是效法祖先的榜樣。人們對統治機構的形式始終感興趣，並經常強調天命的學說—即君主受天命統治，如果他作惡，天命就會被撤銷。

中國史學的基礎文本是司馬遷編撰的《史記》。它講述了從神話時代到西元前206年漢朝建立的整個中國歷史。隨著司馬遷接近他自己的時代，能夠詢問事件的目擊者並利用大量的官方文件，歷史變得更加詳細。司馬遷將現存的紀錄分類，使它們變得井然有序。

古代中國歷史學家提出了客觀性的理想。儘管他們迴避對歷史紀錄的解釋，但他們經常面臨相互矛盾的來源。在這種情況下，他們通常只選擇一種，儘管他們從未提及消息來源或解釋他們所做的選擇。由於祖先的高度文化價值，中國的歷史評論受到禮制的制約；任何像希臘人那樣好爭論的事情都會被認爲是最不體面的。

然而，到710年左右，劉知幾出版了《史通》，這是第一部有系統之史學理論專著，全書內容主要評論史書體例與編撰方法，以及論述史籍源流與前人修史之得失。

史通一書最大的貢獻，就是對史學方法的討論。他所提出的史學方法，甚有系統和全面，從史料的範圍、史料的採輯、史料的鑑別、史料的區分，到編纂的次序、史事的判斷人物的評論、篇幅的剪裁、文字的修飾等，都有創造性的研究和規劃，例如載言、編次、稱謂、採撰等篇，都是討論史學方法的。劉知幾所提出的史學方法，對後世史家有很大的影響，把史學又向前推進一步。

第一批希臘編年史家，像米利都的赫卡泰俄斯（Hecataeus of Miletus）（西元前六世紀上半葉）這樣的早期希臘歷史學家，主要講述基礎神話。西元前五世紀，哈利卡納蘇斯（Halicarnasse）的希羅多德想

要區分眞理和虛假，這是他的「調查」的核心問題：這些標題在古希臘語中是歷史（ιστορία），它產生了歷史一詞，意思是「研究、所學知識的口頭或書面關係、敘述」。

在不到一代人之後的修昔底德那裡，這種關注轉變爲一種批判精神，這種精神是基於對各種口頭和書面資料的比較。他的《伯羅奔尼撒戰史》被視爲第一部眞正的歷史著作。

西元前二世紀，古希臘歷史學家波里比烏斯（Polybius）試圖用實用主義來寫一本地理著作，探討政治政權力的繼承問題，以解釋他的希臘世界如何進入羅馬軌道。他是第一個尋找過去事實的內在原因而不是外在原則的人。薩摩亞（Samosate）的盧西恩（Lucien）寫了第一篇關於歷史應該如何書寫的論文。

羅馬歷史學家，如李維（Tite-Live）、薩盧斯特（Salluste）、凱撒、塔西佗（Tacite），將文學作品與愛國或政治方法結合。他們將對未來幾個世紀的歷史學家產生巨大影響，無論是作爲歷史來源還是作爲理解歷史的模式。

中世紀歐洲的歷史主要由傳記和編年史組成，通常由僧侶或天主教神職人員撰寫，且接近世俗權力。這些家譜和編年史一般都很枯燥（皇家編年史是與君主統治有關的事件的年表，修道院編年史記載了修道院院長的繼承）。墨洛溫王朝聖徒或法國國王的傳記，以及基督教國家誕生的故事，頌揚宗教和強者，或者相反，從基督教的角度譴責惡人。

這段歷史將人類的行爲置於上帝設計的框架內：因此，諸如八世紀初盎格魯撒克遜僧侶貝德（Bède le Vénérable）所著的《英國人民教會史》等教會史，他從奧古斯丁（Saint Augustin）的角度描述了天主教會延伸到地球的盡頭和時代的終結。

在十四世紀，法國歷史學家弗羅薩特（Jean Froissart）對人民產生了興趣，而在此之前，這段時期的著作中還沒有出現過這種興趣。中世紀的歷史首先是爲神學服務的，是由口頭傳播逐步走向書面傳播而建構出來

的。

　　中世紀的歷史主要是在修道院中發展起來的，這些修道院通過抄寫僧侶的著作受益於或多或少重要的圖書館。他們的著作是同名的通用歷史頁面：《編年史》繼承了七世紀和八世紀的編年史。在加洛林時代，人員和書籍的流通更加容易，主教區和修道院在和平統治的帝國中蓬勃發展，圖書館規模不斷擴大，歷史文化在共同知識基礎上蓬勃發展。

　　在十一和十二世紀，歷史經歷了相當的發展。教皇格里高利七世（Grégoire VII）改革增加了學校的數量，從而提高了神職人員和僧侶的文化。可以列舉兩個對歷史發展產生重大影響的事件，即教皇與神聖羅馬皇帝之間的「授權之爭」和各種十字軍東征。第一個揭示了歷史的重要性以及如何將其用於政治目的；第二個允許神職人員進行強烈的歷史宣傳。許多十字軍東征的故事出現了。事實上，十字軍東征「培養了西方人對歷史敘事的興趣」。

　　十二世紀標誌著，透過本篤會修士的工作，使用了各種可能的歷史資料，包括故事、檔案和口頭紀錄，但這也是書面文字最終取代「口頭文字」的時刻。當時歷史學家的工作正在包括製作一部真正的學術史。然而，這並沒有被視為一個獨立的、自主的學科。它總是服從於神學，以作為聖經的合理性。它必須滿足於服務道德、法律和宗教。此外，它只滿足於報道事實，而不是解釋事實和原因。

　　根據法國歷史學家伯納德‧蓋尼（Bernard Guenée）在其著作《中世紀西方的歷史文化》中所用的話說，歷史仍然是重複的和「例行公事的」，因為他們的作者手頭沒有生產其他任何東西所需的歷史文化。事實上，根據伯納德‧蓋尼的說法，中世紀的歷史學家在某種程度上是他們那個時代的受害者，因為他們無法寫出他們想寫的東西，他們掌握的手段有限，他們生活在一個被迫遵守某些既定規則的時代。人們也擔心有時會大量產生虛假檔案，以及當時的歷史學家之間缺乏關係和連繫，導致他們之間的思想和個人意見交流有限。

　　從十三世紀開始，歷史離開了修道院，吸引了越來越多的俗人參與，但後者尋找的是美麗的故事，而不是真實的故事。此外，從修道院學校到位於城鎮的學校的轉變，其對歷史產生了兩個相互矛盾的影響。首先是負面的，因為城鎮的學校與這些修道院機構內的檔案館和大型圖書館失去了連繫，因此無法獲得當時的主要文獻來源。然而，大學的發展也產生了更積極的影響。事實上，隨著更先進的教學、呈現文本的技術和歷史作品的倍增，這些研究場所發生了變化。因此，百科全書和教科書的彙編和發行越來越多，不僅面向學生，也面向法學家和神學家。

　　但歷史文化研究取得決定性進展是在十四、十五世紀。在這兩個特別動盪的世紀中，戰爭在不同的民族中產生了某種民族觀念和捍衛民族及其價值觀。百年戰爭的例子在這方面意義重大，因為正是在那一刻，法國和英國最初的民族感情誕生了。然而，這種民族觀念是基於兩個王國各自的過去和歷史。因此，歷史被更深入地利用和研究。此外，這也是一個王權集中的時代。在這一點上，國王和政府透過在過去尋找能夠證實其權力的歷史元素，根據歷史事實來證明自己的權利和野心是合理的。事實上，越來越多的人需要歷史並認識到歷史的趣味，這門學科才得以逐步發展和推廣。

　　也正是在這幾個世紀裡，第一批印刷技術出現了，它徹底改變了歷史作品的出版，特別是在社會中的傳播。書籍變得更加容易獲取，歷史學家開始在家中備有個人書籍，這是一件新鮮事。因此，他們得到了更好的資訊，有更好的文獻紀錄，也依賴金石學或錢幣學等輔助科學。他們的工作更加深入和多樣化。因此，隨著文藝復興的開始，歷史變得自主，並從此為自己設定了更雄心勃勃的目標。從十五世紀開始，隨著宗教改革運動的推動，它不再為教會服務，而是為現代國家服務。

　　在整個中世紀時期，古典作品已被大量重新發現。中世紀和文藝復興時期印刷術的發明，使古代希臘、羅馬作品在文藝復興時期的人文主義者中得到了更大的傳播。這股潮流滲透了歷史，使其對古希臘語或拉丁語文

本的研究產生了更大的興趣，但也帶來了新的研究媒介：因此，人們對銘文（金石學）、古錢幣（錢幣學）或條約（外交學）產生了興趣。這些新的現代「科學」有助於豐富歷史學家的方法：1681年，法國本篤會修士馬比隆（Dom Mabillon）指出了哪些標準可以確定《外交評論》中行爲的眞實性，特別是透過比較不同的來源。

然而，宗教改革運動將歷史帶回教會的懷抱，或至少維持這樣的觀念：無論是否內在，事件的進程是由更高的力量決定的。當時，歷史與地理沒有什麼不同，甚至與自然科學也沒有什麼不同。然而，它分爲兩部分：通史（當前意義上的歷史），和自然史（自然科學和地理學）。

十六世紀法國宗教戰爭提出的王國統一問題引發了歷史學家的研究工作，他們屬於「完美歷史」的潮流；這股潮流試圖表明，現代法國的政治和宗教統一是不可避免的，因爲它源自於高盧。法國主教和神學家博須埃（Bossuet）的《關於世界歷史的論述》，傾向於貶低任何歷史變革的意義。

與此同時，在那個時期，歷史是一種權力的工具：它爲君主服務，從義大利的政治學家馬基雅維利（Niccolo Machiavelli）到路易十四的權力崇拜者，其中也包括法國劇作家拉辛（Jean Racine）。到了十八世紀，終於發生了重大變化：一方面是受到「啟蒙運動」的精神及其哲學影響；另一方面是透過「異國情調」發現了其他文化的差異性，從而產生了一種新的文化。引發了批判性思考的成長。這主要是爲了質疑文化偏見和古典普遍主義。

這種傾向在法國詩人和作家費內隆（François Fénelon）身上得到了體現，他對國家整體的道德感興趣。伏爾泰在其《彼得大帝統治下的俄羅斯帝國史》或《路易十四世紀》中也出現了這一點。最後，類似的精神也存在於英格蘭，愛德華・吉本（Edward Gibbon）在《羅馬帝國衰亡史》中

體現出來[2]。但吉本將精確性作爲歷史學家研究工作的一個主要方面，也通過他的著作指出了十八世紀末歷史的局限性：後者服從道德，在其主題仍然有限的情況下做出黨派判斷。

第二節　浪漫主義和當代史學

在法國，歷史現在被視爲一門獨立的知識學科，與其他文學流派不同，自十九世紀初以來，歷史學家變得專業化，並成立了法國國家檔案館（1808年）。1821年，國家高等特許學校成立（l'École nationale des chartes），這是第一所主要的歷史教學機構。

在德國，這種發展很早就已經形成，史學已經出現在現代大學。該學科的制度化導致了旨在系統地收集和轉錄資料的大型計畫的實施。其中最著名的無疑是1819年推出的《日耳曼歷史紀念碑》。歷史獲得了博學的維度，這在今天仍然具有現實意義。隨後，該學科利用這一學術和新的制度框架，聲稱與科學競爭，特別是當科學在十九世紀末蓬勃發展時。德國歷史學家蒙森（Theodor Mommsen）將拉丁文銘文整理成拉丁銘文文集，他爲學術研究奠定了重要的基礎，尤其是在他的《羅馬史》中，做出了卓越的貢獻。

在法國，從一八六〇年代開始，歷史學家庫朗熱（Fustel de Coulanges）寫道：「歷史不是一門藝術。這是一門純粹的科學，就像物理學或地質學一樣」。十九世紀末，歷史學成爲一門「社會科學」，因爲它表現爲一門札根於社會的科學學科。

一、政治和意識形態影響

歷史仍然是當時爭論的一部分：它受到主要意識形態的影響，例如法國托克維爾（Alexis de Tocqueville）和基佐（François Guizot）的自由主義。它首先受到民族主義甚至種族主義的影響：隨著1870年的普法戰爭，

---

[2]　Edward Gibbon, Historian of the Roman Empire

庫朗熱和蒙森彼此分裂，將他們國家的意識形態轉化為歷史辯論。

　　每個歷史學家都傾向於在他的著作中強調他的人民的優越：這個時期是偉大的「民族歷史」的奠基時期。在法國，「浪漫主義」歷史學家，其中我們必須引用蒂埃里（Augustin Thierry）和米歇爾（Jules Michelet）所描繪的歷史，其中反思的質量和對來源的批判性利用與先前的作品形成了對比。但是，如果歷史越來越成為一門科學，它仍然是一門藝術；米歇爾華麗的風格將它提升到了最高點。

　　然而，這些方法論的進步並沒有阻止他們的黨派傾向，希望為他們那個時代的政治思想的勝利做出貢獻：蒂埃里表達了他成為歷史學家的動機：1817年，我懷著為憲法觀點的勝利貢獻自己一份力量的強烈願望，開始在史書中尋找支持我政治信仰的證據和論據。〔……〕我不停地將事實置於我想利用它們的地位，而是好奇地觀察它們，即使它們對我希望服務的事業毫無幫助〔……〕[3]。

　　米歇爾（Jules Michelet）透過閱讀《法國大革命史》，也有助於定義法蘭西民族反對拿破崙三世獨裁統治，然後反對在色丹戰役（bataille de Sedan）戰敗後肢解法國，這發生在他去世前不久。他對歷史時期之間關係的解釋，如1000年和中世紀與文藝復興之間的斷線，今天受到當代歷史學家的廣泛質疑。最後，隨著第三共和國的建立，所教導的歷史成為公民訓練的宣傳工具，並持續到二十世紀。

　　例如拉維斯（Ernest Lavisse）在他的《法國歷史初級課程》（1913年）中介紹了法國在阿爾及利亞的殖民事業：1830年，查理十世國王派遣船隻襲擊阿爾及爾，因為阿爾及利亞人通過攔截和搶劫我們的船隻，對我們的貿易造成了巨大傷害。這座城市被占領了。然後我們必須征服阿爾及利亞。

---

[3]　préface aux Lettres sur l'histoire de France

二、馬克思、恩格斯的貢獻

　　唯物主義史觀首次出現在馬克思和恩格斯的《德意志意識形態》。但這一概念直到1847年《共產黨宣言》發表後才公開。唯物主義史觀，將對歷史作為一門科學產生決定性的影響，並將產生一個完整的學派。特別是，馬克思對放棄神學、唯心主義或哲學的史觀（尤其是黑格爾的史觀）做出了重大貢獻，並鼓勵透過經濟學和社會學的研究來理解歷史；但不僅如此：馬克思在《德意志意識形態》中解釋說，有必要考慮所有可以影響人類的物質因素：地理、水文、科技、人為因素……意識源於更深層次的物質因素，也必須被視為物質因素，在許多情況下具有決定性。

　　然而，非馬克思主義歷史學家在某些方面沒有遵循馬克思的觀點：首先，大多數人不同意在歷史上做出預測，從而認識到與歷史的分離。然後他們往往拒絕接受理論的邏輯闡述，指責馬克思過於重視經濟學，最後他們不一定認同歷史有意義，特別是革命和共產主義意識。

三、實證主義或歷史事件

　　該學科建立在學術教學上，並受到法國哲學家孔德實證主義的影響。隨著對客觀性的主張，歷史收緊了其主題的限制：處於歷史學家研究工作中心的孤立的事實或事件，被認為是正確回應客觀性要求的唯一參考。此外，這種「歷史事件」僅限於建立因果關係，以科學的話語取代修辭。

　　它的主要轉變來自外部貢獻：首先，馬克思主義將經濟學引入歷史學家的關注。然後，世界正在經歷的政治、科技、經濟或社會動盪，以及全球衝突，無情地擾亂了歷史的領域。

　　正是透過擺脫曾經標誌性的實證主義，這門學科才真正得到更新。新的「輔助」科學出現或顯著發展：考古學、人口學、社會學和人類學，其中受到結構主義的影響。

第三節　史學家與人文科學的關係

　　歷史是一門人文科學，就像社會學、心理學、經濟學一樣……它的使命是了解人在社會中的地位。這些不同運動之間的關係可以從衝突到合作。這裡的目標是解釋歷史與其他人文科學的關係。

　　十九世紀末，法國社會學在塗爾幹（Émile Durkheim）、塔德（Gabriel Tarde）和沃爾姆斯（René Worms）的領導下在法國史學發展起來。但在社會學中，我們會特別記得這段時期塗爾幹學派的出現。他於1895年在《社會學方法的規則》中定義了社會學方法論，並於1897年將其應用於他對自殺的研究。1898年，塗爾幹圍繞《社會學年鑑》雜誌組織了社會學，周圍有法國的哈布瓦赫斯（Maurice Halbwachs）、莫斯（Marcel Mauss）、西米安德（François Simiand）、福科內（Paul Fauconnet）和布格萊（Célestin Bouglé）等社會學家。

　　然而，這種時間的斷裂將在幾位歷史學家的領導下瓦解。因此，《綜合歷史評論》的創始人法國歷史學家亨利·貝爾（Henri Berr）在1900年嘗試社會學與史學方法的和解。最著名的「統一者」無疑是著名歷史學家布勞岱，他直接繼承了費弗爾和布洛赫的年鑑學派，永遠不會停止呼籲人文科學史的統一。「我所引用的歷史是一種新的歷史，能夠自我更新並最終摧毀其他鄰近社會科學的財富」[4]；他認為，地理、民族學、統計學、經濟學、法律和社會學「比歷史更科學，更清晰……我們的方法不是他們的，而是我們的問題，是的，確實如此」[5]。布勞岱也將始終與社會學家法國古爾維奇（Georges Gurvitch）、人口學家索維（Sauvy）、民族學家斯特勞斯（Lévi-Strauss）等同事保持連繫……我們也能發現某些相似之處。

　　緩和的歷史讓人想起古爾維奇的願景，他區分了幾種時間形式，斯特

---

[4]　revue L'Histoire

[5]　revue L'Histoire

勞斯將歷史區分爲對有意識的事實感興趣，將民族學區分爲對無意識的事實感興趣，布勞岱則聲稱年鑑學派對這兩種情況都感興趣，最後布勞岱毫不猶豫地呼籲歷史學家遵循索維創建的模式，即負責分析數學人口模式。

　　他的任務是透過報告過去的事實，對其進行分類，然後在知情公眾的控制下，提出一個平衡的解釋，並由來源證明。

一、史學家的誕生

　　歷史學家的角色出現在古典時期，他結合了交叉閱讀、不同類型敘事和重建過去事件的某種形式的眞相，或眞實性的敘事，這可能有助於更好地理解現在[6]。作爲對過去事件的記述的歷史出現在古希臘的吟遊詩人荷馬史詩（西元前八世紀）。史詩透過《奧德賽》演變而來，它報導的是人類的功績，而不是諸神的功績。

　　但希羅多德（西元前484—西元前425年）被西塞羅視爲歷史學之父，作爲一門學科。將他的作品稱爲「調查」（investigation）（古希臘語中的「歷史」），他意識到自己發明了一些新的東西[7]，特別是因爲它所涵蓋的事件按時間順序排列。他試圖幫助他的讀者找到回到過去的路。他選擇講述最近發生的事件，如波斯戰爭與特洛伊戰爭，被認爲是美妙的歷史。他用散文寫作，將歷史敘事中的奇蹟排除在外。此外，由於他前往埃及和敘利亞的多次旅行，歷史不再只是希臘人的歷史，而是具有普遍性。在古典雅典，修昔底德（西元前460—西元前400年）和色諾芬前（西元前427—西元前355年）的作品與伯羅奔尼薩戰爭有關，這構成了對希羅多德方法的深化。

　　羅馬史學家採用了起源於希臘的歷史類型，其中歷史是按主題組織的，波利比烏斯（Polybius）（西元前200—西元前118年）是一位居住在

---

[6]　Oliviers Devillers, Sources et modèles des historiens anciens, 2018, p. 459

[7]　Pascal Arnaud, Les sources de l'histoire ancienne, Belin, 1995, p. 79

羅馬的希臘人，他爲將希臘歷史流派傳入羅馬做出了貢獻。

　　史學家司馬遷（西元前145－西元前86年），是西漢時期著名的史學家和文學家。司馬遷所撰寫的《史記》被公認爲是中國史書的典範，創作《史記》的過程中，秉承了他對史實眞實性和客觀性的堅持，他的史學方法嚴謹，以事實爲依據，不涉及個人觀點，被譽爲「史家之鏡」。

　　在奧古斯都時期，李維（Tite-Live）（西元前59－西元17年）在他的《羅馬歷史》一書中，繼承了編年史傳統。帝制時代，故事體裁與紀事體裁並存；因此，塔西佗（Tacite）是上述每種類型著作的作者。羅馬的歷史是由塔西佗等拉丁語作家撰寫的，但也有卡西烏斯（Dion Cassius）（165－235年）等希臘語作家撰寫的。帝國時代也見證了拉丁歷史學家蘇托尼烏斯（Suetonius）（70－140年）的《十二個凱撒列傳》和希臘歷史學家普魯塔克的（Plutarque）（46－119年）《希臘羅馬名人傳》傳記體裁的發展[8]。

二、歷史實踐的多樣性

　　在古代遺產的基礎上，政治、文化和宗教觀點將對史學家實踐的發展產生持久的影響，並爲在工具化面前所主張的科學性的緩慢出現提供條件。我們可以區分歷史敘事的不同類型：編年史和年表、聖徒傳記和宗教史、政治領袖的歷史與家譜、世界歷史。

　　這些不同的體裁經歷了不同的命運，這取決於它們產生、閱讀和引用的文化領域。因此，有必要區分不同的歷史傳統，以便追蹤歷史學家之間的影響作用，一方面是對歷史實踐的進步貢獻；另一方面對資料來源的構成的貢獻。是故，我們可以確定史學實踐的不同領域：古代晚期、西方中世紀、拜占庭帝國、阿拉伯和穆斯林文化的國家、印度、中國、日本及遠

---

[8] Marie-Pierre Arnaud-Lindet, Histoire et politique à Rome. Les historiens romains, IIIe siècle av. J.C. Ve siècle ap. J.C., Paris, Pocket, 2005

東國家、前哥倫布時期的美洲。

　　從對這些不同傳統的分析中，我們可以看到一位具有多種面孔的歷史學家的肖像，他既博學又接近宗教和政治權力。

三、歷史學家促進當代科學的起源、肯定和多元化

　　法國直到1875年才建立了歷史學高等教育。第三共和國建立了一個體制框架，旨在促進歷史教師的培訓。從1877年起，學生有機會獲得為此目的的獎學金；他們能夠參加學習課程（研討會），學習分析和評論資料來源的技巧。法國教育改革帶來了就業機會的增加：在大學中，教授職位的數量增加，並設立了第一個講師職位。所有這些措施實際上都受到德國教育的啟發，德國教育在1870年普法戰爭後出現，並作為參考。在此之前，歷史教師很少是現代意義上的專業人士。這些人通常是精通文學的導師，例如某些神職人員，有時是律師或哲學家。

　　第三共和國的大學政策在幾年內導致了一個歷史專業的誕生。1914年仍受到限制（法國文學院的歷史系有55個歷史教席）[9]，但自一九六〇年代以來，隨著學生人數的增加，後者的人數出現了爆炸式增長。今天，正如法國歷史學家普羅斯特（Antoine Prost）回憶的那樣，這群歷史學家通過一個共同的組織（本科）、一個協會和期刊網絡、道德規範（歷史學家有權做什麼和不做什麼？）和方法團結在一起。普羅斯特甚至試圖談論它們的「學會」[10]，以及由此產生的缺點（跟隨主義、教條主義）。你應該知道，在大學裡，講師和教授是由同儕人投票招募的。然而，除了這種表面上的統一之外，該行業也存在其內部分歧。除了眾多學者之外，還有著名研究機構（法國社會科學高等研究院、法國國家科學研究中心、法國羅馬法國學院、法國政治研究所）的成員。

---

[9]　Antoine Prost, Douze leçons sur l'histoire, Le Seuil, 1996, p. 35.

[10]　Antoine Prost, Douze leçons sur l'histoire, Le Seuil, 1996, p. 33.

　　歷史實踐不僅限於教師職業。事實上，它在社會中得到了廣泛的認同，因爲歷史屬於人文科學而不是精確科學，本質上是政治性的。許多人利用時間和知識創作歷史作品。有些政治家、記者、當地學者、遺產愛好者或只是好奇的人開始書寫他們的村莊或家族的歷史。其中一些作品非常出色。其他人則因缺乏歷史背景知識、敘述事件不夠嚴謹或口頭或書面表達能力不佳而失敗。一般來說，這些方法論和關鍵差距並不能跨越出版的門檻，特別是在主要出版商的期刊和「歷史」收藏中。

　　如果作爲歷史學家的活動從學習中獲益，特別是必須教授這門學科，那麼這絕對是不夠的。記憶的傳遞首先是研究工作的問題，因此也是研究和寫作的時間問題，而生活經驗和智力成熟顯然在其中占有一席之地。

四、歷史學家「職業」的各個方面

　　歷史學家的工作有時被比喻爲調查記者的工作。事實上，類似的例子有很多。前述，歷史這個字在希臘文的意思不是「調查」嗎？歷史學家必須尋找材料來源以確定事實。它的興趣主要在於檔案文件，但口頭證詞（用於最近時期的研究）和考古發現也可以提供有價值的資訊。這些來源必須在時空上重新建構和分析。歷史學家努力建立外圍事件或現象，捕捉或考慮文獻的「沉默」，並通過提供評論性參考書目來發現「歷史故事」中的錯誤或遺漏。他也必須謹愼地尋找人類行爲的原因和動機。這項活動最令人興奮的方面之一，就是讓明顯沉默或不合適的材料來源爲所研究的主題說話。

　　與調查法官一樣，歷史學家必須表現出公正性和距離。這種態度轉化爲考慮事實的不同版本，然後區分哪個版本是準確的，而不被一個人的偏見和激情所左右。歷史學家和調查法官都有尋找眞相的共同點，那麼布洛赫（Marc Bloch）並不譴責歷史行爲或物件（至少歷史學家應該這麼認

爲）[11]。也不做價值判斷：這是好，這是壞。原因很簡單，如果知道今天的價值體系與過去的價值體系不相符，那麼判斷就會是荒謬的[12]。

歷史學家必須明白，在某些情況下，這種行爲可能會震驚公眾並導致誤解，因爲在試圖理解歷史的黑暗時期（特別是大屠殺）時，我們的印像是歷史學家爲劊子手辯護，因此在某種程度上爲劊子手開脫。有時，他被指控將過去的某些暴行（黑人奴隸制[13]）相對化，而歷史學家的方法只是試圖將事實情境化並確定其眞正的重要性。無論如何，對歷史物件的欣賞、評估或解釋的時代錯誤確實是這一學科的主要陷阱。

出於善意，五十年前或一百年前的歷史學家，以他們那個時代的心態和時代精神爲標誌，讓自己陷入盲目狀態，或者至少是缺乏洞察力，以解釋某些因果關係。他們忽略了某些對我們今天來說很重要的人物（包括許多女性），或者相反，他們重視某些態度、某些原則或某些著作，而這些在我們眼中的重要性或興趣已經減弱。

歷史學家終於成爲作家。某些歷史作品也被證明是文學作品。十九世紀，法國歷史學家蒂埃里（Augustin Thierry）的《墨洛溫時期的故事》或米切萊特（Jules Michelet）的《法蘭西史》使用了小說中的所有情節，有時甚至損害了事實的眞實性。他們透過運用抒情的公式和隱喻，知道如何戲劇化他們的故事，並賦予描述昔日場景所需的如畫色彩。

五、歷史學家的社會和政治角色

希羅多德被認爲是第一位歷史學家，他爲自己的《歷史》一書的寫作

---

[11] Marc Bloch, Apologie pour l'histoire ou métier d'historien, Paris, Armand Colin, 1993 (1re édition en 1949), chap. 4.

[12] 如果我們研究馬札林（Mazarin）決定王國財政問題所使用的權宜之計，我們可以判斷他是個小偷。但這種指控是荒謬的。我們必須將紅衣主教的行爲與他同時代的人的行爲進行比較。你必須了解當時的金融體系是如何運作的。

[13] 歷史學家格雷諾耶（Grenouilleau）的評論引發了爭議。

辯護：「這是對我的調查的闡述，以防止人們的過去隨著時間的推移而被遺忘，並避免那些令人欽佩的功績，無論是在希臘人和野蠻人失去了所有名聲，最終也是最重要的是，確定他們發動戰爭的原因」。換句話說，歷史學家的角色是保持對過去事件的記憶並解釋它們是如何發生的。

　　從希羅多德到今天，一切都沒有改變。歷史學家應該告訴我們「到底發生了什麼事」；德國歷史學家蘭克寫道：「實際情況如何」。當我們注意到歷史學家在紀念活動中扮演重要角色（卡佩王朝千年、法國大革命二百週年、諾曼第登陸60週年等）的成功時，這種要求似乎並沒有失去動力。

　　此外，社會要求歷史學家根據過去來解釋現在。面對熱點新聞，希望他們能夠進行分析，使事件情境化，將其置於時間演變中，並了解更全球性的問題。簡而言之，需要歷史學家的知識來提供觀點。

　　「摧毀虛假故事，消除冒名頂替者的意義」[14]：法國學者杜穆蘭（Olivier Dumoulin）正是用這些術語描述了他的歷史學家同行的角色。法格（Arlette Farge）在這一觀點上追隨了他，對她來說，「歷史是每個時代對事件的合理描述，避免偽造和公然失誤或致命否認的恥辱」。納奎特（Pierre Vidal Naquet）在《記憶的刺客》中也發表了類似言論，警告自稱「修正主義」的偽歷史學家的「謊言」，他們堅持否認毒氣室的存在，更廣泛地說，否認大屠殺的存在。

　　試圖利用過去，特別是在身分確認的時代，確實需要保障措施。歷史學家的客觀敘述引導他們走出演講廳和教室。最近，有些人「從講壇走向法庭」。例如法國或外國學者阿澤馬（Jean-Pierre Azéma）、巴魯克（Marc-Olivier Baruch）、伯林（Philippe Burrin）、帕克斯頓（Robert Paxton）、雷蒙德（René Rémond）在1998年帕彭[15]（Maurice Papon）審判

---

[14] Olivier Dumoulin, Le Rôle social de l'historien, Albin Michel, 2003

[15] 帕彭是一名法國公務員和納粹合作者，因在法國占領期間犯下反人類罪而被定罪。第二次世界大戰期間，他擔任波爾多警察局祕書長時，參與了驅逐1,600多名猶太人的行動。

中作為專家作證（儘管他們並不總是生活在維琪時期），目的是恢復被告行為的年表，並讓法官和陪審團了解他的迴旋餘地以及占領下一個地區的運作情況。

因此，歷史學家發現自己捲入了社會「司法化」運動。在美國，這一趨勢更加明顯。在審判期間，歷史學家由檢方或辯方支付費用，從檔案中尋找證據。同時，歷史活動滑向當前社會的另一個趨勢：商品化。在大西洋彼岸和法國，歷史學家收到來自個人、公司和律師的命令。因此，他們參與了各種各樣的項目，包括撰寫紀念手冊或工廠歷史、當地社團或博物館的動畫或在有毒物質礦床中尋找責任。這種被美國人稱為公共歷史的應用歷史將研究人員置於行動中，而不是中立的觀察。在這種情況下，歷史學家能否保持其特定於史學方法的倫理要求？成為服務提供者，豈不是陷入了費弗爾（Febvre）所斥責的「服務歷史」，即為利益服務的歷史？

結語

史學，歷史的書寫，特別是基於對資料來源的嚴格審查的歷史寫作，從這些資料來源的真實材料中選擇特定的細節，並將這些細節綜合成經得起嚴格審查考驗的敘述。史學一詞也指歷史寫作的理論和歷史。

現代歷史學家旨在重建人類活動的紀錄，並對其有更深刻的理解。他們的任務概念是相當新的，可以追溯到十八世紀末和十九世紀初「科學」史的發展以及歷史作為學術職業的同時興起。它源自於人類經驗中非常新的觀點：歷史研究是一種自然的、不可避免的人類活動的假設。在十八世紀末之前，史學並不處於任何文明的中心。歷史幾乎從來都不是正規教育的重要組成部分，也從未聲稱能夠對整個人類生活進行解釋。這種更大的野心更適合宗教、哲學，也許還有詩歌和其他富有想像力的文學。

歷史學家是研究和書寫過去的人，被視為過去的權威。歷史學家關注與人類有關的過去事件的連續、有條理的敘述和研究；以及對所有歷史的及時研究。但要成為一名優秀歷史學家，劉知幾在史通書中暢論史家必

須具備「三長」，這樣所寫的歷史才能反映社會的眞實情況。三長謂「才也，學也，識也。」史才，主要是指史家的才幹；史學主要是指史家的知識學問；至於史識，主要是指史家的史觀和筆法，也就是「善惡必書」的「直筆論」，劉知幾強調「良史以實錄直書爲貴」。然而沒有史德，上述皆枉然。

第十一章
檔案研究

　　歷史的輔助科學（Auxiliary sciences of history）是輔助歷史研究，幫助評論及使用史料的學科，也是歷史研究中所必需的學科，使其利用歷史資源成爲可能。這些學科通常表現爲歷史的專業化。但它們也包括精確科學、技術科學或自然科學。歷史的輔助科學是由它們所利用的資源來定義的，這使得它們今天在理論上是無限的。每個學科都允許研究特定類型的來源。使用學科的選擇取決於歷史學家和資料來源。

第一節　歷史的輔助科學與檔案研究

　　歷史的輔助科學概念是十八世紀德國「哥廷根學派」提出的。他指定了對歷史有用的學科[1]。這些學科已經存在，但它們與其他教義有關，例如拉丁語或法律。隨著歷史學的興起及其作爲一門獨立於其他教學的獨立科學的建立，這一概念誕生了。德國歷史學家加特勒（Johann Gatterer）於1761年在《世界歷史手冊》中建立了歷史的輔助科學，其中包括年鑑學、外交學、家譜學、地理學、紋章學和錢幣學。德國的主要中心是哥廷根大學和柏林大學。

　　在十九世紀的法國，隨著大學教學的發展，歷史教學與歷史研究截然不同。儘管洛特（Ferdinand Lot）在1891年對這種分離表示遺憾，但在1929年第一期年鑑學派中遭到攻擊，隨後在二十世紀受到質疑。隨著年鑑這一新的歷史學派的出現，歷史學科得到了更爲寬廣的發展，並向社會學和經濟學方法開放。

---

[1]　Anne-Marie Dubler, Sciences auxiliaires de l'histoire

　　第二次世界大戰後，出現了多學科歷史的概念。從跨學科的角度來看，歷史學得到了自主學科和許多研究工具的幫助。即我們今天所說的人文科學。如果法國年鑑學派有時能夠對其他社會科學採取主導態度，那麼就會發生衝突，並產生新的研究路徑，歷史人類學的發展或研究學的復興證明了這一點[2]。

　　新科學在歷史研究中的運用擴大了歷史輔助科學的概念，削弱了這些學科的教學。哥廷根大學教授布蘭迪（Karl Brandi）對這種緊張關係表示遺憾，並引入了歷史基礎科學的概念，但沒有太多效果。在其他國家，特別是盎格魯撒克遜國家，收藏家的專業知識已經發展起來，通常是對本國歷史或起源感興趣的富人，並建立了著名的博物館或圖書館。

　　這一概念有缺陷，受到研究人員的批評。歷史的所謂支配地位，甚至在《普遍歷史手冊》中也受到其發起者的質疑。布蘭迪的術語「基礎科學」現在在法國國立高等特許學院（École nationale des Chartes）受到青睞[3]。

　　檔案研究是一種涉及從檔案紀錄中尋找和選取證據的研究。這些紀錄可能保存在圖書館和博物館等收藏機構中，也可能由最初產生或累積這些紀錄的組織（無論是政府機構、企業、家庭或其他機構）保管，也可以保存在繼承機構（轉移或內部檔案）的保管中。檔案研究可以與 1.二次研究（在圖書館或線上進行）形成對比，二次研究涉及識別和諮詢與調查主題相關的二次來源；2.其他類型的初步研究和實證調查，例如實地考察和實驗。

一、檔案組織的歷史

　　最古老的檔案已經存在了數百年。例如梵蒂岡祕密檔案館始建於西元

---

[2]　Yann Potin et Julien Théry, L'histoire médiévale et la nouvelle erudition, Labyrinthe, no 4, 1er octobre 1999, pp. 35-39

[3]　École nationale des chartes, De la science auxiliaire à la science fondamentale

十七世紀，包含可追溯至八世紀的國家文件、教皇帳簿和教皇文件。大多數現存的檔案館並沒有聲稱其收藏可以追溯到梵蒂岡檔案館。法國國家檔案館成立於1790年法國大革命期間，館藏可追溯至625年，其他歐洲檔案館也有類似的狀況。現代各國的檔案館雖然年代較近，但也可能保存著幾個世紀前的資料，例如美國國家檔案和紀錄管理局最初成立於1934年。美國國家檔案可追溯至十八世紀美國建國時期的紀錄和收藏。包括《獨立宣言》、《美國憲法》和《大憲章》原件。英國國家檔案館的歷史可以追溯到1838年公共檔案辦公室的創建。

大學是檔案館藏和手稿收藏的另一個場所。大多數大學都擁有記錄大學業務的檔案。一些大學也擁有檔案或手稿收藏，重點關注大學所在州（省）或國家文化的某個方面。學校和宗教機構，以及當地的研究和歷史收藏、博物館和研究機構都可以保存檔案。

我們之所以強調檔案的廣度與深度，是爲了讓大家了解檔案研究者面臨的困難。其中一些檔案館保存著大量紀錄。例如梵蒂岡祕密檔案館擁有超過52英里的檔案架。越來越多的檔案館現在接受數位傳輸，這也可能給顯示和訪問帶來挑戰。

檔案研究是大多數學術和其他形式的原始歷史研究資料。但它也經常在人文和社會科學的其他學科中進行，包括文學、修辭學、[4]考古學、社會學、地理學、人類學、心理學與組織研究[5]。它在其他非學術類型的調查中也很重要，例如追蹤被收養者的出生家庭和刑事調查。檔案機構持有的資料也可用於科學研究和確立公民權利。

除了學科之外，檔案研究中使用的研究方法也可能因其組織和資料而

---

[4]　Working in the archives: practical research methods for rhetoric and composition. Ramsey, Alexis E., 1979, Carbondale: Southern Illinois University Press. 2010

[5]　Welch, Catherine, The archaeology of business networks: the use of archival records in case study research. Journal of Strategic Marketing, 2000, 8(2): pp. 197-208

異。例如在有大量尚未處理的資料的檔案館中，研究人員可能會發現直接
諮詢，對館藏有清晰了解的檔案館人員是有用的[6]。當檔案不完全面向某
一學科或與單一學科相關時，研究人員可以依靠正式或非正式網絡，透過
相互共享有關特定檔案組織和館藏的資訊來支持研究[7]。

二、在檔案館進行研究

　　檔案研究通常比二次研究更加複雜和耗時，在識別、定位和解釋相
關文件方面面臨了挑戰。儘管檔案具有相似的特徵和特點，但它們也有很
大的不同。雖然公共資助的檔案可能有要求盡可能可訪問的授權，但其他
類型的檔案，例如公司、宗教或私人檔案，將具有不同程度的訪問性和可
發現性[8]。某些資料可能會受到其他方式的限制，例如包含敏感或機密資
訊、未發表的作品的資料，或透過與資料捐贈者達成的協議而施加的限
制[9]。此外，檔案紀錄通常是獨一無二的，研究人員必須做好長途跋涉才
能找到這些紀錄的準備。即使材料以數位格式提供，也可能受到限制，禁
止在場外訪問。

　　在網上搜尋之前，聯合目錄是在圖書館和檔案館中尋找資料的重要工
具。在美國，研究人員使用國家聯合目錄和國家手稿收藏聯合目錄來查找
檔案，儘管其大部分資訊已遷移到線上系統。

　　透過線上搜尋可以找到越來越多的檔案機構。此外，歐洲：發現歐洲
數位文化遺產（Europeana）、美國數位公共圖書館和澳洲國家圖書館等

---

[6] Working in the archives: practical research methods for rhetoric and composition. Ramsey, Alexis E., 1979, Carbondale: Southern Illinois University Press. 2010. p. 82

[7] Duff, Wendy; Johnson, Catherine, Where Is the List with All the Names? Information-Seeking Behavior of Genealogists. The American Archivist. 2003, 66(1): pp. 79-95

[8] Welch, Catherine, The archaeology of business networks: the use of archival records in case study research. Journal of Strategic Marketing. 2000, 8 (2): pp. 197-208

[9] General Information about Restricted Records. National Archives. 15 August 2016. Retrieved 18 November 2018

入口網站也提供了會員機構的連結。

　　在英國，聯合資訊系統委員會（JISC）託管檔案中心（Archives Hub），而連線電腦圖書館中心（OCLC）的檔案格（Archive Grid）則為主要以圖書館為基礎的機構提供了一個國際門戶，這些機構使用美國國會圖書館網路開發，作為其館藏編目工具。加拿大檔案管理員協會（ACA）與軟體公司，數位存取與保存（Artefactual）合作創建了加拿大檔案館（Archives Canada），而澳洲檔案管理員協會也使用相同的軟體來建立澳洲檔案目錄。為了方便搜尋和發現，還提供了許多其他線上搜尋工具，包括英國文學手稿和信件位置登記冊、英國劍橋大學檔案資料的檔案搜尋（Archive Search）指南以及非洲文學檔案館（Archives littéraires d'Afrique）。

　　如果無法透過線上搜尋或公開列出的館藏找到檔案，研究人員可能必須透過其他方式追蹤其存在，例如遵循其他研究人員的引文和參考文獻。對於公司或其他組織持有的資料尤其如此，這些組織或其他組織可能沒有僱用檔案管理員，因此不知道其資料的範圍或內容[10]。

　　在非常有限的檔案中，存取可能僅限於具有某些證書或與大學等機構有連繫的個人，並且僅限於具有一定級別的個人。那些缺乏必要資格的人可能需要向個人或機構向檔案館提供介紹信[11]。

　　檔案通常包含獨特的資料，其組織對於維護它們的機構或組織也可能是完全獨特的。這是與圖書館的一個重要區別，圖書館根據標準化分類系統組織資料。傳統上，檔案遵循尊重收藏的原則，儘管檔案保管員可能會進行一些重新排列以方便其使用，但仍保持來源和原始順序。檔案描述的一個基本準則是國際檔案理事會制定的《國際檔案描述標準（通用），由

---

[10]　Welch, Catherine. The archaeology of business networks: the use of archival records in case study research. Journal of Strategic Marketing. 2000, 8(2): pp. 197-208.

[11]　R., Hill, Michael. Archival strategies and techniques. 1993，Newbury Park: Sage Publications

國際檔案理事會制定。美國機構也可以遵循描述檔案：內容標準的指導，而在加拿大，則可能遵循檔案描述規則。了解檔案描述和尋找輔助工具的建構方式，稱爲檔案情報[12]。

除了創建硬拷貝和線上清單和目錄的這些標準和規則之外，檔案管理員還可以透過編碼標準（編碼檔案描述）（與收藏、系列和項目相關）提供對其目錄的存取（編碼檔案上下文）（建立檔案的組織和人員）查閱其目錄。

尋找輔助工具是檔案管理員創建的用於查找資料的常用參考工具。它們有多種形式，例如登記冊、卡片目錄或庫存。許多檔案文件查找輔助工具現在以網頁形式在線託管或以文件形式上傳，例如在國會圖書館的善本和特藏中。尋找輔助工具的詳細程度可能有所不同，從細節的項目層級描述到粗略的集合層級描述。如果檔案館積壓了大量未處理的資料，則可能根本沒有任何形式的查找協助[13]。從2005年左右開始，許多北美收藏檔案館採用了一種名爲「更多產品，更少流程」的理念，尋求減少處理時間或緩解積壓，以便更快地提供資料，其結果可以被描述爲尋找幫助[14]。

儘管大多數檔案庫歡迎研究人員，並有專業人員負責協助他們，但大量的紀錄意味著查找輔助工具的用處可能有限：研究人員需要搜尋大量文件來尋找與其相關的資料，或她的特定詢問相關的資料。出於保密原因，某些紀錄可能不對公眾開放；其他的可能是用古老的手寫體、古代語言或外語或專業術語書寫的。檔案文件通常是爲了直接的實際或行政目的而創建的，而不是爲了未來研究人員的利益，並且可能需要進行額外的背景研

---

[12] Yakel, Elizabeth; Torres, Deborah. AI: Archival Intelligence and User Expertise. The American Archivist. 2003, 66 (1): pp. 51-78.

[13] Ramsey, Alexis E, Working in the archives: practical research methods for rhetoric and composition, Carbondale: Southern Illinois University Press. 2010. p. 81

[14] Ramsey, Alexis E, Working in the archives: practical research methods for rhetoric and composition, Carbondale: Southern Illinois University Press. 2010. pp. 65-66

究才能理解它們。當紀錄仍由生成機構保管或由私人掌握時，所有者或保管人可能不願意向外部詢問者提供存取權限，以及查找輔助工具可能更為初級或根本不存在時，這些挑戰中的許多問題都會加劇。

檔案資料通常封閉堆放且不流通。使用者要求查看檔案中的具體資料，只能現場查閱。在使用尋找輔助工具或其他發現工具找到相關紀錄位置後，使用者可能必須向檔案館提交請求，例如使用申請表。如果檔案館的部分藏品位於單獨的建築物或設施中，則需要數天或數週的時間來檢索資料，需要使用者在現場諮詢之前提交申請。

閱覽室是一個空間，通常位於檔案館內或檔案館附近，使用者可以在工作人員的監督下查閱檔案資料。某些材料的獨特、脆弱或敏感性質有時需要對其使用、處理或影印進行某些限制。許多檔案館限制了從外面帶進閱覽室的物品種類，例如鉛筆、記事本、袋子，甚至衣服，以防止盜竊或資料損壞的風險。可以對在任何給定時間可查閱的資料數量進行進一步的限制，例如限制使用者一次只能查看一個盒子，並要求所有資料始終平整可見。一些檔案館提供基本用品，包括廢紙和鉛筆。

儘管政策、成本和所需時間可能有所不同，但檔案館可能提供影印服務。檔案館也越來越多地允許使用者使用自己的裝置（例如相機、手機，甚至掃描器）來複製資料。使用白色或任何其他手套雖然在電視節目中很流行，但由於擔心頁面和文字的脆弱性，處理檔案文件不一定需要使用白色或任何其他手套。如果在處理內頁時取下手套以防止污垢和其他材料轉移，則可能需要使用它們來處理裝訂不良的書籍，並且在處理照片時應使用它們。請務必諮詢檔案管理員是否需要手套[15]。

由於原始檔案的脆弱性或流行性，檔案還可以透過微縮膠卷（包括膠片和其他格式）提供對內容的存取。出於同樣的原因也可以提供數位副

---

[15] Baker, Cathleen A.; Silverman, Randy, Misperceptions about White Gloves, International Preservation News. 2005, 37: pp. 4-16

本。在請求存取原始文件之前，使用者應確保已重新格式化的項目適合其所需用途。要求存取原始內容的原因可能包括需要查看彩色影像（建築透視圖和立面圖、地圖和平面圖等）或出於可訪問性原因。

某些資料可能包含涉及在世個人隱私和機密的信息，例如醫療和學生紀錄，需要特別注意。可能包含個人識別資訊（例如社會安全號碼或姓名）的資料必須適當處理，檔案館可能會提供經過編輯的資料副本，或完全出於隱私或其他立法考慮拒絕訪問資料[16]。

越來越多的檔案資料正在數位化或已經數位化，使得它們可以透過網路或其他網路服務進行異地存取。擁有可供公眾存取的數位資料的檔案館可以使用元資料[17]收集開放檔案倡議協議等標準，透過共享或公開其電子目錄和或元數據[18]，使網路搜尋引擎可以發現其館藏。一些機構設有線上門戶，使用者可以免費存取紐約公共圖書館檔案館或史密森學會檔案館等檔案館提供的數位資料。政府及其相關機構可以使用這些「電子」或「虛擬」閱覽室上傳公眾要求的文件和資料，例如透過資訊自由法請求或根據紀錄揭露政策。

第二節　來源評論

來源評論（或資訊評估）是評估資訊來源的過程，即：文件、個人、演講、指紋、照片、觀察或用於獲取知識的任何內容。就特定目的而言，特定信息源可能或多或少是有效的、可靠的或相關的。從廣義上講，「來源評論」是關於如何為特定任務評估資訊來源的跨學科研究。

德國歷史學家哈特維格（Wolfgang Hardtwig）寫道：他的第一部著作

---

[16] Taube Daniel O.; Burkhardt, Susan, Ethical and Legal Risks Associated With Archival Research, 1997, 7 (1): pp. 59-67

[17] 元資料是關於網頁的信息，不顯示在網頁本身上，而是嵌入在網頁的HTML代碼中。

[18] 中國大陸元數據，後設資料（Metadata），臺灣又常譯作詮釋資料、後設資料、中介資料、中繼資料，是一群資料，其內容提供了有關於另一群資料的資訊。

《1494年－1514年拉丁和條頓民族史》取得了巨大成功。它已經顯示了他對歐洲概念的一些基本特徵，並且具有史學意義，特別是因為他的前輩蘭克（Leopold Ranke）在另一本書《論近代歷史學家的批判方法》中，哈特維格對他的來源進行了典型的批判分析。在蘭克這部著作中，他將十八世紀末所使用的考證方法，特別是古典文獻學的考證方法，提升為科學史寫作的標準方法。

歷史理論家洛倫茨（Chris Lorenz）寫道：

十九世紀和二十世紀的大部分時間史學都被德國所謂歷史學派以研究為導向的史學方法觀念所主導，該學派由蘭克和尼布爾（Berthold Niebuhr）等歷史學家領導。他們的歷史觀長期以來被視為現代「科學」歷史的開端，卻又回到了史學方法的「狹隘」觀念，將史學方法限制在來源評論。

在二十一世紀初，資料來源評論在圖書館學和資訊科學等領域中成為一個不斷發展的領域。在這種背景下，來源批評是從更廣泛的角度來研究的，而不僅僅是歷史、古典語言學或聖經研究[19]。

以下原則來自丹麥歷史學家約爾根森（Olden-Jorgensen）（1998年）和瑟倫（Thurén Torsten）（1997年）撰寫的兩本斯堪的納維亞關於資料來源評論的教科書：

文獻來源可能是遺跡（例如指紋）或敘述（如陳述或信件）。文物比敘述更可靠。給定來源可能被偽造或損壞；來源原創性的強烈跡象增加了其可靠性。消息來源與其聲稱描述的事件越接近，人們就越能相信它能夠準確描述真實發生的事情。第一來源比第二來源可靠，而第二來源又比第三來源更可靠，依此類推。如果多個獨立來源包含相同的資訊，則該資訊的可信度會大大增加。來源的傾向是其提供某種偏見的動機。應盡量減少

---

[19] Hjorland, Birger, Methods for evaluating information sources: An annotated catalogue. Journal of Information Science, 2012, 38(3), pp. 258-268

傾向或用相反的動機加以補充。如果可以證明證人（或消息來源）與製造偏見沒有直接利害關係，則資訊的可信度就會增加。

另外兩個原則是：

來源評論的知識不能取代學科知識：「因為每個來源都教你越來越多的關於你的主題的知識，你將能夠越來越精確地判斷任何潛在來源的有用性和價值。換句話說，你對這個主題了解得越多，你就越能準確地判斷出任何潛在來源的有用性和價值。確定你還必須找出什麼」。

「實證案例研究表明，大多數人發現很難在一般意義上評估認知權威和媒體可信度問題，例如透過比較報紙和網路的整體可信度。因此，這些評估往往是情境敏感的。報紙、電視和網路經常被用作定向資訊的來源，但它們的可信度根據當前的實際主題而變化」。

根據美國圖書館協會（1994年）的說法，對於任何資料來源，通常可以詢問以下問題：

源頭是如何定位的？它是什麼類型的來源？作者是誰？就所討論的主題而言，作者的資格是什麼？資訊是什麼時候公布的？在哪個國家出版的？出版商的聲譽如何？消息來源是否表現出特定的文化或政治偏見？

對於文學來源，補充標準是：

來源是否包含參考書目？該資料是否經過同行評審，或是否經過編輯？該文章，書籍與類似的文章，書籍相比如何？來源評論的一些原則是普遍適用的，其他原則則針對某些類型的資訊來源。

今天，對於自然科學和人文學科來源評論之間的異同，還沒有共識。邏輯實證主義聲稱所有知識領域都基於相同的原則。許多對邏輯實證主義的評論聲稱實證主義是科學的基礎，而詮釋學是人文學科的基礎。例如德國哲學家哈伯馬斯（Jürgen Habermas）就是這樣的立場。伽達默爾[20]

---

[20] 伽達默爾（1900—2002年）是一位德國哲學家，以其1960年關於詮釋學、真理與真理的鉅作而聞名。

（Hans-Georg Gadamer）和庫恩[21]（Thomas Kuhn）等人認為，一種新的立場將科學和人文科學理解為由研究人員的先入為主的理解和範式所決定。因此，詮釋學是一種普遍的理論。然而，不同之處在於，人文學科的源頭本身就是人們興趣和預先理解的產物，而自然科學的源頭則不然。因此，人文學科是「雙重詮釋學的」。

　　然而，自然科學家也在使用人們著作（例如科學論文），這些著作是預先理解的產物（例如可能導致學術欺詐）。

一、認識論

　　認識論是關於如何獲得知識的基本理論，因此是關於如何評價資料來源的最普遍的理論。經驗主義是通過考慮來源所基於的觀察（或感覺）來評估來源。沒有經驗依據基礎的來源被視為無效。

　　理性主義對基於觀察的來源給予較低的優先順序。為了有意義，觀察結果必須用清晰的想法或概念來解釋。從理性主義的角度來評估資料來源，關注的是其邏輯結構和明確性。

　　實用主義根據來源的價值和實現某些結果的有用性來評估來源。實用主義對所謂的中立資料來源持懷疑態度。對知識或資料來源的評估不可能比對知識的構建更確定。如果人們接受易錯論原則，那麼人們也必須接受來源批評永遠不能100%驗證知識主張。

　　資料來源中論證謬誤的存在是評估資料來源的另一個哲學標準。法國學者沃爾頓（Charles Walton）提出了謬誤。這些謬誤包括人身攻擊謬誤（使用人身攻擊來試圖破壞或反駁某人的論點）和稻草人謬誤（當一個論證者歪曲另一個論證者的立場，使其看起來比實際情況更不可信，以便更容易地批評或反駁）。

---

[21] 庫恩（1922－1996年）是一位美國歷史學家和科學哲學家，他於1962年出版的著作《科學革命的結構》在學術界和大眾界都有影響力。

　　研究方法是用於產生學術知識的方法。與產生知識相關的方法也與評估知識相關。研究質量評估過程，例如同行評審、書評以及科學和學術研究評估中使用的規範標準。另一個領域是科學不端行為的研究。美國學者哈里斯（BenHarris）提供了一個案例研究，說明著名的心理學實驗「小阿爾伯特」[22]（Little Albert）在整個心理學史上是如何被扭曲的，從作者華生（John Watson）本人、一般教科書作者、行為治療師開始。哈里斯提出了這些扭曲的可能原因，並分析了阿爾伯特的研究，將其作為心理學史上神話的一個例子。這類研究可以被視為一種特殊的接受史（華生的論文是如何被接受的）。它也可以被視為一種批判史。此類研究對於揭示因引用經典研究而引入的偏見對於來源批評非常重要。

二、考據

　　文獻批評是文獻學的一部分，它不僅致力於文獻研究，還編輯和製作「科學版本」、「學術版本」、「標準版本」、「歷史版本」、「可靠版本」、「可靠文獻」、「文獻版本」或「批評版本」，這些版本採用了仔細的學術研究，以確保其中包含的信息盡可能接近作者的初衷。換句話說，假設給定作品的大多數版本都充滿了出版商提供的錯誤資訊，這就是為什麼製作「學術版本」很重要。文獻學的研究工作是人文學科源頭批評的重要組成部分。

　　對目擊者證詞的研究是一個重要的研究領域，除其他目的外，還用於評估法庭上的證詞。目擊者容易犯錯的基本因素包括惡劣的觀看條件、短暫的暴露和壓力等因素。更微妙的因素，例如期望、偏見和個人成見，可能會產生錯誤的報告。一系列巧妙的實驗表明，事後詢問目擊者的方式可

---

[22] 小阿爾伯特實驗是一項有爭議的研究，二十世紀中葉的心理學家將其解釋為人類經典條件反射的證據。該研究也被認為是刺激泛化的一個例子，儘管閱讀研究報告表明恐懼並沒有透過顏色或觸覺品質來泛化。該研究由約翰霍普金斯大學的沃森（John B. Watson）和他的研究生羅莎莉‧雷納（Rosalie Rayner）完成。研究結果首次發表在1920年2月號的《實驗心理學期刊》。

以從根本上改變記憶。新的記憶可以植入，舊的記憶可以在審訊下無意識地改變。

在圖書館和資訊科學的學校，來源批評被作爲日益增長的信息素養領域的一部分來教授。圖書館和資訊科學研究相關性、文件品質指標、文件類型及其品質（例如學術版本）等問題，並與來源批評相關。文獻計量學通常用於尋找最具影響力的期刊、作者、國家和機構。圖書館員研究書評及其在評估書籍中的作用。在圖書館和資訊科學中，經常使用清單方法。圖書館有時會就使用者如何評估資源提供建議。美國國會圖書館有一個「原始資料教學」計畫。

來源批評也涉及道德行爲和文化。它涉及自由新聞和開放社會，包括保護資訊來源免遭迫害。照片經常在戰爭期間和政治目的而被操縱。一個眾所周知的例子是史達林篡改了1920年5月5日的一張照片，照片中史達林的前任列寧爲蘇聯軍隊發表了演講，托洛斯基也參加了演講。史達林後來讓托洛斯基在這張照片消失[23]。

「在歷史上，歷史方法這個術語首次由博丹（Jean Bodin）在十六世紀的文獻批評論文：一種輕鬆了解歷史的方法中系統地引入。博丹的論文的特點是通過相互核對來源，並評估來源所傳達資料的可靠性，將其與所涉及的利益連繫起來，來建立可靠的過去知識。

如上所述，歷史上的現代史料批評與德國歷史學家蘭克（Leopold von Ranke），密切相關，他影響了大西洋兩岸的歷史方法，儘管方式截然不同。美國歷史以一種更加經驗主義和反哲學的方式發展。十九世紀最著名的兩本規則書是歷史研究導論由法國歷史學者朗格魯瓦（Charles Langlois）和塞尼諾博斯（Charles Seignobos）撰寫。這本書提供了以下意見：

如果消息來源都同意某個事件，歷史學家就可以認爲該事件已得到

---

[23] Healy, Jack, Was the Dear Leader Photoshopped In?. 2008-11-07, The New York Times

證實。然而，多數並不能決定一切；即使大多數來源以一種方式關聯事件，該版本也不會占上風，除非它通過了批判性文本分析的測試。如果無法以同樣的方式確認整個文本，則可以透過引用外部權威機構的某些部分來確認其敘述的來源可以完全信任。或當兩個來源在某一特定觀點上有分歧時，歷史學家就會選擇最符合常識的來源。即由專家或目擊者創建的來源。

　　一般來說，目擊者是首選，特別是在普通觀察者可以準確報告所發生的事情的情況下，更具體地說，當他們處理大多數同時代人已知的事實時。如果兩個獨立創建的來源在某件事上達成一致，那麼每個來源的可靠性都會大大提高。當兩個來源不一致時（並且沒有其他評估方法），歷史學家就會採用似乎最符合常識的來源。

　　在考古學中，放射性碳定年法是確定資料來源年代的重要技術。在一九八〇年代末期，當歷史學既成為一門科學學科，又成為一種基於「科學」原則的職業時，這種方法是理想的選擇（儘管放射性碳定年法是此類方法的最新例子）。歷史上的經驗主義運動帶來了作為研究方法的「來源評論」，並且在許多國家大規模出版努力，以製作「來源材料」的有效版本，例如重要信件和官方文件（例如傳真或轉錄）。史學和歷史方法包括對所使用來源的可靠性的研究，例如作者身分、作者的可信度以及文本的真實性或損壞性。

　　來源評論，正如聖經批評中使用的術語，是指試圖確定最終文本的作者或編輯者使用的來源。「文學批評」一詞有時被用作同義詞。聖經來源批評起源於十八世紀，由法國學者阿斯特魯克（Jean Astruc）完成，他將已經發展起來的調查古代文本的方法，尤其是荷馬的伊利亞特應用到他對創世紀來源的調查中。

　　隨後，德國學者在所謂的「高級批評」中對它進行了相當大的發展，這個詞不再廣泛使用。這些學者的最終目標是重建聖經文本的歷史，以及古代以色列的宗教歷史。與來源批評相關的是編輯批評，它旨在確定編輯

者如何以及爲什麼以他的方式將來源放在一起。同樣相關的是形式批評和
傳統歷史，它們試圖在已確定的書面資料背後重建口述史前史。

　　記者通常面臨巨大的時間壓力，並且只能獲得有限數量的資訊來源，
例如新聞局、可能接受採訪的人、報紙、期刊等。因此，與歷史學家相
比，記者進行嚴肅的來源批評的可能性是有限的。

　　最重要的法律來源是由議會、政府、法院和法律研究人員創建的。它
們可以是書面的或非正式的，並且基於既定慣例。不同法律哲學對來源品
質的看法有所不同：法律實證主義是一種認爲法律文字應該被孤立地考慮
的觀點，而法律現實主義、解釋主義（法律）、批判性法律研究和女權主
義法律批評則在更廣泛的文化基礎上解釋法律。

第三節　抄襲

　　剽竊是指將他人的語言、想法或表達方式視爲自己的原創作品。儘
管精確的定義因機構而異，剽竊被視爲違反學術誠信和新聞道德，以及學
習、教學、研究、公平、尊重和責任的社會規範。因此，被認定犯有剽竊
行爲的個人或實體通常會受到各種懲罰或制裁，例如停學、開除或開除工
作、罰款、監禁，和其他處罰。

　　抄襲本身通常不是犯罪，但與假冒一樣，詐欺可以因侵犯版權、道
德權利、或侵權行爲引起的偏見而受到懲罰。在學術界和工業界，這是嚴
重的道德違規行爲。抄襲與侵犯版權有相當大的重疊，但它們並不是等同
的概念，儘管許多類型的抄襲行爲可能不符合法院判決的版權法的法律要
求，但它們仍然構成抄襲行爲[24]。冒充他人的作品，從而構成剽竊。

　　並非所有文化和國家都對個人擁有語言或思想持有相同的信念。在某
些文化中，重複另一位專業人士的作品可能是對其工作被重複作品的人的

---

[24] Eaton, Sarah Elaine., Comparative Analysis of Institutional Policy Definitions of Plagiarism: A Pan-Canadian University Study. Interchange. 2017, 48(3): pp. 271-281

尊重或奉承。來自這些國家和文化並移居到美國或其他西方國家（抄襲是不被允許的）的學生，可能會發現這種轉變很困難。

在學術界，學生、教授或研究人員的剽竊行為被視為學術不誠實或學術欺詐，違法者將受到學術譴責，嚴重的包括開除學生、終止教授和研究人員的合約。

一些機構使用抄襲檢測軟體來發現潛在的抄襲行為並阻止學生抄襲[25]。然而，抄襲檢測軟體並不總是能產生準確的結果，而這些系統存在漏洞。一些大學透過為學生提供全面的指導來解決學術誠信問題，包括必修的寫作課程和明確闡述的榮譽準則。事實上，大學生幾乎一致認為抄襲是錯誤的。然而，每年都有一些學生因在功課中濫用資源而被帶到學校紀律委員會。然而，透過使用足夠的單字替換來逃避檢測軟體的剽竊行為已經迅速發展。

另一種形式的剽竊被稱為「合約作弊」，涉及學生付錢給其他人，例如論文工廠，讓他們替他們完成工作。截至2021年，世界上很少有地方立法禁止營運或推廣合約作弊服務。因為它是以達到預期的學習和理解水平為前提的，如果允許抄襲成為學術論文中的常態，所有相關的學術認證都會受到嚴重損害[26]。

剽竊有一個道德意涵，因為它認為別人的時間、工作和努力是理所當然的。美國學者羅比拉德（Amy Robillard）提出了「剽竊就是偷竊」的比喻，並認為這種說法的道德對於學校教育和學術界很重要。被抄襲的作品可以被視為智慧財產權，因此抄襲將構成版權或智慧財產權侵權[27]。然而，有些人認為抄襲有更深層的背景，即作品被視為財產，因此抄襲者非

[25] Weber-Wulff, Debora, Plagiarism detectors are a crutch, and a problem. Nature. 2019, 567(7749): p. 435

[26] Draper, Michael; Lancaster, Thomas; Dann, Sandie; Crockett, Robin; Glendinning, Irene, Essay mills and other contract cheating services: to buy or not to buy and the consequences of students changing their minds. International Journal for Educational Integrity. 2021, 17 (13): pp. 1-13

[27] Robillard, Amy, Pass It On: Revising the "Plagiarism is Theft Metaphor". 2009, JAC. p. 29

法使用作品將構成盜竊，並在學術界和其他地方產生道德影響。

　　對學術剽竊形式提出了不同的分類。將某人的作品作為自己的作品提交。從自己先前的作品中摘取段落而不添加引文（自我剽竊）。在沒有正確引用來源的情況下重寫某人的作品。使用引文但不引用來源。在作品中將各種來源交織在一起而不引用。引用一些但不是全部應該引用的段落。將文章中引用和未引用的部分融合在一起。提供適當的引文，但未能充分改變借用思想的結構和措詞（仔細釋義）。引用來源不準確。不準確地引用來源。過於依賴他人的作品，未能將原創想法融入文字[28]。

　　擴大網路的可及性和使用與剽竊呈正相關。輕鬆獲取資訊使學生可以更輕鬆地從網路上複製和貼上訊息，而無需註明原作者。教育機構經常強調原創性、正確引用和學術誠信對打擊剽竊的重要性。他們實施政策、教育計畫和抄襲檢測軟體等工具來阻止和檢測抄襲行為。

結語

　　歷史的相關學科或輔助科學是幫助評估和使用歷史資料的學科。這些學科包括社會科學和物理自然科學，例如生理學、人類學、社會學、經濟學和地理。這一表達雖然是傳統的並且繼續被廣泛使用，但可能意味著低估，這就是為什麼使用其他委婉表達來強調這樣一個事實：這些學科中的每一個都是自主的，不從屬於其他學科，而且有些學科非常重要。它們中的每一個都被認為是具有自己實體的科學或技術，並且包含在聯合名稱中的原因（無論是輔助名稱還是其他名稱，例如史學科學和技術或歷史科學），在某有些情況下，它們被用於歷史研究。

　　透過直接使用或解釋不同科學或技術獲得的結果，歷史學家分析文獻來源（各種材料，原始於某個歷史時刻或出於任何原因引用它，從而可以提取、排序和分析資訊）。通常，歷史學家並不熟悉所有可能的科學和技

---

[28] Turnitin, Defining Plagiarism: The Plagiarism Spectrum

術，因此他必須求助於相關學科專家的結論。即使他自己有能力做到這一點，在他的研究中，他必須遵循該科學或技術的方法，然後應用史學的方法將這些結果納入他的研究中。

其中一些學科本身就是自主科學的專業應用（其中許多甚至不是社會科學，而是物理—自然科學），如語言學、人類學、經濟學、地理學（與歷史有密切學術關係的科學）、化學、植物學或動物學；另一些則是為研究隨時間變化的具體現實而生的，因此對於確定日期（年表）和分析來源或檔案本身（來源的支持）至關重要：錢幣學（可能是最古老的）、金石學、古文字學、外交學等；另一些則作為史學主題細分的功能而產生，與某種類型的來源密切相關，或作為比較或時間順序的專業：法律史、藝術史等。考古學可能是其中發展最多的科學，產生了大量的分支學科。

第十二章
歷史哲學

　　歷史哲學是研究歷史發展的意義和目的的哲學分支。它匯集了從古代到現代的所有方法，傾向於肯定歷史不是偶然、不可預見甚至混亂的結果，而是通過遵循一條路徑（循環）來遵循一個目的。從時間順序來看，我們可以分成下面幾個階段。

　　從古代到十七世紀，人們首先相信歷史的意義是「從外部」確定的，尤其是由天意決定的。然後，在十八世紀，由於某種世俗化，義大利的維科（Vico）或德國的康德（Kant）等哲學家相信歷史的終結性是內在的：歷史的意義是由人們自己決定的，受他們的指導；單獨推理並根據他們為自己分配的目標。法國的《人權宣言》開創了一種新的、逐漸世俗的現實概念：因此，我們根據啟蒙運動的普遍主義觀點來提及「人」、「歷史」或「國家」。

　　然後，在十九世紀，歷史哲學以一套學說的形式發展起來：黑格爾的唯心主義、馬克思的歷史唯物主義、孔德的實證主義、史賓塞的社會達爾文主義。十九世紀末，這些學說受到了強烈的批評，主要是虛無主義者和尼采，根據卡繆的說法，他們影響了存在主義者和荒誕學派。

　　進入二十世紀，研究方法和歷史方法論的多樣性更加豐富。人文科學與社會科學，繼狄爾泰（Wilhelm Dilthey）的「心靈科學」之後，表明尋求理解歷史事實而不是解釋它們。「現代性」哲學家試圖將黑格爾、馬克思和孔德的學說與他們先前的學說產生共鳴。馬克思主義思想家因此分為改良派和革命派。在二十世紀下半葉，知識份子在技術進步及其可能的反駁問題上採取了相反的立場。1979年後流行的「後現代性」概念，旨在終結歷史哲學。最後，在二十一世紀初，爭論的重點不再是人類「思考歷

史」的能力，而是人類整體「自然智慧」的能力。

在啟蒙時代，「歷史哲學」這個術語，根據法國哲學家貝拉瓦爾（Yvon Belaval）的說法，「似乎是伏爾泰（Voltaire）創造的」，將能夠依賴兩個基礎：「沒有文獻的歷史，推論出來，很大程度上是想像的，從維柯到盧梭，以及從盧梭到黑格爾，將重塑原始人類的各個階段；有記載的歷史，越來越精確」[1]。與科學一樣，它的目標將是「一種關於人類思想進步的哲學，即使盧梭拒絕同時以同樣的速度承認道德進步」。

然而，如此命名的「歷史哲學」概念本身並非沒有問題：哲學和歷史這兩種思想，正如費弗爾（Lucien Febvre）在1938年所寫的那樣，是「不可還原的兩種思想」，最終，正如沙蒂埃（Roger Chartier）指出的那樣，與費弗爾相呼應，彼此仍然是陌生的，沙蒂埃提到的困難將存在於構成「歷史哲學」和哲學史標籤的錯覺中，與表面相反，它們並不指定邊界，而是屬於哲學世界，法國社會科學高等研究院教授安海姆（Étienne Anheim）引用了他的前輩歷史學家的話說；1765年，伏爾泰在一部爭論性著作中首次使用了「歷史哲學」一詞，該著作於1769年成為《道德論》的「初步論述」，並於13年後出版─認為這篇文章的標題可以是「世界哲學史」；巴黎第一大學教授比諾什（Bertrand Binoche）強調伏爾泰的意圖是「表明現在是作為哲學家研究歷史的時候了」。

第一節　歷史哲學的背景

歷史具有哲學意義的觀念可以追溯到古希臘。它反映了一種形上學的、因果論的、決定論的和目的論的世界觀；這些特徵在十九世紀之前的整個哲學語料庫中都有許多變化。直到十九世紀，我們才能在整個哲學語料庫中發現這些特徵的許多變體。

希臘最早的歷史學家之一希羅多德（西元前五世紀）使用「天意」

---

[1]　Yvon Belaval, Le Siècle des Lumières, 1973, pp. 606-607

（Pronoia）一詞來指稱一種能夠維持自然平衡狀態的「外在智慧」。西元前一世紀，羅馬的西塞羅創造了「天意」一詞，指的是「外在意志」（非人類，超越人類）對世界的行動，爲了被認爲是先驗快樂的目的。因此，這個觀念與機會觀念以及命運觀念截然相反。

天意的概念可以在基督教中找到。在整個基督教世界，歷史─當被思考時，被廣泛解釋爲從亞當和夏娃被趕出伊甸園（墮落事件）開始的時間過程，並被認爲在「末日」結束，在整個過程中，人與神和好（啟示錄）。

然而，這種模式在十七世紀隨著實驗科學的出現和「信仰與理性」衝突的出現而逐漸結束；信仰逐漸趨於消失，取而代之的是自由意志，幾乎成爲一種選擇。

一、古希臘羅馬

歷史學家勒高夫（Jacques Le Goff）在海西奧德（Hésiode）（西元前八世紀）的說教詩中看到了對人類進化的第一個重大反思[2]。海西奧德在他的詩作《勞動與日子》中闡述了人類五個時代的神話：連續的詩句因其過度（傲慢）而被眾神判處滅絕，或在死後獲得英雄榮譽。英雄化；詩人哀嘆自己出生在最後也是最糟糕的時代─鐵器時代，但卻讓我們看到了透過循環時間回歸黃金時代的可能性[3]。神話透過固定神的屬性，成爲公民宗教和泛希臘崇拜的基礎[4]。所有重要的決定，無論是在和平時期還是在戰爭時期，都需要透過德爾菲神諭或其他占卜方式求眾神的回答[5]。

西元前六世紀，古希臘是一種全新的世界觀念的發源地，不再是嚴格

---

[2] Jacques Le Goff, Progresso reazione, Enciclopedia Einaudi, Turin, 1977-1982

[3] Jean-Pierre Vernant, Mythe et pensée chez les Grecs, 1965, in Œuvres: Religions, rationalité, politique, Seuil, 2007, t.1, pp. 255-262

[4] Jean-Pierre Vernant, Mythe et société en Grèce ancienne, Seuil, 2007 t.1, pp. 847-852

[5] Vinciane Pirenne-Delforge, Religion grecque, Presses universitaires de France, pp. 112-114

的神話和宗教觀念，而是哲學觀念，也就是說，基於理性的更多運用。神話以韻律形式，透過伴隨它的音樂性和手勢，呼喚非理性的說服形式，而理性話語，以散文形式表達，通常是書面形式，吸引了邏輯智慧，同時，它在政治和司法、醫學和歷史敘事中得到了肯定[6]。

　　西元前五世紀，希羅多德從神話思想中脫穎而出，他遠離了神話思想，並以區分真偽的意志而聞名。對修昔底德來說，這種關注轉變為一種批判精神，這種精神是基於對各種口頭和書面資料的比較。他的《伯羅奔尼撒戰史》通常被認為是第一部真正的歷史著作[7]。他堅持拒絕奇妙的事物，並尋找可驗證的規律，這些規律可以作為政治行動的指南：「當聽到所報道的事實中缺乏奇妙的事物時，無疑會削弱它們的魅力；但是，如果我們想清楚地看到過去的事件，以及那些在未來，由於其人性而表現出相似性或類比的事件，那麼我們認為它們有用，這就足夠了；它們構成了永遠的財富而不是為當前觀眾製作的儀式性作品」[8]。

　　對羅馬人和希臘人來說，人類行為的成功取決於神靈：每個月和每週的每一天都獻給神靈[9]，並且吉日和兇日之間有重要的區別。羅馬人透過占卜和其他形式的占卜來質疑神的意志，這些占卜通常是來自伊特魯里亞人（Étrusques）那裡：只有在最嚴重的情況下才使用的最有聲望的女預言家書[10]（livres sibyllins）的預言。在羅馬建立期間，十二隻禿鷹出現在羅慕洛斯面前，預示著羅馬的統治將持續十二個世紀[11]。

[6]　Jean-Pierre Vernant, Mythe et société en Grèce ancienne, Seuil, 2007 t.1, pp. 766-769

[7]　Thucydide, Histoire de la guerre du Péloponnèse, Paris, Robert Laffont, 1990, pp. 149-152

[8]　Thucydide, II, 22.4, cité par Jean-Pierre Vernant, Mythe et société en Grèce ancienne, 1972, in Œuvres: Religions, rationalité, politique, Seuil, 2007 t.1, pp. 769-770

[9]　Yves Lehmann, La religion romaine traditionnelle, Presses universitaires de France, pp. 189-198

[10]　是一本用希臘六音步詩句表達的神諭話語集，根據傳統，這些書是羅馬最後一位國王傲慢者塔克文（Tarquinius Superbus）從一位女預言家那裡購買的，並在重大危機時查閱。

[11]　Magotteaux Émile. L'augure des douze vautours. In: L'Antiquité classique, tome 25, fasc.1, 1956. pp. 106-111

　　羅馬共和末期，即西元前三世紀至西元前一世紀。人們可以撰寫自己
的歷史的想法出現了。尤其是西塞羅，他提出了「人類在文明發展中塑造
自身、完善自身的理念，物質和智力進步有助於人類的精神提升，文化對
於人性是必要的」[12]。西塞羅對這些預言和預兆持懷疑態度，但奧古斯都
皇帝非常重視它們，克勞迪（Claude）將哈魯斯皮斯（haruspices）[13]納入
羅馬官方神職人員[14]。

二、猶太教和早期基督教

　　《聖經》是一神論的第一個偉大故事，講述了猶太人幾個世紀以來的
演變。聖經故事充滿了戲劇性（埃及的奴隸制、逃亡、多重迫害等），它
的重點是不斷尋找更美好未來的概念，召喚彌賽亞的到來和在應許之地的
自由生活，最終在天堂的耶路撒冷實現。西元前三世紀，《但以理書》首
次提到了啟示錄。

　　無論是《摩西五經》還是《塔木德》（Talmud）[15]，都很少關注歷史
事實的細節，它們在這些細節上增加了混亂和不合時宜的內容：它們只關
注基於上帝和他所選擇的人民之間的契約的未來計畫。人們通往彌賽亞時
代。因此，猶太教透過引入末世論維度，賦予歷史顯著的目的論特徵[16]。

　　根據瑞士的榮格（CG Jung）的觀點，猶太人的方法必須被視為雙重
目的：不僅是人類向善的進化，而且同時也是上帝的進化，直到其最終階
段：他的「人性化」，即道成肉身[17]。

---

[12] Antoinette Novara, Les Idées romaines sur le progrès d'après les écrivains de la République: essai sur le
sens latin du progrès, 2 vol., Paris, Les Belles Lettres, 1983

[13] 是一種占卜藝術，透過解讀犧牲動物的內臟（特別是肝臟）來得出預兆或做出決定。

[14] Yves Lehmann, La religion romaine traditionnelle, Presses universitaires de France, pp. 189-198

[15] 猶太古代法典

[16] Marc-Léopold Lévy, Éclats de jouissance. Éthique et psychanalyse, Toulouse, ERES, 2018, Judaïsme et
psychanalyse, p. 207

[17] C. G. Jung, Réponse à Job, édition originale 1952; trad. fr. Buchet Chastel, 2009

　　自保羅福音書和約翰的啟示錄撰述之後（寫於一世紀），基督教神學就傳播了這樣一種觀點：所有由人類引起的事件，無論是否具有某種影響，構成所謂的「歷史」，都是神的計畫一部分，其結果必須是拯救人類。

　　使徒保羅的一句話總結了基督徒對歷史的不信任，因為人們聲稱在沒有上帝幫助的情況下建立了歷史：「不要順從當今的時代」（羅馬書，12：1-2）[18]。然而，基督教時代有兩個基本階段，耶穌基督的創造和化身，屬於可追溯的歷史時期。與羅馬人不同，基督徒相信時間不是無限的，並且正在走向約翰啟示錄所預言的世界末日。在末日的時代，將會出現一系列以敵基督者統治為標誌的災難，然後倖存下來的選民將經歷一個和平與正義的時代。因此，將道成肉身與最後時代分開的間隔是一段由希望和恐懼組成的「等待時間」。

　　推動這個正義時代的願望催生了一種信仰，即千禧年主義[19]，教會最終譴責這種信仰帶來了政治和社會動亂[20]。然而，它仍然得到了十三世紀義大利基督教神學家弗洛爾（Joachim de Flore）的支持；羅馬尼亞神話學家埃利亞德（Mircea Eliade）將弗洛爾的著作描述為「一部輝煌的歷史末世論，是繼聖奧古斯丁之後基督教所知道的最重要的著作」[21]。

　　法國天主教哲學家馬里坦（Jacques Maritain）認為，有必要區分「歷史神學」和「歷史哲學」：前者「以教會的奧祕為中心，同時考慮其與世界的關係」；後者則「以世界的奧祕為中心，同時考慮其與教會的關係」。世界的奧祕，同時考慮它與教會的關係，與朝聖狀態中的神的國度

---

[18] étude-biblique

[19] 千禧年主義的概念來自於「千紀」，即是指長度為一千年的時間循環。千禧年主義是某些基督教教派正式的或民間的信仰，這種信仰相信將來會有一個黃金時代：全球和平來臨，地球將變為天堂。人類將繁榮，大一統的時代來臨以及「基督統治世界」。

[20] Jacques Le Goff, L'Occident médiéval et le temps, in Un Autre Moyen Âge, Gallimard, 1999, pp. 408-409

[21] Mircea Eliade, Le Mythe de l'éternel retour, chapitre IV, Gallimard, Paris, 1949

的關係」。

　　西元四、五世紀之交，聖奧古斯丁明確地將實現「上帝之城」作爲歷史的目標，即基於上帝之愛。他反對巴比倫這座城市建立在對塵世和俗世事物的熱愛之上。

三、中世紀和文藝復興初期

　　對於中世紀基督教來說，將道成肉身與最後的末世時代分開的間隔是必要的，因爲它允許靈魂在煉獄中得到救贖：有罪但未受詛咒的靈魂可以通過信徒的祈禱和教會的代禱來縮短他們的痛苦時間。這加強了神職人員和教宗的權威。這段中間時間對於將基督教信仰傳播到「地極」也是必要的（使徒行傳1: 8）[22]。

　　因此，在十三世紀，《黃金傳說》的作者義大利熱那亞大主教沃拉金（Jacques de Voragine）毫無困難地承認，使徒托馬斯（Thomas）將基督教傳教到了印度，並在那裡爲前來迎接聖嬰耶穌的三博士施洗。甚至帶回了印度建築的模型。沃拉金以倫巴底人、法蘭克人、保加利亞人和匈牙利人皈依基督教以及修道院秩序傳播的故事結束了他的著作[23]。將神聖話語「傳播到天涯海角」的責任仍將是十五至十六世紀地理大發現背後的驅動力之一。

　　阿拉伯學者伊本‧赫勒敦（Ibn Khaldoun）[24]，是思想史上的一個獨特人物：他忽視了修昔底德和其他古代歷史學家的一切，不得不獨自發明一種接近他們的史學方法；他的作品幾乎被穆斯林世界遺忘，直到十九世紀歐洲東方學家重新發現。在他的《普遍歷史論述》（Muqaddima）中，他

---

[22] Cardinal João Braz de Aviz, Jusqu'aux extrémités de la terre, La Croix, 10 mars 2017

[23] Jacques Le Goff, À la recherche du temps sacré: Jacques de Voragine et la Légende dorée, Perrin, 2011, pp 246-252

[24] 1332年出生於突尼斯，1406年去世，是一位歷史學家、經濟學家、地理學家、人口學家、社會學先驅和阿拉伯裔政治家。

透過特定事件的流動來尋找社會生活的一般規律，這也使他成爲社會學的先驅[25]：我在這部作品中發展了一切可以讓讀者能夠了解造成文明和社會基本事故的原因，以及社會中影響人類的基本情況。他強調「貝都因人」（badâwa）、鄉村、遊牧或半遊牧文化與城市定居文化之間的對立；他批評阿拉伯哲學，特別是阿威羅伊（Averroès）[26]的哲學，由於對這個非城市現實的無知，他按照希臘哲學家的模式建造了烏托邦城市。他提出了歷史循環的概念，不是以希臘人的循環時間模型爲基礎，而是以馬格里布[27]王朝的有限時間順序架構爲基礎[28]。

文藝復興運動的特徵是西方社會發生了根本性的變化，受到一種被稱爲「人文主義」的新世界觀的推動：知識份子，尤其是哲學家，在不放棄自己的信仰的情況下，將其意義和範圍相對化，而另一方面，他們重視他們運用理性獨立思考的能力。

英國歷史學家托馬斯・莫爾（Thomas More）於1516年出版了《烏托邦敘事》，這是一個重要的里程碑。從那一刻起，直到今天，人們無需參考權威或宗教教義的情況下就可以書寫自己的歷史，而這個想法將構成整個西方社會。這個想法就是「進步」（le progrès）：1532年，這個詞在法國的拉伯雷（François Rabelais）筆下首次出現在法語中[29]。

義大利人馬基雅維利的《君王論》寫於1513-1516年，但直到1532年去世後才出版，標誌著政治哲學的出現。作者目睹了佛羅倫斯共和國的衰

[25] Adam André. Mohammed-Aziz Lahbari, Ibn khaldûn: Revue de l'Occident musulman et de la Méditerranée, no6, 1969. pp. 177-179

[26] 是一位十二世紀的安達盧西亞阿拉伯語穆斯林哲學家、神學家、法學家和醫生。

[27] 馬格里布，該地區包括北非西部和中部，包括阿爾及利亞、利比亞、茅利塔尼亞、摩洛哥和突尼斯。

[28] Carré Olivier. À propos de la sociologie politique d'Ibn Khaldûn: Revue française de sociologie, 1973, 14-1. pp. 115-124

[29] Mathilde Herrero, Histoire de l'idée de progrès de l'Antiquité au xviie siècle

落，並比較了世襲共和國和君主制的制度；與中世紀的君王政治不同，他提倡效率，甚至不惜犧牲道德。它考慮到了臣民對其習慣的依戀，因此只有具有非凡能量（美德）的政治家才能帶來巨大的變化，而他的工作總是脆弱的。他對教廷和他那個時代的宗教非常敵視，他更喜歡以羅馬宗教爲藍本的公民宗教。應該指出的是，他對美洲的發現完全漠不關心。

　　到了十六世紀末，一種歷史意識被建構和傳播，證明了一種新的、相對疏離的歷史理解方式。十六世紀歷史思想的偉大獨創性，在於將學術與反思結合。關於史學方法的論文激增：透過對文本的編譯和整理，歷史學家會感到有必要對它們進行批判，也就是說，在它們之間建立因果連繫，並賦予這種連繫以意義，然後，開始認識論工作：甚至質疑我們看待事實的方式，或者更確切地說，質疑我們描述事實的方式。

　　法國的博丹（Jean Bodin）於1566年發表了他的《促進歷史知識的方法》，其中他「將歷史置於知識總體化的哲學計畫的中心」，其依據的是他同時代人普遍接受的原則，即歷史爲我們提供了教訓[30]。

　　1576年，博丹的《共和國六書》著作，繼馬基雅維利的論文之後，構成了政治理論的基礎，因爲它將對歐洲知識界產生直接和持久的影響：不僅在法國，該書在法國多次再版，在鄰國，它從拉丁語被翻譯成義大利語（1588年）、西班牙語（1590年）、德語（1592年和1611年）和英語（1606年）。這本書建立了一種新的政治制度分類（民主、君主制、貴族制），最重要的是，闡述了現代國家的關鍵概念，可以說，它是教會的另一種形象，其存在由主權定義，其主要內容是「給予和打破法律的權力」。博丹不相信烏托邦和模仿古人，他意欲將科學精神運用到政治反思中。1588年，法國文藝復興時期最重要的哲學家蒙田（Michel de Montaigne）在他的《隨筆》中賦予「進步」一詞一個世代相傳的涵義，

---

[30]　Philippe Desan, Jean Bodin et l'idée de méthode au xvie siècle, Angers, Presses de l'université d'Angers, 1985, pp. 119-132

即「逐漸向更好的方向轉變」[31]。

四、十七世紀哲學及文化運動

　　十七世紀歐洲科學取得了非凡的發展，英國人培根和法國人笛卡爾在這方面發揮了決定性作用。培根經常被認為是最早的「進步」理論家之一，因為他不斷預測未來。1626年，也就是他去世一年後，《新亞特蘭提斯》（La Nouvelle Atlantide）出版時，我們可以讀到這樣的話：

　　「我們成立的目的是發現事物的原始力量和原則的內在本質，以期將人類帝國的範圍擴展到整個自然，並盡其所能實現它。我們的基金會旨在了解事物的原因和祕密運動，並突破人類統治事物的界限，以實現一切可能的事情[32]。

　　1651年，英國哲學家霍布斯（Thomas Hobbes）的《利維坦》問世，這部作品在他生前反響甚微，並於1683年被牛津大學燒毀。它基於一種「消極神學」：上帝是如此超然，以至於沒有人能夠超越它，知道他的目的，這導致霍布斯譴責清教徒的革命千禧年主義和和天主教對教皇絕對正確的主張，被視為天意的詮釋者：「地球上不存在普世教會，基督徒應該順服。法律只能以人性和絕對國家的權威為基礎：君權神授的國王必須在宗教和公民層面擁有主權[33]。

　　法國主教和神學家博須埃（Jacques Bossuet）於1681年撰寫了《關於世界歷史的論述》，其中捍衛了一種歷史哲學，使歷史成為天意的作品。在他看來，人的治理是沒有機會的。博須埃反對馬基雅維利，馬基雅維利談到了福爾圖娜（fortuna）[34]。根據博須埃的說法，這個詞「除了掩蓋我們的無知」之外沒有任何意義。人類是自由的，但自由被賦予我們，

[31] Mathilde Herrero, Histoire de l'idée de progrès de l'Antiquité au xviie siècle

[32] Francis Bacon, La Nouvelle Atlantide, Paris, 1840, traduction d'Antoine de La Salle en 1800 p. 596

[33] Adrien Boniteau, La Théologie politique du Léviathan de Thomas Hobbes, Philitt, 8 novembre 2016

[34] 福爾圖娜，是羅馬宗教中的幸運女神和幸運的化身。

不是爲了擺脫人類狀況的枷鎖，「而是爲了榮譽地配戴它，自願地配戴它」[35]。

博須埃以基督教史學的正統傳統寫作：他以聖經文本爲基礎，賦予其無誤的價値，他的歷史哲學解釋了希臘、波斯和羅馬的連續強權，正如上帝所希望的那樣，爲未來鋪平道路。猶太教，然後是基督教的啟示，爲君士坦丁統治下的基督教羅馬帝國和查理曼法蘭克王國的偉大做好準備[36]。

在這部旨在指導王儲的著作中，它將成爲兩個世紀以來大學歷史教學的基礎，歷史，「人類生活和政治的主人」，將帝國的短暫和易逝性與教會捍衛的宗教的不朽眞理進行了對比：國王，無論是善或惡，都只能是天意的工具。皇家導師博須埃將奧古斯都皇帝視爲正義君主的典範，他的工作在他不知情的情況下爲基督教的到來做好了準備：「整個宇宙在他的權力下和平生活，耶穌基督來到了世界」[37]。

第二節　啟蒙時代誕生

十七世紀和十八世紀新科學理論的出現使人類對自己的判斷產生了前所未有的信心，同時也從根本上質疑了他們以前與一切可能具有權威性的事物的關係，首先是宗教，尤其是基督教。從十八世紀下半葉開始，哲學家們就堅信理性是進步的卓越力量。正是透過體驗這種自主感，作爲一種更清晰地看到世界和自己的方式，他們將自己的時代描述爲「啟蒙時代」。

1784年，針對什麼是啟蒙運動這個問題，康德回應：「啟蒙運動是人

[35] Jean-Jacques Chevallier, Histoire de la pensée politique, Payot, 1993

[36] M. G. Badir, Humanité et philosophie de l'histoire: le discours historique chez Bossuet, Rollin et Voltaire in Chantal Grell et Jean-Michel Dufays, Pratiques et concepts de l'histoire en Europe: xvie-xviiie siècles, Université de Paris-Sorbonne, 1990, p. 141

[37] Bossuet cité par Albert de Broglie, L'Église et l'Empire romain au ive siècle, Études religieuses, philosophiques, historiques et littéraires, Bibliographie catholique, 1857-1858, p. 374

類擺脫由他自己負責的監護狀態。監護狀態是指在沒有他人指導的情況下
無法運用自己的理解力。當原因不在於理解不足，而是在於沒有足夠的決
心和勇氣在沒有他人指導的情況下使用它時，我們自己對這種監護狀態負
責。薩佩雷奧德[38]（Sapere aude」！有勇氣運用自己的智慧！這是啟蒙運
動的座右銘」[39]。

　　哲學家的目標是將科學方法應用於人類歷史的知識。這是一個全新
的事實，法國大革命事件證明了這一點，這種解放的感覺不僅為少數哲學
家所感受到，而且得到了人民的廣泛認同：個人和集體都感受到了這種感
覺。這就是為什麼歷史意識的出現，即人類不再是天意的玩具，而是自己
歷史的參與者的觀念，與一種新的個人存在關係的出現密不可分：個人主
義[40]。

　　因此，十八世紀致力於從西方文明（希臘哲學、猶太教、基督教、
文藝復興等）開始的一個過程：人類將自己體驗為個體，「不可分割」，
能夠自己決定自己的人生道路，而無需向任何人負責；因此，「思考歷
史」，集體賦予它個意義《幸福》最重要的是，通過民主機構決定其方
向。

一、義大利啟蒙運動時期的哲學家──維科

　　維柯（Giambattista Vico）[41]是十八世紀最早撰寫系統史學理論的哲學
家之一。1725年，他出版了《關於國家共同性質的新科學原理》，其中他
不僅打算追溯歷史事件，而且打算建立一門科學，即新科學，其目的是學
習新科學。他提出了歷史的循環理論，即三個時代，根據這個理論，人類

---

[38] Sapere aude是拉丁語短語，意思是「敢於了解」；也被粗略地翻譯為「有勇氣使用自己的理性」，
　　「敢於通過理性認識事物」。

[39] Emmanuel Kant, Qu'est-ce que les Lumières? Paris, Flammarion, collection GF, 2006, pp. 41-44

[40] Louis Dumont, Essais sur l'individualisme, 1983

[41] 他是一位政治哲學家、修辭學家、歷史學家和那不勒斯法學家，他發展了形而上學和歷史哲學。

社會經歷了不同的階段。

這三個「時代」是「諸神的時代」，在此期間出現了宗教、家庭和各種機構；「英雄時代」，人民被置於貴族階級的枷鎖之下；以及「人類時代」，在此期間，這些民族起義並贏得平等，然後又回到了野蠻狀態。

1827年，米切萊（Jules Michelet）將其翻譯成法文，書名為《歷史哲學原理》。據他介紹，維柯希望「將規律現象與偶然現象區分開來，並確定支配前者的一般規律」。

二、法國啟蒙運動作家——杜爾哥、盧梭、伏爾泰、孔多塞

1750年，路易十六未來的財政總監杜爾哥（Turgot）發表了一篇關於「人類精神的進步」的演講，第二年，他寫道：「世界歷史包括對人類進步的考慮以及促成這些進步的原因的細節」。這篇文章直到一個世紀後的1844年才出版，但法國思想史家塔吉耶夫（Pierre-André Taguieff）認為，通過喚起「世界歷史」，杜爾哥打算最終結束仍然盛行的歷史概念，這一概念基於《聖經》中的神聖天意概念，博須埃確保了這一概念的延續[42]。

盧梭在其他啟蒙思想家中脫穎而出，他很快就與這些思想家發生爭執，在這些思想家中，他被視為「先行者—後來者」。在他的論文《科學與藝術論述》、《人類不平等的起源和基礎論述》和《社會契約論》中，他對進步的概念表現出了深刻的不信任：科學和藝術、語言和娛樂、輿論和自尊、財產和工作、商業和戰爭的發展……在他看來，這是道德衰退的許多跡象：從野蠻人的狀態開始，快樂但狹隘和愚蠢，不平等的發展，所謂的「文明」，使人類變得不幸和邪惡，生活在「最可怕的戰爭狀態」中，使人類變得不幸和邪惡，這使盧梭更接近赫西奧德[43]（Hésiode）的悲

---

[42] Pierre-André Taguieff, Du progrès. Biographie d'une utopie moderne, Librio, 2001, p. 66

[43] 赫西奧德是一位生活在西元前七世紀初的希臘詩人。

觀時代觀[44]。然而，他認為，對道德良知的肯定將在未來基於一個社會契約的更公正的社會。

　　伏爾泰在他的著作中將歷史置於中心地位。他在對歷史的評論中寫道：「編年史的人，往往缺乏的是哲學精神。」他反對以偉大的戰役和國王的事蹟為中心的歷史解讀。因此，「《路易十四的世紀》並不是對鄉村的簡單描述，而是一部關於人類道德史」[45]。

　　與其他啟蒙運動哲學家不同，他對創造引導歷史走向絕對進步的偉大原則持懷疑態度。他寫道：「人類的邪惡在各個世紀都是一樣的」；然而，他承認存在上升軌跡，並堅持認為路易十四的世紀，也許是繼希臘和羅馬以及文藝復興之後，最接近完美的世紀[46]。

　　伏爾泰認為，歷史哲學不能關注單一大陸。因此，他批評博須埃的歐洲中心論，博須埃在《世界史論》中只考慮了歐洲和聖經中的中東，完全忽略了亞洲文明。在路易十四世紀的第二版中，他將路易十四世與中國康熙皇帝進行了比較，並通過對耶穌會傳教士在中國的奉承描述理解康熙皇帝。與博須埃不同的是，他於1756年出版的《關於民族精神的論文》一書開頭介紹了印度和中國，他斷言：「毫無疑問，世界上最古老的編年史是中國的編年史。他們從不間斷。他強調了中國史學和儒家思想的理性特徵，並輕易地將其簡化為自然神論道德：中國編年史避免了西方聖徒傳記的奇蹟和奇觀。」對他來說，讚揚中國往往是批評基督教不寬容的一種迂迴方式。同時，他注意到中國文化的靜止性：很早就達到了高度的組織狀態，它不再尋求進步。中國人發明了火藥、煙火和指南針，但歐洲人發明

[44] Josiane Boulad Ayoub et al., Rousseau et la philosophie de l'histoire in Rousseau, anticipateur-retardataire, Université Laval, 2000, pp. 101-107

[45] Jakob Wüest, Comment ils ont écrit l'histoire: Pour une typologie des textes historiographiques, Narr Francke Attempto Verlag, 2017

[46] Stephen Dowell, Thoughts and Words: In Three Volumes... For Private Circulation, Spottiswoode Company, 1891

了火炮和航海導航[47]。

　　「歷史哲學」一詞出現在伏爾泰1765年以阿貝·巴贊（Abbé Bazin）筆名發表的一篇文章的標題中。如果這個公式是一個里程碑，那麼這部作品就是一系列關於印度、中國和猶太人以及天使、天才或大眾偏見的問題[48]。

　　它的影響遠不能與1756年出版的《關於民族精神的論文》相媲美，該論文是啟蒙運動哲學的核心著作之一，作者在其中描繪了一幅歐洲歷史的廣闊全景，從在查理曼大帝之前，一直持續到路易十四世紀（1760年）初期。

　　在法國大革命期間，孔多塞（Nicolas de Condorcet）在逃離恐怖時寫了《人類精神進步歷史表草圖》，並在死後不久出版。在這部作品的前九部分中，他總結了他那個時代的主要知識。在第十部分，也是最後一部分，題爲「人類精神的未來進步」中，他將自己投射到一個他想像的由理性、教育、知識、科學和技術發現照亮的未來。

三、德國哲學家——康德、赫爾德

　　1784年，康德發表了一篇哲學論文：從世界政治的角度來看世界歷史的思想。康德將歷史視爲大量異質事實（不僅包括政治事件，也包括日常生活中的事件），並努力從這種異質性中獲取意義。將人置於世界的中心，就像哥白尼將太陽置於宇宙的中心一樣，他認爲人是自由的、自主的，因爲他的意志在理性中找到了根源[49]。

　　但他認爲，從一個人的存在太短，無法讓他獲得發展所需的所有經驗

---

[47] Ichikawa Shin-lchi. Les mirages chinois et japonais chez Voltaire. In: Raison présente, no 52, Octobre-Novembre-Décembre 1979. L'éducation et la recherche en proie aux technocrates. pp. 69-84

[48] Voltaire, La Philosophie de l'histoire, 1765

[49] Dominique Pradelle, Par-delà la révolution copernicienne. Sujet transcendantal et facultés chez Kant et Husserl, Presses universitaires de France, 2012

的假設出發，他認爲歷史的指導線索是透過知識的傳播將理性逐漸銘刻在制度中。從一代傳給下一代。他認爲，人類的進步取決於整個人類，更確切地說，取決於其利用知識隨時間變化的合理性的能力。

然而，康德認爲，鑑於人性是敵對的，這不可能順利發生。偉大的理想（正義、和平、博愛等）本身並不能被視爲歷史的驅動力。這並不是基於人善於交際的一面，也就是他最隨和的行爲，而是基於人的社交性和不社交性之間的衝突。因此，歷史的驅動力是人類的「不社會性」。

赫爾德

1774年，赫爾德（Johann Gottfried von Herder）在其論文《另一種歷史哲學》中，對歷史採取了獨特的方法，這實際上與啟蒙運動哲學中主導的思辨方法形成了對比。他是一位非常有文化的人，從普世主義傾向中脫穎而出；相反地，他對多元文化持開放態度[50]。

赫爾德特別對法國啟蒙運動、伏爾泰等啟蒙哲學家關於歷史意義的論點提出了強烈批評。根據法國人佩尼松（Pierre Pénisson）的說法，他批評法國啟蒙運動「犯有語言霸權罪，尤其是伏爾泰本人，以及體現歷史的普遍性和「最高點」的危險藉口，具有消除任何歷史或「文化」差異性的效果」。

1785年，康德提出世界歷史的想法一年後，赫爾德發表了他的《人類歷史哲學思想》。他的觀點與康德的觀點有所不同：他沒有將歷史等同於線性和理性的進步。而是將歷史同化爲具有特定特徵的多種民族在分散秩序中的演變。他認爲，文化必須分開考慮，整個人類世界的目的（如果有的話）是難以捉摸的。他的思想將對人類學產生深遠的影響[51]。

---

[50] Pierre Pénisson et Norbert Waszek, Herder et les Lumières, L'Europe de la pluralité culturelle et linguistique, PUF, 2003

[51] Jacques Galinier, L'anthropologie hors des limites de la simple raison. Actualité de la dispute entre Kant et Herder, L'Homme no 179, 2006, pp. 141-164

第三節　十九世紀學說

十八世紀末至十九世紀初，法國大革命及其後續的拿破崙戰爭對整個歐洲特別是德國產生了深遠的影響。

德國學者卡爾維（Lucien Calvié）觀察到，從十八世紀下半葉開始，從溫克爾曼[52]（Winckelmann）到年輕的施萊格爾[53]（Friedrich Schlegel），再到荷爾德林[54]（Hölderlin）和黑格爾，再到海因斯[55]（Johann Jakob Heinse）、赫爾德[56]（Johann Gottfried Herder）和福斯特[57]（Georg Forster），「存在著一條連續而強大的思想路線」，其特點是對古代的興趣，尤其是希臘語，並通過「肯定美（自然和藝術）、幸福（個人和集體）與自由（公民與城市）之間的同質性連結」，法國大革命重新激活了一條思想路線。

黑格爾在《歷史哲學課》中毫不掩飾他對革命的評價：「那是一次壯麗的日出。所有有思想的人都慶祝了這個時代。一種微妙的情緒在此時占據了主導地位，一股精神的狂熱讓天地都為之顫抖，彷彿神與人間達到了有效的和解。」根據卡爾維的說法，法國大革命似乎有能力，這是年輕的馬克思和他之後的許多馬克思主義者所診斷的「英雄幻覺」，使現代世界中悲傷的「資產階級散文」復活。黑格爾後來談到古希臘人美麗的自由和詩意的幸福。

---

[52] 他是一位德國藝術史學家和考古學家。他是一位希臘化先驅，他首先闡明了希臘、希臘羅馬和羅馬藝術之間的差異。

[53] 德國詩人。他和他的哥哥奧古斯特·施萊格爾是耶拿浪漫主義的主要人物之一。

[54] 德國詩人和哲學家，他也是德國唯心主義發展的重要思想家。

[55] 海因斯是一位德國作家、學者和圖書館員、狂飆突進詩人。

[56] 赫爾德是德國詩人、神學家和哲學家。這位康德的弟子是年輕歌德的朋友和導師，被認為是狂飆突進以及歌德和席勒兩位偉大的魏瑪經典著作青年時期的靈感來源。

[57] 是一位德國博物學家，同時也是一位民族學家、旅遊作家、記者和革命家。他參加了詹姆斯·庫克的第二次環球探險（1728－1779年），為南海的比較地理學和民族學投入了大量資金。

面對這種長期主導的思想路線，在十八世紀末和十九世紀初，出現了一種圍繞德國早期浪漫主義（諾瓦利斯Novalis、施萊格爾兄弟les frères Schlegel、瓦肯羅德Wackenroder和蒂克Tieck）的反應，即「重新啟動中世紀和日爾曼參考文獻」。對卡爾維來說，這「第一次浪漫主義的決定性轉捩點從一開始，甚至在其後果中更是如此……，至少直到一八三〇年代和一八四〇年代，德國基督教在同時，在思想和政治上反對法國大革命、其理想、其實際成就，以及更一般地說，反對法國的自由主義和民主激進主義」[58]。

一、德國哲學家──黑格爾、馬克思

1820年，黑格爾在《法律哲學原理》中奠定了一種新學說的基礎：國家主義：「國家必須被尊崇為神性與塵世的存在」。他認為神聖羅馬帝國是現代國家的典範，因為它自十二世紀以來就被證明是教皇權威的競爭對手。

在接下來的幾年裡，他在柏林大學發表了一系列講座，詳細解釋了他的方法，這些講座在哲學界產生了巨大影響，並被翻譯成法文標題為「歷史哲學教訓」。

黑格爾解釋說，要從歷史中獲得意義和重要性，沒有必要將自己依附於事件，而是必須「感受」、「理解」事件背後的深刻思想，並傾向於和指導它們：

「我們告訴統治者、政治家、人民主要透過歷史經驗來學習。但經驗和歷史告訴我們，人民和政府從未從歷史中學到任何東西，也從未按照可以從中學到的格言行事。每個時代、每個民族都處於如此特殊的條件下，構成了這樣一個個體的處境，在這種情況下我們只能而且必須透過它來做

---

[58] Lucien Calvié, Antiquité et Révolution française dans la pensée et les lettres allemandes à la fin du xviiie siècle, Annales historiques de la Révolution française, 1999, pp. 455-475

出決定。

　　在這紛亂的世界事件中，一般的格言並不比過去可能發生過的類似情況的記憶更有用，因爲像蒼白的記憶這樣的東西在席捲當下的風暴中是無能爲力的；他對自由而生氣勃勃的時事世界沒有權力。從這個角度來看，沒有什麼比參考希臘和羅馬的例子更乏味的了，就像大革命時期法國人經常發生的那樣。沒有什麼比這些民族的本質和我們這個時代的特徵更不同的了……只有對情況的深刻、自由、全面的直覺（……）才能賦予給反思帶來眞實性和趣味性[59]。

　　但黑格爾沒有談論「事件背後的深刻思想」，而是談論「理念」。因爲根據他的說法，所有推動歷史朝著「進步」方向前進的思想（也就是說，朝著集體體驗到的比當前情況更好的情況發展）都歸結爲一個唯一：理性的實施在任何情況下（理性的實現）。他稱之爲「精神」。他肯定歷史的意義是「絕對精神的實現」，也就是說，精神透過理性而充分意識到自己：「歷史是心靈發現自身的過程。無論這種方法看起來多麼推測和抽象，黑格爾都給它分配了一個非常具體的應用。在他看來，哲學家的角色不是無止盡地批判，而是在現實中提出一種結構，這種結構是絕對觀念的化身。在他眼中，這個結構正是國家：「國家是上帝在世上的行進」。它不只是一個簡單的制度機構，它是存在的最高形式、人類進化的最終產物、具體自由的實際現實，理性本身與自身[60]。

　　馬克思深受黑格爾的影響，他的一生都在與辯證法哲學家的批判關係的基礎上進行了反思。馬克思拒絕了他所描述的理想主義和神祕主義的方法，強調需要關注具體的歷史和社會現象來理解世界和人。這位渴望「解放」的年輕哲學家在1843年的《克羅伊茨納赫手稿》（Manuscrits de Kreuznach）中批評了黑格爾的思辨方法，這種思辨方法將德國的情況自

---

[59] Hegel, Leçons sur la philosophie de l'histoire, 1822

[60] Damien Theillier, Hegel et la divinisation de l'État, Le Québécois libre, no 299, 2012

然化，並強調了與現實不相符的概念關係。在一八四〇年代，正是對黑格爾政治哲學、宗教、政治、經濟做更廣泛現實的批評，與他的激進活動相輔相成，促使他擁抱社會主義。

從那時起，直到1883年去世，馬克思創作了一部重要的著作，以複雜的方式結合了對當前歷史情勢的分析和理論的後見之明。正是由於這個原因，只有根據辯證關係，透過將其與其他書籍連繫起來才能理解他的每一本書。多年來，隨著社會工業化，參數發生變化，常常迫使馬克思改正自己的方式，甚至自相矛盾。他的分析，特別是他於1867年出版的主要著作《資本論》，在很大程度上影響了人文科學和社會科學的發展。

他早在1846年的《德意志意識形態》中就將自己的史觀描述為歷史唯物論。它的驅動因素是物質條件，即經濟和社會條件，決定了意識。因此，馬克思認為，歷史的發展取決於人類實際經歷的情況，而不是像黑格爾之前的哲學家所認為的那樣，取決於思想運動的動力。

馬克思認為，社會是生產力和生產關係的結果，前者指的是人類所獲得的技術、文化、理論和教育手段的進步，後者指的是社會階級之間關係的社會、法律和政治。這些概念使我們能夠描述一個由一系列生產模式構成的歷史。

透過與一八四〇年代工人運動的接觸，萊茵蘭革命者（révolutionnaire rhénan）掌握了階級鬥爭在歷史發展中的作用。與史達林主義意識形態和對馬克思主義缺乏了解的批評者所利用的教條圖式相去甚遠，階級鬥爭不是永恆群體之間的抽象對立，但這是一個在任何社會中運作的過程，它使統治階級和被統治階級在永久鬥爭中對立起來。

他分析了他的時代，包括過去的動態和未來的前景，因為資本主義生產方式占主導地位，其中兩個階級本質上發生衝突：一方面，資產階級將工廠和機器的所有者和管理者聚集在一起，他們的收入來自於資產階級。它也控制著國家機器，因為它指揮著行政權力，並且在議會中擁有多數席位，這使得它能夠設計並通過法律，使其作為生產資料所有者的地位合法

化；另一方面，工人階級，包括工人（無產階級）和農民，他們靠著資產階級給予的工資來生活，以換取他們的勞動力。

　　馬克思想要證明亞當斯密和古典學派經濟學家所捍衛的論點是錯誤的，因為它們基於一個有偏見的假設，根據這個假設，商人致富的願望不僅符合普遍利益，而且有助於普遍利益。然而，他並不局限於對資本家的道德批判，不像普魯東，他將普魯東形容為「多愁善感的」。他聲稱有必要嚴格闡明哲學、法律、經濟學、社會學、政治分析和政治本身，他譴責資本主義作為一個體系，在他看來，這個體系本質上是有缺陷的：他必須被革命推翻，革命是階級鬥爭的結果[61]。

　　二十年後，馬克思在《1858年手稿》中將歷史分為五個階段：
1. 原始社會，衝突是領土衝突，絕非階級衝突，階級尚未存在。
2. 奴隸社會，特別是羅馬社會。
3. 以封建制度和農奴制為特徵的封建社會。
4. 資本主義社會，由資產階級領導的資本主義政權透過私有財產（特別是生產資料）和對國家及其機構的控制來確立其至高無上的地位。
5. 社會主義，一個尚未到來的時代，但人們必須透過國際性的政黨結構中的工人階級領導的革命來領導這個時代。其目標是建立一個無階級社會，其標誌是廢除私有財產和國家。

二、法國哲學家——聖西門、孔德

　　1820年，聖西門在他的著作《組織者》中表示，他確信歐洲社會已經徹底打破了封建時代，正在進入一個全新的時代。這種對過去的引用來證明他對現在的看法是正確的，這來自於他與年輕歷史學家蒂埃里（Augustin Thierry）的合作，蒂埃里當時是他的祕書。

　　聖西門是最早不僅在理論基礎上（如康德和黑格爾所做的那樣）或政

---

[61] Jean-Pierre Durand, La Sociologie de Marx, La Découverte, 1995

治戒律（特別是從法國大革命中繼承下來的）思考歷史的知識份子，而且首先在一個具體事實上思考歷史。

最重要的是，他是第一個主張歷史變革的人，遠早於馬克思，而這種變革與工業化所產生的歷史直接連續。1825年，他撰寫了《新教理問答》，這是一部未完成的著作，其中他提倡建立一個兄弟會，一種技術官僚制，其最有能力的成員是（實業家、科學家、藝術家、知識份子、工程師……）其任務是盡可能有效地管理國家，使其繁榮，並在企業精神、普遍利益、自由與和平的氛圍中占主導地位。經濟學家皮耶特（André Piettre）將他描述為：「最後一位紳士和第一位社會主義者」[62]。

孔德（Auguste Comte）於1816年至1823年擔任聖西門的祕書，他的論文主題是從封建時代向工業時代的過渡。他插入一個中間時代，即形上學時代，提出了一種理論，即「三態定律」。根據他的說法，歷史的意義對應於三個階段的連續，他稱之為「神學時代」（以對世界的神話解釋為特徵）、「形而上學時代」（我們透過抽象和智力思辨來進行）和「積極時代」，孔德將他的時代置於其中，其特點是對現實的科學（理性）理解。「根據自然法則不變性的一般教條，積極的思維包括觀察以預測，研究現在的情況以得出未來的結論。」

就像聖西門一樣，但與康德和黑格爾不同，孔德的哲學不是建立在先入為主的觀念（唯心主義）之上，而是建立在他觀察到的現象之上，主要是科學的發展和「工業化」的開始。不過，他並不鄙視這種宗教姿態。他自己正式確立了一種道德（他以秩序、進步和利他主義為基礎）和一種宗教：實證主義教會。一個世紀後，法國神學家呂巴克（Henri de Lubac）認為，「三態定律」描述了人類思想的三個方面，但它絕不構成歷史進化定律：沒有必要將其視為歷史哲學。

在他的思想遺產實證主義中，主導的傾向將是拒絕一切宗教信仰並只

---

[62] André Piettre, Histoire de la pensée économique et des théories contemporaines, Paris, Thémis, 1966

堅持事實。這尤其是法國學者雷南（Ernest Renan）的立場，他宣稱實驗科學現在在解釋世界方面優先於宗教，並聲稱實驗科學能夠「科學地組織人類」。然而，儘管看起來很務實，這種科學主義仍然是一種形而上學、一種教條主義和意識形態哲學，以至於「科學進步」被認為是無可爭議的既定事實[63]。

三、英國哲學家斯賓塞

1859年，古生物學家達爾文在其著作《物種起源》中呼籲對人類在歷史中的地位進行徹底的回顧；或者更準確地說，是數百萬年前史前「人類」的起源。1851年，斯賓塞斷言「文明的進步」是「自然的一部分」，因此「不是偶然而是必然」[64]。1857年，他賦予了「進步」科學的意義，甚至使用了「進步法則」這一表述。

儘管斯賓塞的「必然主義和自然主義的進步觀」沒有受達爾文的影響，但它滋養了「信心的修辭，最終形成了實證主義和科學主義的樂觀主義，期望科學和工業社會能夠滿足人類的所有需求」，「人類所有問題都將迅速解決」的信念隨後變得普遍。

除此之外，這讓我們在比黑格爾更廣闊的範圍內思考「人」，黑格爾只對「文明進程」感興趣，而黑格爾則認為這個「人」通過憑藉他的自由意志和理性的優點，斯賓塞為他的歷史賦予了強烈的決定論特徵，而達爾文主義則把他帶回了他最遙遠的……物種起源。自1880年以來，斯賓塞的所有預設都被稱為「社會達爾文主義」。事實上，史賓塞和達爾文將黑格爾的觀念和他的歷史哲學的範圍相對化：如果「人」最近聲稱戰勝了自然，那麼他絕不能忘記，幾千年來，它是由自然塑造的。

---

[63] Ernest Renan, L'Avenir de la science: pensées de 1848, Calmann-Levy, 1890, p. 37

[64] Herbert Spencer, Social Statics, Londres, John Chapman, 1851, p. 65

四、對因果論和最終論方法的批評

在教條主義立場氾濫的背景下，很少有人提出不同的觀點。與黑格爾同時代的叔本華，以及十九世紀末的尼采，都是他們中的第一人。叔本華將黑格爾的哲學描述為「巨大的神祕化」。他特別批評黑格爾給予理性的地位，拒絕讓理性取代上帝。也就是說，在《作為意志和表象的世界》中，他對哲學家作為一個整體給予本能和情感的不重視或考慮很少感到遺憾，從而忘記了人類的物種起源；另一方面，他質疑它們不僅對理性，而且對因果關係和最終性原則的重視，以至於將其確立為教條：「他感到驚訝的是，在物理經驗（特別是牛頓）中得到驗證的因果關係原理，對於『現象』世界有效，但在嚴格的哲學層面上卻無法解釋，已經成為哲學家的一種主要證據，一種內在原因。」

在這個過程中，叔本華將荒謬（意義缺失）的概念引入哲學，這一概念隨後席捲了二十世紀的文學和哲學。在他看來，「現實沒有任何基礎」，尤其是歷史，它沒有任何意義，因為事實僅通過偶然性關係連繫在一起：在他看來，偶然性並不意味著「沒有因果關係」，而是「因果關係中沒有原因」。換言之，所有的存在都發現自己淪為偶然；至少在意識的基礎上。叔本華確實是最早提出無意識概念化的思想家之一[65]。

尼采也強烈抨擊黑格爾和他認為人類理性可以取代上帝的信念。因此，當他在1882年的學習的樂趣（Le Gai Savoir）中斷言「上帝死了」是人「殺了祂」時，這並不是為了歡慶或提升權力意志，正如普遍存在的偏見所希望的那樣，而是為了擔心：「上帝死了！我們殺了祂！我們這些殺人犯該如何安慰自己？」。這個行為的偉大對我們來說不是太偉大了嗎？我們不只是被迫自己成為神嗎，就算只是為了顯得配得上他們？有些人甚至在這些文本中看到了真正焦慮的表述：隨著對上帝的信仰逐漸消失，宗教信仰走上了黑暗的道路，首先是一種傲慢的形式……尤其是黑格爾在將

---

[65] Jean-Charles Banvoy, Schopenhauer et l'inconscient, Presses universitaires de Nancy, 2011

理性提升到神性地位時所表現出來的[66]。

因此，尼采認為，歷史的意義由理性決定的觀點與幾個世紀以來盛行的觀點一樣，是不可接受的，根據這種觀點，意義是由上帝決定的。

第四節　二十世紀的參與與疏遠

十九世紀和二十世紀之交是一個歷史複雜時期，其因素多元且相互依存。最值得注意的事實至少有四種類型：經濟、政治、技術和社會學。在這裡總結一下它們的重要性。

「工業革命」（西方文明的工業化進程的名稱）是由大量資本積累促成的。但會產生雪球效應：個人越來越多地表達對物質舒適的追求，這構成了前所未有的需求，反過來又相應地刺激了供給：占主導地位的意識形態是生產主義，這是資本主義和共產主義（通常被描述為「國家資本主義」）所共有的。

為了提高效率，統治者努力合理地組織國家，特別是透過為重要基礎設施提供資金或創建和改革公共行政機構。

這個時代的特色是空前的技術創新，其中最具象徵意義的是航空。然而，正如奧地利經濟學家熊彼特（Schumpeter）在1939年所證明的那樣，這些創新在深刻刺激經濟的同時，也以「集群」的形式發生，引發了各種危機（通貨膨脹、失業等）。

所有這些事件在各個層面都需要一個更理性的存在組織，並對「個人」和整個「社會」產生重大影響，以至於越來越難以確定個人軌跡在多大程度上受到影響。除了這四種可以歸類為「進步主義」一詞的突變之外，還增加了民族主義的強烈湧動及其引發的對抗現象，這將導致「偉大戰爭」的悲劇，1917年共產主義在蘇聯出現，然後是第二次世界大戰（納

[66] Richard Anker et Nathalie Caron, Sécularisation et transferts du religieux, Revue française américaine, Belin, vol.141, no 4, 2014, pp. 3-20

粹集中營和美國人使用原子彈），最後是「冷戰」，意識形態衝突在世界的兩個陣營之間持續近一個世紀。

所有這些因素都將嚴重破壞進步的意識形態，並在兩個相反的方向上極大地影響歷史哲學本身，用德國社會學家埃利亞斯（Norbert Elias）的術語來說，這可以被描述爲「疏遠」或「參與」。

大多數知識份子，採取有條不紊、務實的態度，並希望以所謂的價值論中立原則的名義與事實保持距離。這些態度本質上有兩種形式：人文科學和社會科學，它是一種絕對科學的態度，旨在理解事實而不是解釋事實。特別是社會學家和心理學家共同研究「社會」與「個人」之間的互動。

哲學家也不能再像啟蒙運動和黑格爾時代那樣思考「人」和「歷史」：他們努力，特別是在德國，確定雷蒙德‧阿隆（Raymond Aron）所說的「批判哲學」。他們的主要貢獻將是透過將黑格爾的方法及其遺產與歷史哲學的古代版本（首先是基督教傳播的歷史哲學）產生共鳴來進行「現代性批判」。

除了這種學術方法之外，一種完全不同的方法將在二十世紀下半葉出現。它很少來自社會學家和哲學家；相反地，來自知識份子，他們承擔自己的主體性（因此我們可以說「承諾」的姿態）並處理技術進步對人類歷史的影響。這種趨勢本身就分裂成兩個相反的潮流。

第一個是科技愛好者，公開採取支持科技進步的立場：人們相信，正是從他那裡，我們應該期望人類超越自己。一九五〇年代的法國人德日進（Pierre Teilhard de Chardin），以及一九八〇年代在美國出現的超人主義運動，構成了這場運動的主要代表。

第二種潮流被稱爲「科技批評」，它試圖證明科技不是有害的（科技恐懼症），而是科技是矛盾的。根據這一觀點，當代世界的主要問題是，大多數人沒有意識到技術的矛盾性，而將技術視爲神聖的更不用說負責任地影響它了。

　　例如兩次世界大戰的暴行對人類自命不凡的「進步」提出了挑戰。正如英國作家赫胥黎（Aldous Huxley）在1957年總結的那樣，「歷史教給我們的最重要的教訓是，人類從歷史教訓中獲益甚少」。

　　所有的知識份子都面臨懷疑，藝術家也不例外。立體主義的支離破碎圖像或達達運動領導的荒謬主義的挑釁，證明了所有慣例和所有確定性的終結。此外，哲學家還面臨著一個真正的難題：當整個世界似乎都被最具分裂性和致命性的意識形態所吸引時，他們如何才能解釋說，他們上個世紀的同行們錯誤地宣稱：透過理性或革命，人類可以走向更美好的世界嗎？

　　就在那時，人文社會科學出現了。就像犯罪現場的警察督察一樣，他們將進行實地調查，目的是確定人類採取了哪些途徑，使自己面臨像失去方向和價值觀這樣的戲劇性情況。

　　十九世紀末，盛行的思辨方法（哲學的特徵）似乎不再對現實有任何控制力：它不再具有可操作性。然而，人們認為有必要採用一種基於對事實的嚴格觀察和分析的方法，但與自然科學中使用的方法截然不同。由此發展了德國哲學家狄爾泰（Wilhelm Dilthey）提出的「心靈科學」，並催生了今天的「人文社會科學」。

　　二十世紀初，一場關於歷史科學客觀性問題的方法論辯論開始了。狄爾泰在其《心靈科學導論》中將他的研究稱為對歷史理性的批判：純粹理性批判對自然科學的影響。那麼，這是一個透過提出歷史科學的客觀性及其局限性問題，將方法轉移到歷史科學的問題。狄爾泰打破了當時主導的實證主義認識論，建立了人文科學的自主性。

　　與黑格爾將哲學視為「精神科學」或「哲學科學」的觀點一致，狄爾泰「建立了這樣的論點，根據該論點，『精神科學』或『人文學科』，從根本上區別於自然科學」。透過這種方式，他在文學史和哲學史等多個學科中留下了自己的印記。

　　德國人斯賓格勒（Oswald Spengler）質疑整個西方文化及其「現代」

的主張。他的《西方的末落》第一卷於1918年出版，第二卷於四年後出版，副標題爲《世界歷史形態草圖》。他將偉大的歷史文化比喻爲生物的誕生、成長、衰退和死亡。對他來說，人類歷史是由「白人」的三個偉大文化主導的：古希臘人的文化，其特徵是「阿波羅靈魂」和身體的昇華；阿拉伯人的「魔法靈魂」，希望透過代數和魔法掌握世界；還有「浮士德式的人」，他誕生於1000年左右的神聖日耳曼帝國，在那裡，西方人試圖透過技術和意志統治世界。這個週期在衰落中達到頂峰，並隨著第一次世界大戰開始衰落。

　　但這種週期性的歷史觀並不具有任何特殊意義。因此，斯賓格勒在德國浪漫主義的純粹傳統中保持著一種明確的悲觀主義和宿命論的歷史觀，他是德國浪漫主義的最後代表之一。他的書受到廣泛評論，批評多於讚揚，特別是海德格爾德國哲學家（Martin Heidegger）和奧地利的波普爾（Karl Popper），他們批評他的形式主義和歷史主義。

　　《歷史研究》是英國歷史學家湯恩比（Arnold Toynbee）的一套著作，於1934至1961年間出版，共十二卷。這部作品是世界歷史的眞實綜合，是一部「元歷史」（元在這裡是指「一切」）。雖然無法分類，但它與斯賓格勒在《西方的末落》中的部分相似。

　　湯恩比將歷史描述爲文明的興衰，而不是民族國家或族群的歷史。它根據文化而非國家標準來識別文明。因此，它也不同於斯賓格勒的決定論，根據這個理論，文明按照自然週期生長和消亡。

　　他認爲，「西方文明」包括自羅馬帝國滅亡以來西歐存在的所有民族。他將其視爲一個整體，既不同於俄羅斯和巴爾幹地區的東正教文明，也不同於之前的希臘羅馬文明。湯恩比從挑戰和應對的角度介紹了文明的歷史。文明的出現是爲了應對一些極其困難的挑戰，而「有創造力的少數群體」設計出解決方案來重新定位整個社會。

　　湯恩比的「元歷史」方法後來引起了很大爭議，荷蘭歷史學家彼得・蓋爾（Pieter Geyl）和哲學家卡爾・波普爾（Karl Popper）於1944年在

《歷史主義的苦難》中批評他把形上學的思辨提升到了歷史的地位。

杭廷頓（Samuel Huntington）自1950年起在哈佛大學教授政治學，也是卡特政府內的國家安全委員會前成員，撰寫了多本有關美國政治、民主化和發展戰略的書籍。他習慣以冷靜的方式對待他的對象，例如將軍事活動描述爲「暴力管理」。

作爲一名歷史學家，他在1993年明確提到了兩位歷史學家。首先是布勞代（Fernand Braudel）的《文明語法》，該書寫於1963年，但直到1987年才出版。然後是美國人劉易斯（Bernard Lewis），他借用了他在1957年發明的一個公式：「文明的衝突」。隨後他發表了一篇題爲《文明的衝突》的文章。這篇文章引起了許多評論，他於1997年將其內容編寫成同名書籍，四年後，2001年9月11日襲擊事件後，這本書將引起國際關注。本書的中心論點是：武裝衝突曾經是諸侯對立，後來擴展到民族國家和極權主義意識形態，現在是文明之間的衝突。

歷史終結的主題並不古老，因爲它可以追溯到黑格爾1807年的《精神現象學》，隨後被馬克思及其繼承人所採用。正如我們所見，法國哲學家科耶夫（Alexandre Kojève）甚至在一九五〇年代就認爲歷史的終結是一個有效的過程。這個主題在一九九〇年代再次出現，這要歸功於日裔美國人福山（Francis Fukuyama），他既不是哲學家，也不是社會學家，而是政治學研究員、華盛頓一所大學的國際政治經濟學教授。

福山於1989年因一篇題爲「歷史的終結？」的文章而聞名。發表在《國家利益》雜誌。他在三年後出版的《歷史的終結與最後的人》一書中闡述了這些論點，在書中他捍衛了這樣一種觀點，即歷史的進步（他將其視爲意識形態之間的鬥爭）正隨著冷戰的結束而結束。在他看來，新自由主義構成了一個不可逾越的視野。

福山的書在出版上取得了巨大的成功（特別是因作者對時任美國總統克林頓的影響而聞名）。但也引起了一定的爭議和嘲諷。許多評論家認爲這些分析膚淺而幼稚。法國哲學家德里達（Jacques Derrida）尤其嘲笑福

山和他的「讀者消費者」，他在《馬克思的幽靈》中回憶道，「歷史的終結、馬克思主義的終結、哲學的終結、人的終結」等末世論主題，是幼稚可笑的。

結語

歷史是對過去一切形式的研究。歷史哲學考察歷史和史學的實踐、應用和社會後果的理論基礎。它在兩個方面類似於其他領域的研究，如科學哲學或宗教哲學。

首先，歷史哲學利用形而上學、知識論和倫理學等哲學核心領域的最佳理論來解決有關過去的本質以及我們如何認識它的問題：過去是以隨機的方式發展還是受某種秩序原則的指導，如何最好地解釋或描述過去的事件和對象，以及如何對證詞和證據進行裁決。

其次，與其他領域研究一樣，歷史哲學研究其主題所特有的問題。歷史考察的不是事物是什麼，而是它們是如何形成的。歷史關注的是獨特的而不是普遍的。它的推動者通常是出於各種內在動機而不是純粹的物質力量而行動的人。它的對象不再是直接可觀察的，但必須透過證據來調解。自哲學本身存在以來，這些問題以及許多其他特定於過去的問題就一直被研究和爭論。

參考書目

1. 司馬遷，史記

2. 劉知幾，史通

3. Augustin Thierry, Lettres et nouvelles lettres sur l'histoire de France, suivi de Considérations sur l'histoire, éd. Garnier, Paris, 1841

4. Antoine Prost, Douze leçons sur l'histoire, éd. du Seuil, Paris, 1996

5. C. Behan McCullagh, Justifying Historical Descriptions, Cambridge University Press: New York, 1984

6. Claude Lefort, Les formes de l'histoire, éd. Gallimard, Paris, 1978

7. CharlesVictor Langlois et Charles Seignobos, Introduction aux études historiques, éd. Hachette, Paris, 1897

8. Francis Bacon, Du Progrès et de la promotion des savoirs, Livre I, éd. Gallimard, Paris, 1605

9. Gilbert J. Garraghan, A Guide to Historical Method, Fordham University Press: New York, 1946

10. Henri Berr, Histoire traditionnelle et la Synthèse historique, éd. Félix Alcan, Paris, 1921

11. Henri-Irénée Marrou, L'Histoire et ses méthodes, éd. Bibliothèque de la Pléiade, 1951.

12. HenriIrénée Marrou, De la connaissance historique, éd. du Seuil, Paris, 1954

13. Johann Gottfried von Herder, Idées pour une philosophie de l'histoire de l'Humanité, 1784-1791

14. Johann Gottfried von Herder, Idées pour une philosophie de l'histoire de l'Humanité, 1784-1791

15. Jacques Le Goff et Pierre Nora (dir.), Faire de l'histoire, I. Nouveaux problèmes, II. Nouvelles approches, III. Nouveaux objets, éd. Gallimard, Paris, 1974

16. Léopold Génicot, Critique historique, coll. Pédasup, AcademiaErasme, LouvainlaNeuve, 1986

17. Léon-E. Halkin, Initiation à la critique historique, Préface de Lucien Febvre, éd. Armand Colin, Paris, 1951

18. Louis Gottschalk, Understanding History: A Primer of Historical Method, Alfred A. Knopf: New York, 1950

19. Marc Bloch, Apologie pour l'histoire ou Métier d'historien; rééd. Armand Colin, coll.

Référence Histoire, 1997

20. Martha Howell and Walter Prevenier, From Reliable Sources: An Introduction to Historical Methods, Cornell University Press: Ithaca, 2001

21. Michel de Certeau, L'Écriture de l'histoire, éd. Gallimard, Paris, 1975

22. Paul Veyne, Comment on écrit l'histoire, éd. du Seuil, Paris, 1971

23. R. J. Shafer, A Guide to Historical Method, The Dorsey Press: Illinois, 1974

24. Voltaire, La Philosophie de l'histoire, 1763

國家圖書館出版品預行編目(CIP)資料

史學方法／劉增泉著. -- 初版. -- 臺北市：
五南圖書出版股份有限公司，2025.02
面；　公分
ISBN 978-626-423-009-4(平裝)

1.史學　2.研究方法

603　　　　　　　　　113018726

1WBP

史學方法

作　　　者 — 劉增泉

編輯主編 — 黃惠娟

責任編輯 — 魯曉玟

封面設計 — 韓衣非

出 版 者 — 五南圖書出版股份有限公司

發 行 人 — 楊榮川

總 經 理 — 楊士清

總 編 輯 — 楊秀麗

地　　　址：106台北市大安區和平東路二段339號4樓

電　　　話：(02)2705-5066　　傳　　真：(02)2706-6100

網　　　址：https://www.wunan.com.tw

電子郵件：wunan@wunan.com.tw

劃撥帳號：01068953

戶　　　名：五南圖書出版股份有限公司

法律顧問　林勝安律師

出版日期　2025年2月初版一刷

定　　　價　新臺幣420元

經典永恆・名著常在

五十週年的獻禮 —— 經典名著文庫

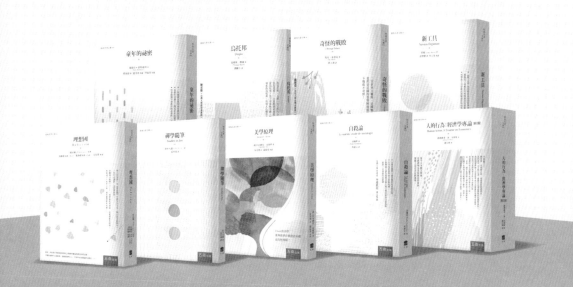

五南，五十年了，半個世紀，人生旅程的一大半，走過來了。
思索著，邁向百年的未來歷程，能為知識界、文化學術界作些什麼？
在速食文化的生態下，有什麼值得讓人雋永品味的？

歷代經典・當今名著，經過時間的洗禮，千錘百鍊，流傳至今，光芒耀人；
不僅使我們能領悟前人的智慧，同時也增深加廣我們思考的深度與視野。
我們決心投入巨資，有計畫的系統梳選，成立「經典名著文庫」，
希望收入古今中外思想性的、充滿睿智與獨見的經典、名著。
這是一項理想性的、永續性的巨大出版工程。
不在意讀者的眾寡，只考慮它的學術價值，力求完整展現先哲思想的軌跡；
為知識界開啟一片智慧之窗，營造一座百花綻放的世界文明公園，
任君遨遊、取菁吸蜜、嘉惠學子！